現代社会と金融の未来

デジタル社会における情報と信用

河野 正英

大学教育出版

まえがき

　本書の構成は、第2章〜第4章が過去に論文として発表した文章を掲載し、第1章、第5章、第6章を新たに本書用に書き下ろした原稿で出来上がっている。過去に発表した論文も、執筆時からいずれ書籍の形で出版することを意図した関連性のあるテーマで書いていた。その際に筆者の念頭にあった考えは、この社会はどういう原理で動いているのだろう、しかもそこに必ずお金・マネーの動向が出てくるが、人はお金とどう付き合ってきたのだろうという疑問であった。

　当初は2008年リーマンショックとその後の世界金融危機の発生を契機に、金融危機の歴史とボルカー・ルールなどの金融規制に焦点を当てて書けばいいくらいに考えていたが、やがて、急成長のツケとも言うべき世界不安が生じてきた。その結果、経済安全保障が論点になり、また冷戦以後の圧倒的な勝ち組だと思われていた米国内部で格差拡大の問題も生じてきた。これらの問題に興味の対象を広げて先のテーマを追求してきたつもりである。

　18世紀半ばに英国で産業革命が起き、その結果、資本主義社会が実現した。それから今日まで300年くらい経つが、技術の進歩と共に人の生活は豊かになったのであろうか。もちろん、生活は便利になり、金銭的には以前より遥かに豊かな生活を送っているのは間違いないが、人の精神、つまり人の心の中は時代と共に空虚になっているのではないだろうか。本文では直接は引用していないが、強い示唆を受けた2019年出版で翌年にはベストセラーになったハンス・ロスリングの『FACTFULNESS（ファクトフルネス）』（日経BP出版）を読めば、世界が確実に豊かになっていることは分かる。また、他方でウィリアム・フォン・ヒッペルの『われわれはなぜ嘘つきで自信過剰でお人好しなのか』（ハーパーコリンズ・ジャパン出版）を読めば、古代から人の性質自体は変わっていないことが分かる。また、ダン・アリエリーの『予想どおりに不合理』（早川書房）やダニエル・カーネマン『ファスト＆スロー（上）（下）』（早川書房）を読めば、人は考えるより直感的に物事を判断している部分が大きいことが分

かる。つまり、性質（精神や心理を含む）は古代のままで、利用するテクノロジーは進化系でというのが現代のヒトの置かれた境遇だ。ここから矛盾が生じ、不安が生まれてくるのではないか、そういう疑問を持っているが、その答えを出すのはまだ時期尚早だろう。資本主義の原理はヒトの性質を利用しながら増殖している。しかし、ヒトはそこから逃れられない。そういう壮大なテーマが背後にあるが、本書で扱うには問題が大き過ぎる。とりあえず本書では、資本主義的な社会が人に何を与えてきたのかを探る手がかりくらいにはしたい。

第2章〜第4章の論文の出典を掲げると、第2章が「金融危機の歴史」倉敷芸術科学大学紀要22号（2017年）47〜64頁（以下は「紀要」と省略。）、第3章が「国際金融規制と米国金融改革法」（1）〜（5）のシリーズだが、（1）紀要19号（2014年）93〜103頁、（2）紀要20号（2015年）81〜96頁、（3）紀要21号（2016年）83〜96頁、（4）紀要22号（2017年）65〜77頁、（5）紀要23号（2018年）47〜61頁に掲載されたもので、第4章が「米国の安全保障関連法 −通商と投資を中心に−」紀要25号（2019年）43〜55頁、米国競争政策の転換 −巨大テック企業と反トラスト法との攻防−」紀要27号（2022年）15〜49頁となっている。注釈はほぼ執筆時のままで、引用箇所が古くなっている部分もあるが、できるだけ修正は加えていない。あまり修正すると前後のバランスが崩れるからである。

新しく書き下ろした第5章は論文形式で書き注釈も付けたが、第1章と第6章は注釈を付けず、なるべく読みやすい形式にした。その代わり、この二つの章には参考文献を掲げた。

最近は本を読む者が減って、出版界は苦境だと聞く。紙から電子書籍（Kindleなど）に変わりつつあるだけだと主張する人がいるが（ちなみに筆者もよくKindleを利用するが）、ちょっと違うと思う。電子書籍は便利だが、本腰を入れて読むには役不足だ。やはり本（特に長く読み継がれてきた古典）は紙で出版して、分厚い紙を捲りながら読んで欲しいと思う。電子書籍だけだと、どうしても読破量が違う。紙の書籍の方が頭にもよく定着するし、何かを考えるのに向いている。本書を執筆しながら、人が培ってきた紙の文化を捨てるのは惜しい、とつくづく感じた。

大学院生時代にご指導いただいた江泉芳信先生、菊地元一先生、両先生から強く叱咤激励されながら院生時代を過ごしたが、本書の作成により少しでもそのご恩に報いることができれば幸いである。また、前任校の吉備国際大学でお世話になった米村昭二氏、橘浩久氏、倉敷芸術科学大学でいろいろなことを教えてもらった後藤裕氏、彼らから受けたインスピレーションは大きい。また、本書執筆中にずいぶん家族に助けてもらったが、特に大学院生の息子が興味を持ってさまざまな質問をぶつけて来た。これが着想に結びついた部分も少なくない。彼らのおかげで本書が出来上がった。この場を借りて深く感謝申し上げたい。

現代社会と金融の未来
── デジタル社会における情報と信用 ──

目　　次

まえがき ……… i

第1章　銀行の歴史と決済システム

1．貨幣の歴史 ………1
　（1）モノとしての貨幣 ………1
　　　　・コラム：日本で最初に鋳造された硬貨は和同開珎？ ………3
　（2）債権と債務＝信用が貨幣の原型？ ………4
　（3）国の責務と納税が貨幣に？ ………5
　（4）近代化に伴う日本の貨幣の変遷 ………6
　（5）金本位制 ………8
　　（A）金本位制の歴史 ………8
　　（B）昭和恐慌の発生とデフレ対策 ………9
　　（C）現代における「金」の位置付け ………12
　（6）為替の変動相場制と現代の管理通貨制度 ………13
2．イングランド銀行の歴史的意義 ………16
　（1）金融業の歴史 ………16
　（2）イングランド銀行の設立と発展の経緯 ………16
　（3）中央銀行の独立性 ………17
　　　　・コラム：流動性の罠 ………18
3．米国のFRBおよびFRSとはどのような組織か？ ………19
　（1）米国の通貨制度 ………19
　（2）FRS（連邦準備制度）とFRB（連邦準備制度理事会）の発足 ………20
　（3）12連銀の役割とFOMCの目的 ………21
4．おわりに ………23
　　　　・コラム：日本の貨幣 ………25

第2章　金融危機の歴史

1. はじめに ………26
2. 経済危機の系譜 ………27
   - （1）オランダ・チューリップ・バブル事件（1637年）………27
      - ・コラム：チューリップ・バブル（1637年）………28
   - （2）南海泡沫事件（1720年）………29
   - （3）ミシシッピ計画事件（1720年）………31
   - （4）暗黒の木曜日事件から世界恐慌に（1929年）………33
   - （5）ブラックマンデー事件（1987年）………35
      - ・コラム：コンピュータの発明からAIまで………36
   - （6）アジア通貨危機（1997年）………37
   - （7）米国LTCMの破綻（1998年）………39
   - （8）ITバブル崩壊（2001年）………41
   - （9）欧州ユーロ危機（2010年）………42
      - ・コラム：ポンド危機とジョージ・ソロス………44
3. おわりに ………45

第3章　自由主義と金融規制

Ⅰ　銀行システム ………47

1. はじめに ………47
2. BIS規制による銀行業務の監督 ………49
   - （1）バーゼル銀行監督委員会（BCBS）………49
   - （2）BIS規制（バーゼル合意）………50
   - （3）バーゼルⅡ（新BIS規制）への改定 ………51
   - （4）バーゼルⅢ（Basel Ⅲ）による新たな規制 ………51
   - （5）バーゼルⅢにおける自己資本規制 ………53
   - （6）バーゼルⅢにおける市場流動性規制 ………54

3．銀行業と証券業との区分 ………54
　（1）グラス・スティーガル法の特徴 ………54
　（2）グラム・リーチ・ブライリー法による規制緩和 ………56
　　　・コラム：ドッド＝フランク法の内容 ………56

Ⅱ　ボルカー・ルール、日本の米市場 ………57
　4．ポール・ボルカーの思想 ………57
　　（1）ポール・ボルカーの生い立ちと経歴 ………57
　　（2）危機の予感とボルカーの思想 ………61
　5．金融イノベーションの役割 ………63
　6．大坂堂島米会所 ………65
　　（1）米市場の発足と発展 ………65
　　（2）幕府による規制と金融市場の発達 ………68
　　（3）リスクヘッジ機能を持つ帳合米商内 ………70
　　（4）堂島米会所の仕組みと先見性 ………71
　　　　・コラム：江戸時代における米本位制 ………72
　7．小括 ………73

Ⅲ　自由か規制か ………74
　8．ミルトン・フリードマンの自由論 ………74
　　（1）フリードマンの思想 ………74
　　（2）金本位制への懐疑 ………75
　　（3）金融・財政政策 ………76
　　（4）変動相場制 ………77
　9．フリードリヒ・A．ハイエクの自由論 ………79
　　（1）ハイエクの思想 ………79
　　（2）19世紀型自由主義の再評価 ………82
　10．トマ・ピケティからの示唆 ………83

11. 2015年チャイナ・ブラックマンデーの教訓 ………85
   （1）事件の顛末 ………85
   （2）事件の背景にある不良債権問題 ………86
       ・コラム：国際金融のトリレンマ ………87
12. 小括 ………88

Ⅳ　自己勘定取引、格付会社、アベノミクス ………89
13. 米国における自己勘定取引の規制 ………89
   （1）金融危機の予測 ………89
   （2）自己勘定取引の規制 ………91
14. 格付け会社の功罪 ………92
   （1）格付け会社の実態 ………92
   （2）米国信用格付け機関改革法 ………93
15. 日本におけるアベノミクスの成果 ………95
   （1）長期デフレ発生の背景 ………95
   （2）金融緩和と財政政策 ………97
16. 小括 ………99
       ・コラム：リーマンショック時のバーナンキの判断 ………101

Ⅴ　金融規制と仮想通貨の進展 ………102
17. 仮想通貨（暗号資産）の議論 ………102
   （1）仮想通貨の定義 ………102
   （2）交換業者に対する規制内容 ………104
   （3）仮想通貨に対する否定的見解 ………106
   （4）仮想通貨の将来展望 ………108
       ・コラム：ビットコインは誰が作った？ ………109
18. ドッド＝フランク法への批判 ………110
   （1）トランプ政権の経済政策 ………110
   （2）自己勘定取引規制の見直し ………111

（3）米国金融の今後 ………112
　19. 結論に代えて ………113

第4章　米国の通商政策と競争政策の変革

Ⅰ　米国の通商政策 ………118
　1. 米国の安全保障関連法（概論）………118
　2. 国防権限法 2019 ………121
　3. 外国投資リスク審査現代化法 ………122
　4. 米国輸出管理改革法 ………123
　5. 米国輸出管理規則 ………124
　6. 日本の法制度への影響 ………125
　7. 小括 ………127

Ⅱ　米国競争政策の変革 ………131
　8. 米国競争政策の転換（概論）………131
　　　　・コラム：民主主義と自由主義 ………135
　9. 反トラスト法の運用と米国の競争法秩序 ………136
　　（1）沿革 ………136
　　（2）シカゴ学派 ………137
　　（3）ポスト・シカゴ学派 ………140
　10. 競争政策の転換 ………143
　　（1）バイデン政権による競争政策の転換 ………143
　　（2）ティム・ウーの大統領特別補佐官就任 ………144
　　　（A）独占企業による産業の寡占化が民主主義を衰退させる ………145
　　　（B）独占が否定された歴史的経緯 ………146
　　　（C）ルイス・ブランダイスの思想 ………146
　　　（D）米国がハイテク市場の覇者になれた理由 ………147
　　　（E）GAFA の危険性 ………148
　　　（F）ティム・ウーの思想まとめ ………149

（3）リナ・カーンのFTC委員長就任 ………149
　　（A）アマゾンは21世紀の巨人か ………151
　　（B）成長か利益か ………151
　　（C）シカゴ学派が重視した価格理論 ………152
　　（D）反トラスト法制定の理念 ………153
　　（E）消費者福祉を重視する弊害 ………153
　　（F）アマゾンの特異性 ………154
　　（G）リナ・カーンの思想まとめ ………155
11. 資本主義に対する疑い ………155
　（1）ベイカーの主張 ………156
　　（A）米国民は我慢の限界に来ている ………156
　　（B）裁判所の責任 ………157
　（2）ドローバックの主張 ………157
　　（A）大きな政府を望むのは社会主義か ………157
　　（B）合併自体が一つのビジネスになっている ………157
　　（C）消えた労働者（missing workers）………159
　　（D）なぜ左派のバーニー・サンダースに学生の支持が集まったのか ………160
　　（E）政府の規制が必要な理由 ………162
　（3）ポズナー＝ワイルの提起するスタグネクオリティ（stagnequality）とは ………162
　　（A）新自由主義がスタグネクオリティを引き起こした ………162
　　（B）自由主義由来の二つの潮流 ………163
　　（C）デジタル分野で容易に合併が認められてきた理由 ………164
　（4）ズボフの指摘する監視資本主義 ………164
　（5）ヘンダーソンは資本主義者だからこそ資本主義の危機を説く ………166
　（6）小活 ………167
12. 米国競争政策の転換（一応の結論）………168
　　　・コラム：新しい民主主義の方法 ………172

第 5 章　日本経済の現状とアベノミクス

1．日本の経済成長率とデフレの推移 ………173
  （1）GDP 成長率 ………173
  （2）消費者物価の推移 ………176
  （3）金利の変動 ………178
2．物価上昇率と失業率（フィリップス曲線）………181
  （1）名目賃金の動きと消費者物価指数の推移 ………181
  （2）フィリップス曲線 ………183
  （3）物価上昇率と GDP ギャップの差異 ………185
    ・コラム：GDP とは？ ………185
3．マネーストックの増加による金融緩和 ………187
    ・コラム：世の中にある「おカネ」とは？ ………192
4．経済成長率と失業率は逆相関する（オークンの法則）………192
5．第二の矢＝財政支出は行ったのか？ ………195
    ・コラム：いわゆる「ワニの口」は開きつつあるのか？ ………197
6．IMF が公表した各国の貸借対照表によると ………197
  （1）IMF による各国の公的債務増加への懸念 ………197
  （2）Public Sector Balance Sheet とは？ ………199
    ・コラム：特殊法人 ………199
  （3）貸借対照表では日本は優等生 ………200
7．おわりに ………206

第 6 章　デジタル化された資本主義社会

1．リーマンショックとコロナ禍による法定通貨の大量発行 ………209
2．ウクライナ戦争下での金融措置が逆に米ドル支配を弱めた？ ………210
3．資本主義によって商品化された「労働」………212

（1）労働・仕事・活動 ………212
　　（2）広がる格差 ………214
　　（3）システム化された社会 ………217
　　　　・コラム：ディアスポラ（Diaspora）………218
　4．ネット化が進展させるキャッシュレス社会とメタバースの登場………219
　　（1）利用促進およびトレース可能なお金（マネー）………219
　　　（A）減価する通貨システム（ゲゼル通貨）………219
　　　（B）ステーブル・コインの議論 ………220
　　　（C）通貨の電子化（銀行システムと税務の効率化）………221
　　（2）電子化するお金（マネー）と仮想通貨への期待 ………223
　5．人の思想・行動は環境の産物か？ ………226
　　　　・コラム：全体主義（Totalitarianism）………230
　6．おわりに ………231
　　　　・コラム：ブロックチェーンとNFT ………238

参考文献・注釈 ………240
あとがき ………277

第1章　銀行の歴史と決済システム

1．貨幣の歴史

（1）モノとしての貨幣

　経済の歴史の中でよく語られるのは、貨幣は物々交換の代用として始まったというものである。ここでは、例えば、食料の魚と燃料の藁とを交換するのに、いちいち実物の魚と藁を持って来て交換するのでは手間がかかるので、それを仲介するモノとして貝殻とか金や銀を使用したという説明である。これを「物品貨幣」と呼ぶ。歴史的に貨幣として使用されたモノは、貝殻、石、亀甲、羽毛、鯨歯、麻や絹の織物、塩などである。これらを二分類して、貝や石などを用いた物品貨幣のことを「自然貨幣」、家畜や穀物などの生活物資を用いた物品貨幣のことを「商品貨幣」と呼ぶこともある。それが貨幣であるかどうかの定義は、①支払いとしての用途、②価値を計る尺度、③蓄蔵に適するか、④交換手段として、の4つの機能のうち、いずれか1つの要素を満たせばよいことになっている。さまざまなモノが貨幣として用いられたが、やがて保存性や等質性、分割性などの便宜から金属が貨幣の用途として使われることが多くなった。金属の貨幣が用いられた歴史は古く、紀元前6世紀の古代オリエント時代の王国の一つであったリュディア王国（アナトリア半島に位置する）が発行した金銀合金のエレクトロン貨が世界最古の金属硬貨であるとされている。それまで同地域では貨幣として砂金が用いられていたが、交易の範囲が広くなるにつれ、砂金を溶かして重量を均一になるように固体化した硬貨が必要になった。これがやがて、ギリシア、ローマ、ペルシャ、インドなどにも広まり、各地で金貨・銀貨が鋳造されるようになった。この流れを汲む著名な金貨としては古代アケメネス朝ペルシャのダレイオス1世が造らせたダリック金貨がある（紀元前6～5世紀）。またギリシャでは主に銀を用いたドラクマ硬貨などを発行した（紀

元前5世紀)。中国では戦国時代（紀元前5‐3世紀）にさまざまな形の青銅貨幣が造られた。その形態は当時の群雄割拠した国によって異なり、例えば斉では刀の形をした刀銭が、魏では鋤の形をした布銭が、楚では貝の形を模した蟻鼻銭が、秦では円形で穴の開いた円銭が造られた。やがて秦が中国を統一すると、国ごとに異なっていた貨幣を全て半両銭（円形で四角い穴が開いている）に統一した。

　日本で最初に鋳造された硬貨は「富本銭」であると言われているが、ほとんど流通しなかった上に発掘された個数も少ないので、貨幣の用途で鋳造されたかどうかも疑問視されている。貨幣として鋳造および一定の流通が認められる日本最初の硬貨は、中国・唐の開元通宝という貨幣をモデルに708年（和銅元年）に造られた「和同開珎」である。この時代は都を藤原京から平城京に遷都した時代でもあり、政府は和同開珎を流通させようと思案したが、結局、広い地域での普及には至らなかった。平安京に遷都してからも、政府は次々に皇朝十二銭を発行して硬貨を流通させようとしたが、日本では長らく硬貨は貨幣としては流通せず、税も物納が基本であった。その原因は当時の日本国内には銅山が多くなく、結果として銅の産出量が少ないので、充分な数の銅銭が鋳造できなかったことが掲げられる。では、当時は、税額や取引の損得、物の値段の高低をどうやって見極めていたのであろうか。当時は估価法（こかほう）という決まりを作り、朝廷における文物の公定価格（估価・沽価）や市場での取引価格や換算率を公に決めていた。この換算率に基づき、租税の物納の品種や数量を決め、海外との貿易の際にも何と何をどの数量で交換するかを決めていた。朝廷ではこの估価の基準を織物の「絹」とした。つまり、当時の日本における貨幣の役割を果たしていたのは布・織物の「絹」であり、その反物の長さが貨幣の用途として使われていたのである。これを打ち壊したのが平清盛で、12世紀後半に清盛は日宋貿易を盛んに行って、中国・宋から銅銭である宋銭を大量に輸入して日本で流通させた。その結果、物品の値段の基準となっていた絹の反物の価値が下がり、絹の値段が下がった反動として他の物の値段が相対的に上がったため、高インフレの状態となった。平家政権に対する朝廷や公家、民衆の不満が生じた背景には、この貨幣の基準を絹の反物から銅銭に変えたことによる清

盛の高インフレ政策があるとも指摘される。

> ### コラム：日本で最初に鋳造された硬貨は和同開珎？
> 　和同開珎よりも前に鋳造された貨幣は富本銭で、7世紀末の天武天皇の時代に飛鳥で造られた。しかし、ほとんど流通せず、そもそも流通のためではなく、呪術への使用が目的ではなかったか？とも推測されている。また、この富本銭よりも前の天智天皇の時代に造られた貨幣である無文銀銭が大和（現在の奈良県）と近江（現在の滋賀県）などの遺跡から出土している。この無文銀銭の使用目的については諸説あり、数も少ないので、そもそもこれを「貨幣」の一種として認められるか？という疑問がある。したがって、流通を目指して鋳造・発行された硬貨としては8世紀初頭の和同開珎を待たなければいけない。この和同開珎は、「和同」（これを記念して元号は「和銅」とされた）の名称から最初から銅製であったように錯覚するが、当初は銀で造られ、後に銅製に改められた。発行はしてみたが、硬貨に馴染みのなかった市民の間ではなかなか流通せず、元明天皇が「蓄銭叙位令」（硬貨を貯めて政府に税として納めた者には官位を与える内容）を発して流通を促したが、畿内地方以外には普及しなかった。日本で硬貨が大々的に流通したのは平清盛が日宋貿易を盛んにやり始めた12世紀になってからである。

　金属を貨幣として用いる方法が普及してくると、これの兌換を目的として紙幣が登場する。世界最古の紙幣は中国の北宋時代（10〜12世紀）に作られた「交子」と言われているが、欧州で最初の紙幣が作られたのは15世紀後半のスペインである。日本で最古の紙幣が登場したのは17世紀の「山田羽書」（図-1）とされている。1610年頃、自治組織の伊勢山田町衆によって生み出され、明治時代まで約250年間に渡り、神都伊勢周辺で流通した。元々は手形の様式を応用・発展させる形で個人（商人）が発行したものが次第に紙幣の形態を整え、私的な独自紙幣「山田羽書」として伊勢神宮近辺の地域で流通するようになったと言われている。偽造防止のため裏面には神像のデザインのある裏判（毘沙門像）が押されていて、ここに「最モ大切ナモノニシテ、真贋ハコレヲ以テ区別スヘキ」と記されており、真偽の判別ができるようにしてあった。

　　　表面　　　　裏面
図-1　伊勢・山田羽書
出所：伊勢河崎商人館・山田羽書を知る・伊勢山田町衆の奇跡
　　　日本最古の紙幣「山田羽書」より
　　　(http://www.isekawasaki.jp/hagaki/)

（2）債権と債務＝信用が貨幣の原型？

　貨幣が物々交換の仲介を行う道具（形ある物）として発展してきたという説とは異なる説がある。それが、貨幣の本質は「債務」であって、必ずしも「物・モノ」（＝金属や貝などの物）を必要としなかったという考え方である。これを「信用貨幣論」と言う。人々の取引は債権（請求）と債務（支払い）から成り立っているので、今日のような貨幣制度が導入される前から、既にその関係（信用関係）が成り立っていたというのである。歴史的には、ミクロネシアのヤップ島にある「フェイ」という大きな石や、メソポタミア文明における「トークン（円錐や球あるいは円盤状をした小さな粘土塊）」を使用して、人々は取引内容を「記帳」し生活を営んでいたとされている。今日のような決済を中心とする方式である。ヤップ島のフェイは直径が30cmから1mに及ぶものもあり、貨幣のように取引のたびに受け渡しできるものではない。実際には冠婚葬祭などの贈答品や取引で差額が発生した場合にのみ「所有権」が移転していた（つま

りフェイの受け渡しが行われていた）と言われている。この説によれば、今日の商取引における支払いのように、基本的には現金のやり取りを伴わず、相手を信用して1ヵ月〜場合によっては数ヵ月後に決済が行われれば良いということになる。つまり、債務が履行させることを前提に、決済が行われるまでは「信用」が通貨として成り立っていることになる。

（3）国の責務と納税が貨幣に？

　貨幣の価値をモノの価値の中に見いだす物品貨幣論や債務の履行を前提とした信用で成り立っているのが貨幣であるとする信用貨幣論とは異なり、国家が貨幣を発行することが重要であるとする考え方がある。これを「表券主義」あるいは「貨幣国定学説」と呼ぶ。これは国家が独自に貨幣を発行できる権限を持つのと裏表で徴税権も持つことに着目する考え方である。すなわち、国家は経済活動を管理する責任を持つ、例えば国家は高インフレが起きるのを阻止し、また通貨暴落や恐慌になることを防ぐ責任を持つ一方で、定期的に国民から税金を徴収する権限も持つ。この経済への責任と徴税の権限とが表裏一体となって国が発行するのが貨幣であるというわけだ。これを別の言い方をすれば、税金で駆動される貨幣という表現になる。ただし、この場合にも国に対する一定の「信用」が必要となる。信用貨幣論が相手方の債務の履行に対する信用を重視するのに対し、表券主義が言う「信用」は、国が国民の生命と財産を守り、経済を一定の水準に保つことができるという信用である。また、その信用の応用として、当該国の政府が税の支払いをその貨幣だけで受け付けていること、という条件が加わる。当該国独自の貨幣を発行して、納税はその貨幣によって行うという制度に対する信用と言い換えることもできる。この表券主義貨幣の長所は、金本位制と異なり担保が目には見えない国民の国家への信用なので、政府が自由に緩和的（好景気に向かう）にもできるし、緊縮的（経済を引き締める）にもできる。政策次第ですぐに方向転換ができることである。つまり、高インフレの際には緊縮財政によって国家予算の削減を行うと同時に税額を上げることによって市場の貨幣を減少させ、逆に、デフレの際には国家が財政を緩和的にして政府支出として国債を発行し、その国債を中央銀行に買い取って

もらうことで貨幣発行を促して市場の貨幣を増やすといった現在の金融政策に該当することが可能となる。今日では、金融論におけるお金（マネー）は、①の物品貨幣論ではなく、②の信用貨幣論か③の表券主義で説明されることが通説となっている。

（4）近代化に伴う日本の貨幣の変遷

　江戸時代は米の収穫高（石高）によって経済活動の規模を計る米本位制が採られており、金属貨幣や紙の貨幣は日常の取引や蓄蔵の用途で使用されてきた。江戸時代には徳川幕府が日常の用途のために貨幣制度を整備した。まず三代将軍家光の時代に銅貨である「寛永通宝」が作られ、金・銀・銅による金属貨幣制度にした。また、金貨の単位は大きさで分けた「両」・「分」・「朱」とし、銀貨の単位は重さで分けた「貫」・「匁」・「分」とした。また、銅貨の単位は個数で数え、1銅貨＝1文とし、1,000文＝1貫と決めた。また、地方では大名が発行した「藩札」や、公家や寺社らによって発行された「私札」も出現し、江

図-2　明治通宝・1円紙幣
出所：国立印刷局・お札と切手の博物館「明治通宝1円」より
(https://jmapps.ne.jp/ostoki/det.html?data_id=474)

戸期には既に事実上、紙幣の流通が見られた。（江戸時代の貨幣単位は4進法となっており、1両＝4分＝16朱＝銭4,000文（4貫文）、1分＝4朱＝銭1,000文（1貫文）、1朱＝銭250文と数えた。）この複雑な貨幣制度のため、江戸期には貨幣を交換する両替商が繁盛した。

明治期に入り、近代化を目指す日本政府は、外国に倣い政府紙幣を発行した。これが明治期最初に発行された紙幣「明治通宝」（図-2）である。また、貨幣の単位に「円」を加え、それまでの4進法を改めて10進法で「円」・「銭」・「厘」の単位で数えることにした。

当初、明治政府は明治通宝をはじめとして太政官札や民部省札などの政府紙幣を発行したが、諸外国に合わせて金本位制を採る必要が出てきた。しかし、残念ながら財政難から政府発行の紙幣では兌換紙幣を発行できなかったので、兌換紙幣の発行は民間資本に任せることにした。そこで、まず米国の National Bank に倣って、明治5年（1872年）に法律で国立銀行条例を制定して民間資本の銀行を作らせ、その資本金の10分の6を政府に納付させて、同額の銀行券を兌換紙幣として発行させることにした。これが「国立銀行紙幣」（図-3）である。

図-3　国立銀行紙幣・2円紙幣
出所：国立印刷局・お札と切手の博物館「国立銀行紙幣（旧券）2円」より
（http://jmapps.ne.jp/ostoki/det.html?data_id=565）

（5）金本位制
（A）金本位制の歴史

　中東や欧州では歴史的に金貨や銀貨が発達し、かつ好まれてきたので、欧州や後の米国においては価値基準を金に置いた金本位制が採られることが一般的になった。これは銀行に金貨や金地金を預託して、その預かり券たる紙幣（兌換紙幣）を用いて商取引を行う方式である。決済は銀行間での金の現送によって精算する。欧州で大航海時代が始まった15世紀にはスペインとポルトガルが世界へと乗り出して行き、世界各地で金を集めた。やがて英国が台頭し、16世紀末期には英国艦隊とスペインの無敵艦隊が激突したアルマダの海戦が起きて、これに勝利した英国がその後の覇権を握った。こうして英国は17世紀には自国通貨ポンドを金と兌換ができる金本位制を確立した。ポンドを兌換通貨とし、首都ロンドンに金市場を開いた。英国が世界帝国でなくなった今日でも、いまだにロンドン金市場は世界で最も重要な金価格の値決めが行われることで知られている。ロンドン金市場では、営業日の午前と午後の2回にわたり、世界中で取引される基本となる現物の金の値決めがされている。第一次世界大戦後から金は経済力の強まった米国に集まるようになり、第二次世界大戦で経済の中心が欧州から米国に移動してしまってからは、金市場の力点も米国ニューヨークに移動した。今日では金価格を主導するのが金の先物価格であり、先物価格が決まるのがニューヨーク、現物の金価格が決まるのがロンドンというように役割分担が出来上がっている。

　上に述べたように、第一次世界大戦後の米国には金が集まるようになり、過剰投資となって1929年に暗黒の木曜日事件が発生すると世界的な大不況（世界大恐慌）になってしまった。日本や英国は金本位制から離脱し、金とは関係なく通貨を発行する積極財政へと移行した。これは後の管理通貨制度に繋がる。日本の金本位制からの離脱とこれへの復帰に腐心した経緯は（B）「昭和恐慌の発生とデフレ対策」で後述する。米国に話を戻すと、第一次世界大戦前後には既に欧州に匹敵する経済新興国になっていたが、第二次世界大戦を経て超大国となった米国は、金の保有量が世界全体の7割に達するほどの金満国になっていた。1944年に各国首脳が米国東部ニューハンプシャー州ブレトンウッズ

に集まって戦後経済体制について協議したが、ここで金本位制を採用し、外国為替は米ドルを基軸通貨とした固定相場制を採ることが決められた。これがブレトンウッズ協定である。この体制下では米ドルだけが金本位制を採り、1トロイオンス＝35ドルの交換比率とする。他の通貨は金本位制ではなく米ドルにペッグするだけなので、「金ドル本位制」あるいは「金為替本位制」とも呼ばれる。つまり、固定相場制とは言え、レートを決めれば終わりというのではなく、米国以外の国は自国内においては管理通貨制度を採らざるを得ない。通貨当局が常時為替介入を行って、決められた為替レートに合うように（当時は上下幅1%以内と決められていた）維持する必要があったのだ。ところが、戦後の経済復興に伴い、米国は貿易で赤字となり、インフレの促進および金（Gold）の国外流出が顕著になった。耐えかねた米国は1971年に米ドルと金との兌換停止に踏み切り（ニクソンショックと呼ばれる）、戦後まで維持し続けた金本位制は完全に終焉した。これ以降、金本位制が採られることはなく、各国通貨の交換比率は時価によってその都度決定される変動相場制に移行した。それまでも米国以外の国は管理通貨制度であったが、米ドルにペッグするよう操作されていたのが、それ以降は市場の動向に任せるという原則に変わった。

(B) 昭和恐慌の発生とデフレ対策

　第一次世界大戦を経て、当時の新興国として急成長を遂げていた米国に欧州から多額の投資資金が移動していた。結果的にこれが米国でバブルを生じさせ1929年10月24日にニューヨーク株式市場で株価の大暴落を引き起こした。有名な「暗黒の木曜日事件」である。米国では大幅に農業生産が落ち込むと同時に多くの企業が倒産、労働者は失業して失業率が約23%にも達する事態となった。焦った米国政府は1930年に高関税をかけて事実上輸入を差し止めるスムート・ホーレー法（Smoot-Hawley Tariff Act：2万品目の輸入品に平均で50%の関税をかける内容）を制定した。（スムート・ホーレー法は大恐慌の結果できたのではなく、以前から保護主義を模索していた議員の一団が恐慌を利用しただけだという説もある。）これの対抗措置で欧州各国も関税による輸入

差し止めを図り、「世界貿易は死んだ」とまで揶揄されるほど国際取引が沈滞した。これらが全て裏目に出た結果、世界中が不況となる世界大恐慌となった（世界史で言うブロック経済化の始まりである）。

　先の大戦である第一次世界大戦（1914年～1918年）において欧米各国は戦費調達のために金本位制を停止していた。これに倣い、日本も1917年より金本位制を一時停止して金輸出の禁止を行っていた。1919年の米国を皮切りに1920年代には諸外国の多くは金本位制に復帰していたが、日本は第一次大戦の好景気（大戦景気）の反動で1920年に戦後恐慌が起き、数年後（1923年）には関東大震災の発生と社会不調が続いた結果、深刻な不況に突入していた。特に、関東大震災の際に被災地の企業が振り出した手形を日銀が割り引いて震災手形としたことが日本経済を混乱に陥れた。なぜなら、本来、震災手形とは、震災に関わる会社が振り出した手形のうち、支払い不能に陥った手形を政府の緊急勅令によってモラトリアム化し、その手形に日銀が再割引のスタンプを押して再流通させることであったが、これに紛れて震災に直接関係がなくても不良債権化しそうな手形を日銀で大量に割り引いてもらう企業が続出し、市場を混乱させることとなったからである。今日で言ういわゆる「ゾンビ企業」が震災手形を使って生き延びた。このような事態から、1920年代の日本経済は慢性的な不況が続いて為替も継続して下落する事態となったため、金解禁を実施して金本位制に復帰することができずにいた。1927年には片岡直温蔵相の有名な失言「（東京）渡辺銀行がとうとう破綻をいたしました」もあり、関東から関西にかけての銀行で次々と取付け騒ぎが起きた。この金融恐慌は田中義一内閣の蔵相であった高橋是清による日銀券の増刷により切り抜けた。高橋是清は、破綻しそうな銀行に先回りして現金を届けるために当時流通していた最高額面の百円紙幣の金額を上回る額面の二百円券（しかも表面の印刷だけで裏面は白紙のまま）を大量に発行し、かろうじて金融恐慌を抑え込んだ。しかし、金本位制を離脱したまま経済運営を続けたので、日本円の為替レートは乱高下した。また諸外国からは強い金解禁への圧力が加えられていた。国内でも金解禁・金本位制復帰による為替の安定は、輸出入を手がける財界全体の要求となっており、意を決した濱口雄幸は「金解禁・財政緊縮」を掲げて内閣を組閣した。

蔵相の井上準之助も徹底した緊縮財政政策を行い、賃金低下、産業の合理化、物価の引き下げを強力に推し進めた。1929年には当時の新聞社も物価が下がるのは良いことだという旨の論陣を張って政府を援護した。順調に事が進んでいると見た濱口内閣は、1930年1月をもって金解禁を行って金本位制へ復帰することを決めた。ところがである。先にも述べたごとく1929年10月には米国で暗黒の木曜日事件が発生しており、その翌年の1930年からは世界大恐慌となってしまった時期である。日本は金本位制に復帰にあたり、国際的な信用を維持するためにあえて円高の相場を選んだ。つまり、金解禁および金本位制復帰には最悪のタイミングとなってしまい、日本は世界大恐慌による不況と円高不況の二重苦を経験する羽目になった。濱口内閣の経済政策によって日本経済はデフレに陥り、米の価格が大幅に下落して農村が疲弊した。慌てた政府は農家への低利融資を行い、また産業界に対しては生糸の価格維持政策や不況カルテル容認の政策を採った。濱口内閣は総辞職し、若槻内閣を経て2年後に発足した犬養毅内閣では再び先の高橋是清を蔵相に任命して不況対策を行った。1931年、高橋蔵相は就任すると直ちに金輸出再禁止および金本位制からの離脱を実行し、濱口内閣のデフレ政策とは逆の積極財政によるインフレ政策に転換した。国債購入による積極財政と金本位制からの離脱で円安が進み、日本からの輸出が急増した。こうして1933年には早くも欧米諸国に先駆けて日本が不況から脱出することができたというのが歴史的事実である。

　日本では経済政策に「気概」とか「心意気」を込めたり、「清廉潔白」な姿勢であることが好まれる。それを端的に表すドキュメンタリー小説として書かれたのが城山三郎の『男子の本懐』（濱口雄幸と井上準之助の金解禁に命をかけた半生が描かれた作品）である。この小説は繰り返し読まれ、現在でも人気のある逸話としてドラマでも描かれてきた。これに対し、昭和恐慌を鎮めた高橋是清の方は「君側の奸」の一人として二・二六事件（1936年）で殺害された蔵相として評判が必ずしも良くない。しかし、別件ではあるが濱口雄幸も東京駅頭で銃撃事件に遭い、井上準之助も血盟団によって暗殺されている。昭和恐慌当時における日本の経済政策では、デフレ政策もインフレ政策も試された。それから半世紀以上も経った1990年代になって再び深刻なデフレ状

態が日本を襲った。先例に学ばず、未だに（金本位制のごとく）財政規律優先で（緊縮財政的な）税収を最優先にする発想から抜け出せないのは何故だろうか。

（C）現代における「金」の位置付け

今日では金本位制は過去のものとなっており、金（Gold）自体はおカネとは言えない。しかし、資源国を中心に金貨を発行する国があり、また、日本においても記念硬貨の扱いではあるが1万円ないしは10万円単位での正貨扱いの金貨を鋳造して発行することがある。2011年当時にFRB議長であったベン・バーナンキの発言に興味深いものがある。金融政策に関する米下院小委員会でロン・ポール議員がバーナンキに対して「金（gold）はおカネ（money）だと思うか？」という質問をした。これに対してバーナンキは率直に「おカネではなく貴金属（precious metal）だ」と答えた。しかし、ポール議員はなおも「ではなぜ、中央銀行は（単なる貴金属である）金（gold）を保有するのか？」という質問をした。バーナンキは「財務省短期証券（treasury bills）も金（gold）と同じくおカネではないが、金融資産（financial asset）として保有し、一種の蓄え（a form of reserves）として持っている」と答えている。ポール議員がなおも「では、なぜ中央銀行は資産をダイヤモンドではなく金（gold）で保有するのか？」と聞くと、バーナンキは「それは単に伝統（tradition）だからだ」と答えた。バーナンキは、おカネ（money）は、商店での買い物などの際に相手が受け取る「交換」の用をなすものであり、金（gold）は商店では受け取ってもらえないので、おカネ（money）とは言えないと考えていると補足している。バーナンキは更に詳しく、かつてのように金本位制を採る時代には金（gold）をおカネ（money）と呼んでも差し支えなかったが、現在では金本位制が復活するとは思えず、金（gold）がおカネ（money）だった時代は過去のものだと証言して終わった。金価格というのは世の中の様々なことを反映するので、バーナンキも毎日、その動きをチェックしているとしたものの、今日の金融政策にとって金価格が特別な意味を持っていることは否定した。その後、2013年に開かれた米上院銀行委員会でのバーナンキ証言では、ディーン・ヘーラー議員

の金についての質問に対して「金は単なる通常の資産ではなく、人々は危機が起きた時の保険として保有している」と述べている。すなわち、人々が金の保有を嗜好するのは、投資用の資産というよりも、有事に対する「保険」としての性格を持つからだとした。一般には、金は一種のインフレヘッジとして保有されることが多いが、実際には金価格の値動きはインフレの先行きをそれほど正確には予測していないとも説明している。このバーナンキ発言により、今日の金融市場において金価格の動きが何か特別の意味を持ったり、景気の先行きを表わす指標になるという考えは明確に否定された。しかし、それでも政府や投資家が金を保有するのは、伝統的に保険の意味合いがある（と人々が信じている）からに過ぎないと結論できるだろう。

（6）為替の変動相場制と現代の管理通貨制度

　外国為替の交換比率である為替レートは、その通貨に対する需要と供給で決まる。つまり、貿易における輸出が増えれば、その国の通貨レートは上昇しようとし、逆に輸入が増えれば、外貨を求めて、その国の通貨が売られ、通貨レートは下がる。しかし、実際には、それほど単純ではなく、その国の金融政策によって当該国の通貨が増えているか／減っているかによっても為替レートが上下する。つまり、今日の外国為替に変動はつきものなのである。これを予測して通貨を売り買いすれば、それだけで利潤が出るようになる。つまり、今日では為替取引そのものがビジネスとなり、通貨自身が一種の有価証券として取引の対象のように扱われている。世界においては今や通貨は「商品」（金融商品）なのである。

　国際金融のトリレンマという言葉がある。これは①為替の安定、②金融政策の独自性、③自由な資本移動、の3つは同時に全てが成り立つことはなく、必ずどれか一つ諦めなければならないという理論である。このうち②を諦めた政策を採っているのがユーロ圏で、為替を統一化して同じ通貨を使い、自由な資本移動も認めて域内を一つの国のように使えるが、域内の各国政府は独自の金融政策を採ることができない。域内でどこかの国が勝手にユーロを発行したり、同じユーロなのにA国とB国で金利の高低があるという政策は成り立たない

からである。ユーロ圏では各国は通貨発行権を放棄し、欧州中央銀行（ECB：European Central Bank）に一任している。③の自由な資本移動を認めないのは中国である。中国では国境を超えた自由な資金移動を認めない。必ず当局の許可が必要である。しかも、内実は変則的で、国外から資金を持って入ることは認めるが、資金を持って出ることは認めないという一方通行である。しかし、発展する中国の将来性を当て込み、多くの外資系企業がこの変則的な投資基準に従った。これにより中国は一方的に国内に資金を溜め込むことができて、急激な経済成長を行えたのである。したがって、中国がこの③を放棄することは、これまでの経済成長のエンジンを失ってしまうことになりかねない。今や中国は大きな岐路に立たされている。EUや中国とは異なり、多くの国は①を諦める選択を行うことになる。つまり、為替の変動の容認である。これが今日の不安定な為替相場を招いている。

　外国為替が変動相場制となり、国内における通貨の管理については金本位制が過去のものになった今日では、ほとんどの国で管理通貨制度が採用されている。管理通貨制度とは、政府または中央銀行が金などの物理的制約ではなく、国内の経済状況（インフレ率や失業率、景気の良し悪しなど）を見ながら、金利や通貨発行量をその都度決めてゆく方法である。この方法の下では、通貨発行の前提となるのは当該国の「信用」となるので、当該国の産業構造であるとか、その時々の国際金融情勢や外貨準備の多少、さらには当該国の政治的安定性、安全保障の強弱などの諸要素によって左右される。管理通貨制度下における中央銀行の役割は重要で、その舵取りは思想に左右されることなく、極力、経済状況を客観的かつ数的に評価することが求められる。国際的に信用力があり、国際取引および外貨準備に使われる国際通貨には5種類ある。米ドル、欧州ユーロ、英ポンド、スイスフラン、日本円である。これに準ずる通貨として資源国であるカナダおよびオーストラリアの通貨（カナダドルおよびオーストラリアドル）も国際的な評価は高い。

　下記の表は国際決済銀行（BIS）の調査による外国為替通貨別の一日あたりの取引高とそのシェア（国際取引や外国為替取引による外為の動き）を示した表で、BISは3年ごとにこれを公表しており、最新のものは2022年に公表された。

表-1　国際決済銀行（BIS）通貨別外国為替取引高

OTC foreign exchange turnover by currency				
Currency	2019年		2022年	
	Amount (Billions of USD)	シェア (%) (Total=200%)	Amount (Billions of USD)	シェア (%) (Total=200%)
USD（米ドル）	5,811	88.3%	6,641	88.5%
EUR（欧州ユーロ）	2,126	32.3%	2,293	30.5%
JPY（日本円）	1,108	16.8%	1,253	16.7%
GBP（英ポンド）	843	12.8%	969	12.9%
CNY（中国元）	285	4.3%	526	7.0%
AUD（豪ドル）	446	6.8%	479	6.4%
CAD（カナダドル）	332	5.0%	466	6.2%
CHF（スイスフラン）	326	4.9%	390	5.2%
HKD（香港ドル）	233	3.5%	194	2.6%
SGD（シンガポールドル）	119	1.8%	183	2.4%

出所：BIS, Triennial Central Bank Survey, OTC foreign exchange turnover in April 2022, p.12（https://www.bis.org/statistics/rpfx22_fx.pdf）より。

　外国為替は一日あたりの取引高が2022年の値で約7兆5,000億ドル（約780兆円）で、国際取引およびそのヘッジに使用される通貨の種類は上位10通貨で全取引の9割を占めている。通貨ペアで見ると米ドルが使用される度合いは8割以上で、単体の通貨シェアで見ると4割を米ドルが占める。今日の通貨価値は金本位制下におけるグレシャムの法則（金貨や銀貨の改鋳によりインフレが加速）のように、モノとしての通貨の良し悪しは問われることがなく、貨幣数量説が説くように通貨の総量とその流通速度が貨幣（通貨）の価値を決める。通貨の価値が下がればインフレとなり、通貨の価値が上がればデフレとなる。今日では国際取引の安定のために、上記10種の通貨を発行する当該国の中央銀行には特別な責務がある。

2．イングランド銀行の歴史的意義

（1）金融業の歴史

　金融業自体はギリシア・ローマ時代からあり、欧州では主にユダヤ人による貸金業が中心であったと言われている。ローマ時代には、神殿が最も安全な場所であり、金品の保管や造幣が行われていた。その神殿の中で金融業者が小卓を置いて営業していたのであるが、これはゲルマン語派生の単語でラテン語では小卓のことを「bancus」と言った。これがイタリア語「banco」（木製で長めのベンチや机）の語源となり、当時は金融業者が街のベンチを使って営業をしていたので、ここから後に金融業者＝銀行の意になり、現在では銀行のことをイタリア語で「banca」、フランス語で「banque」、英語で「bank」と呼ぶようになったと知られている。金融業を営む個人ではなく、金融を取り扱う専業組織としての銀行が生まれたのは12世紀から14世紀にかけてのイタリアの都市国家ヴェネツィアだと言われているが、これは後のフランス＝ナポレオンによる侵略でジェノバ共和国が滅ぶと同時に消えてしまった。歴史に明確に痕跡が残り今でもなお銀行組織として継続しているのはオランダのアムステルダム銀行（1609年設立）である。これが今日ではオランダ中央銀行となっている。しかし、当時のアムステルダム銀行は政府財政とは無関係な商業銀行であり、18世紀に盛んとなったオランダ東インド会社への多額の貸付が焦げついて破産した。その後、欧州では各地でベレンベルク銀行、ニュルンベルク銀行、スウェーデン銀行などが生まれた。その後、プロイセン銀行（1765年）、フランス銀行（1800年）、ウィーン銀行（1815年）なども誕生した。

（2）イングランド銀行の設立と発展の経緯

　イングランド銀行は、形式的には1694年にイングランド王国の共同統治者たるウィリアム3世・メアリー2世の勅令により設立された。王名により設立されたと言っても、設立資金の出資者は1,000名以上の民間人であり、国に資金を貸し出す株式会社であった。その貸出金の分だけ独自の紙幣を発行するこ

とが許された。機能が大きく変わったのが1750年に長期国債の発行権を独占できるようになってからである。つまり、イングランド銀行は当初から中央銀行の機能を持つ組織として設立されたわけではなく、「世界で最初の中央銀行だ」とか「(中央銀行として) 300 年以上の歴史を持つイングランド銀行」と表現されることは全くの間違いとは言えないが、ややミスリーディングである。イングランド銀行が英国の金融の中心となり、英ポンドの発行や英国債の引き受けをするようになったのは、後の歴史的事情の偶然の結果によるというのが実際のところである。今日的意味での中央銀行の役割とは、法定通貨の発行、市中金利の管理および失業率の抑制である。イングランド銀行は初めからそうした役割を期待されて設立されたわけではなく、また、当初はそうした役割は持っていなかった。歴史の経緯と共に得た役割である。時代の流れと共にイングランド銀行は徐々に国の金融の中心を担う役割を果たすようになり、結果的に 18 世紀中旬頃からは現代的意味での中央銀行として認められるようになった。イングランド銀行が中央銀行たる資格を持つに至った一つの理由は、民間ではなく国家の銀行業としての役割を果たすようになったこと、特に国債の管理者となったことが掲げられ、もう一つは、最後の貸手として、経済世界の金融活動の規制者としての役割を果たすようになったからだと言われる。

(3) 中央銀行の独立性

イングランド銀行は 1997 年に明確に独立性を獲得する。イングランド銀行の独立性は「金融政策の運用手段はイングランド銀行に任せる」というもので、政策の目標は実質的に政府が決めている。つまり、中央銀行の独立性とは「政府の方針から完全に離れて自由に行動する」という意味ではなく、「政府が決めた目標に到達するよう手段 (金融政策) の独立性を確保する」という意味である。これは中央銀行に対する外部からの圧力により、適切な政策運営がなされず、結果的にインフレが止まらなくなったという歴史的経緯からである。しかし、この中央銀行の独立性が弊害をもたらした事例がある。それが 90 年代以降アベノミクスまでの日本銀行で、日銀は中央銀行の独立性をミスリーディングし、日銀法に雇用についての規定がないせいか、広範なデフレが進行して

コラム：流動性の罠

「流動性の罠（Liquidity Trap）」とは、経済学者のケインズが定義した言葉で、長期金利が極限まで低下すると、そこから先はむしろ金利上昇やキャピタルロス（株式や債券など、資産の価格下落による損失）を恐れて、投機的動機による貨幣需要が無限大となる状態のことである。その結果、低金利（ゼロ金利）と貨幣需要が均衡して金融政策では市場が動かなくなるとされる。すなわち、通常の金融政策が効力を失うので、中央銀行がいくら金融緩和を行っても景気刺激策にならない状況に陥ってしまう。日本は90年代以降、デフレと流動性の罠に陥ったので、金融政策では市場を好転させられないという批判のための用語として使われてきた。通常なら景気後退時の対策として金融緩和を行うと金利が低下して民間投資や消費が増加する。しかし、金利が一定水準以下の低金利になると、市場では債権よりも貨幣を増やす方を好むようになるので、銀行などに資金が大量に滞留することになり、設備投資や個人消費などが増えなくなる。現日銀総裁でかつては日銀審議委員を務めてきた植田和男の定義では、この低金利またはゼロ金利を「名目金利に低下余地が無い状況」とし、その対処策として次の3つを掲げている。（1）短期金利が低いとは言っても完全にゼロではないとすれば、ベースマネーを増やすことで、短期金利を限りなくゼロに近づけることができる。（2）将来の金融緩和を現在約束すること――いわゆる時間軸政策によって、経済主体の期待に働きかける。（3）中央銀行が通常購入している短期国債などとは異なる資産（例えば社債や株式、土地など）の購入（いわゆる非伝統的なオペレーション）を行い、こうした資産の価格に影響を及ぼすことができる。ノーベル経済学賞を受賞したP.クルーグマンは、中央銀行が積極的に金融政策を行うこと自体が、市場の心理的なインフレ期待を高め、実質金利が下がることで、財・サービスに対する需要を直接高める効果を持つとも提言している。実際にアベノミクス以後の日銀は、ベースマネーとの代替性が低い資産、すなわち長期国債、社債、株式、ETF（上場投資信託）などを積極的に購入し、同時に市場にベースマネーも流し続けてきた。こうした非伝統的な金融政策を2013年から積極的に行ったにもかかわらず、アベノミクスでは経済は好転したものの、デンフレを完全に脱却することはできなかった。その原因はアベノミクス実施中の2014年と2019年の2回も消費増税を行ったことと、クルーグマンも指摘するように積極的な財政支出が行われなかったからである。安倍政権の末期に世界的にコロナ禍が発生し、2020年初頭にコロナ対策補正予算を組んで積極的に財政出動したことが功を奏して、コロナ明けには日本経済が世界に先駆けて低失業および好景気になっていたことは皮肉であろう。

いる渦中においてもインフレを恐れて積極的な金融緩和を行うことを躊躇した。他の先進国とは異なり日本で長くデフレが続いた原因の一つに、この中央銀行の独立性への誤解と過度な偏重の問題が掲げられる。過去には英国でも長いデフレに陥ったことがあり、1873年から1896年まで「英国大不況」ないしは単に「大不況」(Great Depression) と呼ばれる長期のデフレ不況を経験した。この英国のデフレの原因は、金本位制の下で（つまり通貨発行が抑制された状態で）、産業分野における広範な生産力の向上と鉱業分野における技術革新の結果として銀の増産がもたらされたからである。つまり、金本位制によって通貨発行が抑えられている状態で（インフレは抑えられるが）、技術革新で産業全体の物価の低下が見られたことが（物価の下落とは、すなわち、通貨価値の上昇と同義なので）デフレの原因となった。この英国大不況の間に、英国では産業の合理化が進むという陽の当たる側面も見られたが、金本位制によって通貨価値が上昇したために、結果として賃金の低下と労働者の失業という陰の側面が生じた。後の1930年代に起きた世界大恐慌や1970年代以降に生じたニクソンショック以後の高インフレ時代を経験則として、一方で政府の野放図な財政支出により、事実上、通貨が財政赤字の穴埋めに使われること（いわゆる財政ファイナンス）は防止しなければいけないが、他方では中央銀行が物価安定のみを眼中に置き、雇用への負担（失業や賃金低下）を顧みない政策を採ってはいけない。以上の経験を踏まえ、今日では各国の中央銀行の「独立性」を無制限の独立性ではなく、物価目標（インフレターゲット）と雇用の改善を実現する機関であり、そのために金融政策の独立性が担保されていると解釈されるようになった。

3. 米国の FRB および FRS とはどのような組織か？

（1）米国の通貨制度

　米国の通貨制度はユニークである。今日ではほとんどの国が持っているような中央銀行を持たず、かと言って、連邦政府が自ら通貨を発行する権限を持つわけでもない。それは極めて人為的に創作された金融システムであり、英国を

はじめとする欧州各国の富豪が集まって米国の通貨制度を作り上げてきたという歴史的産物なのである。まず、かつて歴史を遡れば、米国には過去に中央銀行が存在したという事実がある。今日、金融のテキストや日々のニュースで米国の事実上の中央銀行として呼称されてるのがFRB（連邦準備制度理事会：Federal Reserve Board）およびFRS（連邦準備制度：Federal Reserve System）である。これらの設立は遅く1913年で、そもそも米国が東部13州の団結により英国から独立したのが1776年であるから、その間は一体、中央銀行や通貨発行はどうなっていたのか。ちなみに、紙幣ではなく硬貨の方は連邦政府所管の造幣局が発行しており、これは1792年に設立され、1873年から財務省の事業部門として存在している。米国では独立前から現地で植民地通貨が発行されており、それが一定数流通していた。米独立戦争の背景には、英ポンドを植民地たる米国で使わせようとする英国と、独自の通貨発行権を得ようする現地統治者たちとの確執があった。米国独立後の1791年に民営の第一合衆国銀行（First Bank of the United States）が設立され、これに通貨発行権を与えた。しかし、その株主のほとんどが外国人であり英国やオランダなどの金融資本家であった。途中で一度、連邦政府が通貨発行権を取り戻した時期もあったが、多額の負債に陥った政府は1816年に再び民営の第二合衆国銀行に通貨発行権を譲り渡すこととなった。その後、通貨発行をめぐる確執はリンカーン大統領時代に再燃する。1865年のリンカーン暗殺の遠因には、彼が発行した北部政府発行通貨グリーンバック（Greenback）をめぐる銀行家集団との争いがあったとも言われている。

（2）FRS（連邦準備制度）とFRB（連邦準備制度理事会）の発足

大農業国であった当時の米国では通貨循環のシステムが農業生産とこれへの貸付、そこから得られる利息に依存していたため、しばしば金融恐慌を引き起こしていた。1907年に起きた金融恐慌時には、連邦政府内でも通貨発行のシステムを改革する要求が強く打ち出され、欧州各国で採られていた政府発行の債券制度と中央銀行制度が調査された。共和党重鎮で金融専門家でもあったネルソン・オルドリッチは中央銀行制度を推し、1910年にジョージア州ジキル

島に著名な銀行家を集めて金融システム樹立のための非公式な会談を行った。この会談に出席したのは、クーン・ローブ商会のポール・ウォーバーグ、ロックフェラー家ゆかりの銀行家フランク・ヴァンダーリップ、J.P. モルガンのシニア・パートナーのヘンリー・デイヴィソン、ファースト・ナショナル・バンク頭取のチャールズ・ノートンなどの銀行家、および後にウッドロウ・ウィルソン大統領の支援者兼顧問となるエドワード・ハウスらであった。この会談は秘密裡に行われたものであり、オルドリッチが連邦議会に提出した計画書オルドリッチ・プラン自体が資産家・銀行家の代弁であり、大銀行家に国家財政の管理を委ねることになると批判されたが、結局、議会での審議を経て正式に連邦準備制度（FRS）となる。そこでキーとなる人物が大統領に当選したウッドロウ・ウィルソンであり、P. ウォールバーグや E. ハウスらの意向を受けて、オルドリッチ・プランに修正を加えて議会を通過させた。修正案として盛り込まれたのが、この制度に行政府による任命の連邦準備制度理事会（FRB：理事は7名）を参加させて銀行家を抑え込むことと、反トラスト法の立法によって銀行家の独占を妨げるという発想であった。こうした経緯もあり、後に米国諸州に設置されることになる 12 連銀は、一応の正式名称を連邦準備銀行（Federal Reserve Bank）とは名乗っているが、「連邦」という名称が付されているだけで、実態は大銀行家が株式を持つ私的な法人として設立された。つまり、法制度の枠組み上は公的な仕組みを採り、内実は私的な銀行家集団によって支配されるという複雑な構造になったのである。

（3）12 連銀の役割と FOMC の目的

1913 年に連邦準備制度法（Federal Reserve Act of 1913）が成立。この法律は 12 の連銀に力を分散させ、ニューヨークの銀行家たちの過度な力を削ぐ仕組みも導入された。しかし、ニューヨーク連銀には連邦公開市場委員会（FOMC：Federal Open Market Commitee）の実施を取り仕切る権限が与えられ、他の連銀より抜きん出た存在とされた。連銀の所在地区は中東部に偏在しており、第 1 地区：ボストン、第 2 地区：ニューヨーク、第 3 地区：フィラデルフィア、第 4 地区：クリーブランド、第 5 地区：リッチモンド、第 6 地区：アトランタ、

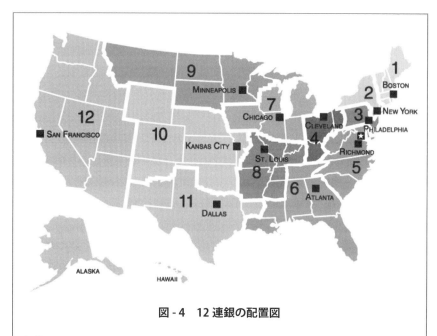

図 - 4　12 連銀の配置図

出所：FRB, Board of Governors of the Federal Reserve System, Annual Report 2011, About the Federal Reserve System より（https://www.federalreserve.gov/publications/annual-report/2011-overview.htm）

第7地区：シカゴ、第8地区：セントルイス、第9地区：ミネアポリス、第10地区：カンザスシティ、第11地区：ダラス、第12地区：サンフランシスコとなっている。東部地区に偏在するのはFRS設置時の歴史的経緯によるものであろう。連銀が設置された一番の理由は、「準備銀行」の名でも分かる通り、歴史的に度々生じた民間銀行の通貨不足に備えたお金の準備をしておくための組織という意味合いがあった。現在のドル紙幣にも、どの連銀が供給した紙幣か分かるように、お札の紙面に連銀の番号が付されている。FOMCの目的は、市中銀行に資金不足が生じないように監督、金利の誘導目標の策定、国債の売買による公開市場操作という金融政策の3つの手段の管理であり、FRBが定期的に開く会合で連銀の代表と協議して決定される（ニューヨーク連銀総裁は常任で、他の連銀からは持ち回りで各総裁のうちから4人が選ばれる。それ以

外の連銀総裁はオブザーバーとして参加）。FOMCの定期的会合は年間8回開かれ、その他臨時に市場の急変等に応じて開催される。

1977年に連邦議会によってFOMC開催の法的使命が2つに絞られた。これは「デュアル・マンデート」と呼ばれる目標達成義務のことであり、具体的には「雇用の最大化」（maximum employment）と「価格の安定」（price stability）を図ることとされた。なお、FOMCとは異なるが、1978年より毎年8月にカンザスシティ連邦準備銀行の主催で開催されている経済政策シンポジウムも、近年では重要な会合の一つと数えられるようになってきており、この会合にはFRB議長をはじめ、米国外からも各国中央銀行の要人や著名な経済学者などが参加して世界的な金融・経済政策について議論する場となっている。米国ワイオミング州のジャクソンホールで開催されるので「ジャクソンホール会議」と呼ばれ、金融界では重要な日程として注目される。

4. おわりに

第1章では主に貨幣が生まれた経緯と現在の状況について見てきた。ここで改めて考えたいのは、今日的な意味での「貨幣」、「通貨」ないしは「マネー」についてである。通貨は一般に英語ではcurrencyだが、貨幣、お金、マネーはmoneyとなる。ところが、日本の法律は若干独特で、お金には日銀券と貨幣とがあり、日銀券は日本銀行が発行する銀行券（紙幣）であるが、貨幣は日本政府が発行する硬貨となっている。ただし、法律の上では貨幣＝硬貨とは定義していないので、政府も紙幣（政府紙幣）を発行することは可能ではある。日銀券を英語で表すとBank of Japan noteとなるが、紙幣は英語ではbillと表されるので、Bank of Japan billでも構わない。近年、このお金（マネー）に関する議論が進み、また経済の方も複雑化を増し、かつてはお金（マネー）の中心だと思っていた現金、すなわち日銀券と貨幣の役割は小さくなってしまった。例えば2022年度の日銀券の発行枚数（1万円札・5千円札・1千円札）は計29億枚で合計金額が16兆6,400億円である。日本の年間名目GDPは2023年で591兆円であり、家計支出だけでも約300兆円に達するので、こ

の日銀券の枚数と金額では日本経済は回らない。つまり、お金（マネー）の主体は日銀券や貨幣ではないことが分かる。今日ではお金（マネー）・通貨の主体は民間銀行の発行する「預金通貨」となっている。預金通貨を英語に直すと deposit currency または currency deposit となる。

　日銀が金融政策を決める際に、現在世の中にお金（マネー）がどの程度出回っているのかを測る指標がある。これをマネーストックと呼び、現金だけでなく銀行預金も含めて計算している。この詳細を図解したものは第5章第3節「マネーストックの増加による金融緩和」にあるが、いわゆる銀行に預けている普通預金を含めたお金（マネー）を M1 と呼び、定期預金まで含めると M2、通常の企業融資を行わないゆうちょ銀行や JA バンクの定期預金まで含めると M3 と呼んで、区別している。つまり、お金（マネー）は既に金属や紙幣の時代を超えて、電子化されて数字として記録されているのが今日の社会である。また、今日の社会のように経済が高度に成長した社会においては、先述したようにお金（マネー）は中央銀行が発行したものよりも、銀行が融資によって発行するお金（マネー）、すなわち「預金通貨」の方が金額が大きくなる。つまり、ニュースが騒ぐようなキャッシュレス化を推し進めるまでもなく、既に社会の中におけるお金（マネー）の大部分はキャッシュレス化（電子化）されて、銀行の端末の中にある。しかも、それらのお金（マネー）は民間銀行自らが信用創造により造り出している電子的な記録として存在している。

　これが今日のお金（マネー）の実態で、だからこそ、経済の変調によりこの「信用」が崩れると、一気に金融危機が発生したり、それが実体経済に波及して経済危機を起こす原因となる。今日の社会は本来のお金（マネー）の機能である（1）支払い用途、（2）価値を計る尺度、（3）蓄蔵、（4）交換手段、のいずれもが不安定な状態に置かれている。今や政府や中央銀行が絶対的な権限でいつでも金融や経済を統制できる状態にはない。逆説的にはなるが、その不安定な世界経済をなるべく安定化させて市民の生活を守るために、金融理論や経済理論があり、その理論を活用して現実の世界をうまく調整して行くために政府や中央銀行があると認識しておく必要がある。

コラム：日本の貨幣

日本では紙幣は日銀が発行する日銀券のみであり、硬貨は政府が発行することになっている。（通貨の単位及び貨幣の発行等に関する法律第2条第3項：通貨とは、貨幣及び日本銀行法の規定により日本銀行が発行する銀行券をいう。）この政府が発行する硬貨を法的には「貨幣」と定義しているので、日本では「銀行券」と「貨幣」という言葉の使い分けがされる。銀行券も貨幣も現金であり、現物のお金であるから、厳密には日本では中央銀行が専業でお金・マネーを発行しているのではなく、実は政府も発行することができるし、現に発行している。ただし、硬貨なので、額面は少額のものが中心で、現在では500円硬貨・100円硬貨．50円硬貨・10円硬貨・5円硬貨・1円硬貨が発行されている。令和5年の発行枚数と金額を見てみると、500円硬貨を3億5,000万枚 (1,750億円)、100円硬貨を2億枚（200億円）、50円硬貨を100万枚 (5千万円)、10円硬貨を3,300万枚 (3億3,000万円)、5円硬貨を100万枚 (500万円)、1円硬貨を100万枚 (100万円) 発行している。合計金額は1,953億8,600万円で約2,000億円分の硬貨（貨幣）を毎年発行していることになる。通常、政府は額面が少額の貨幣しか発行しないが、時には高額の貨幣を発行することがある。例えば、沖縄復帰50周年記念1万円金貨（令4年）、近代通貨制度150周年記念1万円金貨（令3年）、天皇陛下御即位祀念1万円金貨（令元年）など。スポーツ「関係では、ラグビーワールドカップ20lf>A本人会記念1万円金貨（平31年）、東京2()20オリンビック競技大会記念1万円貨（平30年）。どういうわけか東日本大震災復興事業記念1万円金貨（平27年）というのもある。また、これよりも高額貨幣が発行されることもあり、天皇陛下御在位60年記念10万円金貨（昭61年）、天皇陛下御即位記念10万円金貨（平2年）、皇太子殿下御成婚記念5万円金貨（平5年）という例がある。ここでは主に金貨を挙げたが、銀貨やクラッド貨（合金）もある。また、発行枚数もかつては1,000～2,000単位で発行していたが、最近は100枚以下というのも珍しくない。いずれにしても、「通貨を発行できるのは中央銀行（FI銀）のみで、政府は通貨を発行できない」というのは間違いで、発行しようと思えば、政府自身が高額の貨幣を発行することも可能である。

第2章　金融危機の歴史

1. はじめに

　投資と投機は何が違うのか。この命題には一般的に次のように解答される。投資は長期的に資金を投じることであり、投機は短期的に資金を投じることであると。しかし、また違う場面では、同じ金銭取引であっても、やり方によって両者は異なると説明されることもある[1]。英語では一般に投資は「investment」と言い、投機は「speculation」と言う。しかし、投資であろうと投機であろうと、投じた資金のリスクに見合ったリターンしか期待できないという意味では違いはない。実際には両者は厳密に使い分けられているわけではなく、文脈に応じて感覚的に違う単語を当てはめて、使い分けているように見せているだけである。一般にアジアの政治家は投機を悪い方向で捉え、投機家は経済の寄生虫であると捉える傾向にある。これに対して、欧米の経済学者等は、投機を基本的には経済に好影響を与えるものと見ており、資本主義の経済体制が適切に機能するためには投機は必要不可欠なものであると評価していると言われている[2]。そもそも「投機（speculation）」という言葉が経済と関係を持つ用語として使われるようになったのは18世紀後半からだという指摘がある[3]。私有財産制、契約の自由、私企業による生産活動および労働者の雇用等の資本主義社会に必要な制度が生み出されて来たのは18世紀である[4]が、17世紀にはアジアと欧州との海上航路貿易が整備されており[5]、またアメリカ新大陸発見されたのは15世紀である[6]が、植民地としての新大陸と欧州との貿易が活発になったのが17世紀である。18世紀は欧州にとっては大変革期であり、フランスでは1787年にフランス革命が起き、英国では1760年代に第一次産業革命が起きている。よって、17世紀頃から欧州では資本の蓄積が始まり、それが本格的に市民にも広がったのが18世紀であると言える。

本稿では、資本の蓄積と共に始まった投資・投機熱の高まりと、それがもたらした歴史的な金融危機・経済危機について論じる。なお、本稿では「金融危機」と「経済危機」を使い分けており、前者が通貨、株式、債券などの信用崩壊が起きる現象のことを指し、後者は景気の急減速や過剰生産に基づく倒産の連鎖、労働者の大規模なリストラを伴う恐慌などを指している。本稿のテーマは主に金融危機であるが、前者から後者に移行する場合もあり、次章では危機の拡大も含めて分析しているので、次章のタイトルを「経済危機の系譜」とした。投機とは、失敗に終わった投資のことであり、逆に、投資とは、成功に終わった投機のことであるとも説明される[7]。危機を生じさせる投機行為が（本質的には投資行為と変わらないが）どのように生じ、どのような結末を迎えたのかを分析したい。

2．経済危機の系譜

（1）オランダ・チューリップ・バブル事件（1637年）

中央アジア原産でオスマン・トルコ領内で広く栽培されていたチューリップが欧州に持ち込まれたのは16世紀中旬だと言われている。オランダでチューリップ栽培が盛んになったのは、1593年にチューリップ研究者でもあった植物学者クルシウス[8]がライデン大学に招聘されて以降のことである。特に、当時は貴重な突然変異と信じられていたブレーキング現象が起きたチューリップ[9]が高値で取引されるようになった。

チューリップの球根取引に投機家が参入するようになったのは1634年頃と言われている。品種改良したチューリップがライデンからアムステルダムなどの都市に伝わり、球根の需要が拡大していったことが背景にある。当初の取引は現物取引に限られ、球根の取引される季節は冬季だけであった。しかし、球根を転売するだけで利益が得られたので、チューリップの栽培や花の美しさ、品種改良自体には興味の無い多くの庶民が、通年取引として先物売買を始めたのである。取引場所は専門の取引所ではなく居酒屋などが用いられ、手形で取引された。担保は貨幣のみならず、換金性のあるあらゆる日常の物品が用い

られた。この先物取引の手法により元手の無い庶民の多くがチューリップ取引に参加できたのである。多くの庶民がチューリップ取引によって債権を持つと同時に多額の債務も負っている状態となり、後に「チューリップ・バブル事件（Tulip mania）」[10]と呼ばれる社会現象が生じた。1637年になり、需給バランスの飽和から買い手が見つからない状態となり、取引価格が突然暴落するという事態が生じた。債権を持つと同時に債務を負っていた多くの庶民は混乱したが、議会および行政が調査に乗り出し、「調査が終了するまで、チューリップの取引は禁止する」と指示して事態は沈静化した。対応策として手形取引の無効が宣言され、庶民は互いに債権を失うと同時に債務も解消されて、事件は終息した。

　この事件の教訓は、チューリップという分かりやすい対象物の取引（商品先物取引）であること、しかもその品種改良が頻繁に行われることで付加価値が上がりやすい（転売益が大きい）こと、居酒屋（取引場所）などを使った手形取引（商品の証券化）で転売できるという利便性があること、元手を持たない者が少額の担保で取引できる（高レバレッジ）というギャンブル性が高いこと、が揃った時には投機熱が高くなりやすいということが掲げられる。取引所の整備や高レバレッジの抑制、先物取引の特徴を周知させるなどの対策が不十分であった場合の危険性を示唆している。

コラム：チューリップ・バブル（1637年）

これは経済バブルと言うより「チューリップ狂（Tulip Mania）」として知られるオランダで起きた事件である。そもそも1630年代の経済のデータは限られており、当時のオランダの経済規模に対してチューリップの取引がどのくらいの規模を持っていたのか、あるいはその価格の下落率がどのくらいであったのか、他の経済取引にどの程度影響したのかが具体的な数字では分からない。したがって、研究者によっては、これを経済バブルの系譜の中で論じるべきではないとする者もいる。それはさておき、新しい技術（品種）をめぐる事件であり、当時のオランダが商業的に活況を呈していた好景気の時代背景があったこと、さらにはチューリップの品種改良の中で起きた突然変異という希少性という要素が、今日でも人々を熱狂させ、「乗り遅れてはいけない」という焦りの心理からバブルの醸成を行うという心理現象と酷

似していたという事実は忘れてはならない。後から考えると、なぜあれほど熱狂したのか？が判然としないくらい熱狂し、やがてその熱狂から醒めると同時に、幻のようにバブルが崩壊するという形は今日のバブルとそっくりである。17世紀も今も人の心理と行動は同じだということなのか？　この事件は経済上の事件というよりも道徳な教えを含んだ事件だとして言及されることが多い。現在ではチューリップの品種は5,600種類もあると言われており、色や形が多彩で豊富なことに特徴がある。また、品種の固定は球根を増やすことで行えるし、品種改良は種子から育てることで行えるので、種子から作り出した品種を球根で維持することが可能だ。このチューリップは元々は中央アジア・カザフスタンの山間に咲いていた植物で、それをオスマントルコの王族が気に入り繁殖させた。これが外交官の手を経てオランダに持ち込まれ、有名なクルシウスの品種改良によって爆発的な人気を得た。フランス生まれのカロルス・クルシウス（Charles de l'Écluse）は、肩書きは医師だが植物学に熱中し、オランダのライデン大学に招かれて植物園の運営に尽力した。彼は熱心にチューリップの品種改良に取り組み、次々と珍しい色や形を生み出した。盗難を嫌がりクルシウス自身はチューリップの栽培を止めてしまったようだが、やがて教会や商人も参加してチューリップの品種改良とその売買取引に熱中するようになった。品種改良を行っていると、ごく稀に花弁に縞模様（カラーブレーキング：色割れ）の入った突然変異が生じる球根が出た。しかも、その色合いが球根による繁殖でも安定せず、逆に珍しがられて、希少価値から高値で取引される誘因になった。(＊当時は突然変異だと信じられていたが、のちにこれはウィルスによるモザイク病の結果として花弁に色割れが生じるものだと分かった。しかし、このことを知らない当時の人は、この珍しい色を発色するチューリップの球根を求めて熱狂した。) 不動産とチューリップの球根を交換する高額取引をするだけでなく、代金後払いの先物取引を生み出したり、現物を持たない空売りを行ったりと、いわゆる今日の金融技術に当たるような手法を編み出した。何人も破産者を生み出した挙句、1年くらいでこの熱狂は終わりを迎えることになった。

（2）南海泡沫事件（1720年）

　1701年から14年にかけて欧州ではスペイン王位継承戦争が起きた。これはスペインの王位継承をめぐる戦争であり、事の発端は後継者のいないスペイン国王カルロス2世（ハプスブルク家の系統）が遺言によりフランス国王ルイ14世の孫（ブルボン家の系統：フェリペ5世）を次期スペイン国王に指名

していたことにある。この王位継承によりフランスが強大化することおよび新大陸貿易の主導権を失うことを快く思わなかった英国はオランダ、オーストリアと同盟して戦争を仕掛けた。全般的には英国側に有利に進められた戦争ではあったが、戦闘が多方面でかつ長期に及んだため、英国側も完全勝利はできず、スペイン王位継承を阻止する目的も果たせなかった。しかし、他方で、フランス側の勢力も拡大することはできず、互いに疲弊して1713年にユトレヒト条約[11]を結んで戦争終結に向かった。この長期間にわたる戦争で英国は多額の国債を発行した。英国はその返済と利払い、および軍事費の増大によって1711年には財政の9割を支出するほどの財政難に陥っていたと言われている。公的債務を整理し、英国財政を立て直すために設立されたのが南海会社（The South Sea Company）である。同社によって南アメリカ大陸への英国貿易を独占させ、その利潤で英国の余剰債券や株式を購入させて公的債務を整理する計画であった。1713年のユトレヒト条約によって英国はアフリカ－新大陸（スペイン領西インド）間の奴隷貿易の権利を得た[12]。これにより南海会社は莫大な利益を得ると期待されたが、海難事故の多発やその後のスペインとの英国との関係悪化により貿易からの利潤が思ったほど上がらなくなってしまった。苦慮した南海会社は1718年に試験的に富くじの発行を始めたところ、賞金当選を期待した民間で大人気となった。この成功により南海会社は事業の中心を貿易から金融取引に転換し、資金を捻出する計画を立てた。すなわち、富くじ売買の成功で得た資金を基に南海会社の発行する株式の時価と政府の発行する英国債との等価交換を行い、その差額で新たな資金を生み出すという資金捻出計画である。株式の時価と国債とを等価交換できるので、株価が上がれば上がるほど国債との交換比率が上昇し、南海会社が儲かる仕組みであった。当時の英国では貴族または庶民を問わず投資先を探しているほど市中には資金が余っていたので、南海会社の株式を中心として一気に投機ブームが生じた。1720年1月には南海会社の株式は1株約100ポンドであったものが、6月には約1,000ポンドになっていたと言われている。この熱狂の中で、その他の会社、すなわちイングランド銀行や東インド会社を始めとする英国の合法／非合法の多くの会社の株式も高騰した。これを憂慮した英国政府は泡沫会社禁止法[13]を制定

して非合法な会社が株式を発行することを禁止した。これによって多くの会社が消滅して株式投機ブーム自体が終焉を迎えた。南海会社の株式も20年末には120ポンドにまで暴落したと言われている。多数の会社の株式の暴落で多くの破産者と自殺者を生み、英国経済に恐慌が訪れた[14]。南海会社の事業の重要部分を知る会計責任者が失踪するような不可解な事態となったが、恐慌処理の指揮を任されたのが会計に秀でた伯爵ロバート・ウォルポール（Robert Walpole）[15]であった。ウォルポールの採った恐慌処理策は幾つかある。まず南海会社の政府への債務の半分を免除し、残りの半分の債務の引き当てに南海会社役員や国務大臣および財務大臣等から没収した財産を当てたり、イングランド銀行に負担させるなどした。また、投資家に対する補償としては、株主に所持株の1/3の価値を付加した新株を発行して交付した。さらに、南海会社から融資を受けて債務を負っていた者には、借入金の10%を返済すれば債務免除する処置を採った。

　この事件の教訓は、一見、破綻とは無縁に見える錬金術にも似た金融主導の資金捻出は長期には継続しないということと、リスクを充分に理解しないまま投資（や投機）を行う一般投資家による熱狂は危うい側面を持つこと、およびそのリスク評価の方法と内容を投資家に知らせるための制度[16]の充実が不可欠であることを示唆している。

（3）ミシシッピ計画事件（1720年）

　18世紀初頭のフランスは長年の戦争の結果、債務が増大し、国家財政が疲弊していた。これの対策としてスコットランド人のジョン・ローが発案した債務返済計画がフランス財政当局に採用され、実行に移された。ジョン・ローの計画とは、1716年に王立銀行を設立し、当該行が発行する1,200株を民間に売り出し、その調達金を国家財政の補填に当てるという計画である。これによりローは、1716年に許可を得て王立銀行を設立、当該行の投資先はアメリカ新大陸フランス領ルイジアナ地区での事業展開とフランスとの貿易を独占的に行う西方会社であるという内容[17]で、当初の目標では民間には1株＝5,000ルーブルで総株式1,200株を売り出すというものであった。しかも、株価の5,000ルーブル

は4回の分割払いとし、最初の1回は現金で支配い、残りの3回は手形（「王立銀行株式払い込み手形」）払いでよいという方式を採用した。しかも、この手形の価値（換金する場合の時価）を王立銀行株と連動させたために、株価の上昇がすなわち手形の上昇となるように計算されていた。新大陸での事業展開への投資という魅力的な事業内容と、現金が1/4しか要らない王立銀行株の人気は高まり、それを代替する手形の時価が急上昇した。1717年には当初の計画をはるかに上回り、手形の総額が6,000万ルーブル超となっていた[18]と言われている。フランス王室とフランスの庶民から高い信用を得たローは、政府から現地における知事の任命権や土地開発業者選定権も得て、西方会社の価値を飛躍的に高め、さらなる資金調達を進めるために、西方会社をミシシッピ会社（The Mississippi Company）と改称した。新会社ミシシッピ会社の事業内容の中心は、当時のフランス市民に期待の高かった金鉱から金銀の採掘を行う事業とすることが宣伝され、当該社の株式が新たに売りに出された。これに付随してアフリカでのタバコ事業や中国との貿易にも事業拡大することがフランス国内で伝えられたので、将来性有望と見た多くの投資家の間で当該社の株式の人気が高まった。ミシシッピ会社がついに金銀の採掘事業を開始すると聞いた投資家は欧州中から集まり、株式公開時に500ルーブルで売りに出された同社株は短期間のうちに最高値1万ルーブル（20倍）にも達したと言われている。

　しかし、当初は多くの者が信じた「ルイジアナ地区における金鉱脈の採掘」は、実際には探査すらされなかった。そもそも「ルイジアナに金鉱脈が存在する」という証拠すらなかったのである。やがて株式の発行量が飽和状態になり、またルイジアナの金鉱脈の採掘に不安を感じた投資家が一斉にミシシッピ会社株を売りに出した。1720年には同社株は暴落し、株式および手形の金との兌換を求めて王立銀行への取り付け騒ぎが生じた。王立銀行は金兌換を中止し、株式および手形が換金できなくなった。市場でこれらを引き取る者も少なく、1721年にはミシシッピ会社株は額面価格にまで下落したと言われている。同社は倒産した[19]。

　この事件の教訓は、政府保証への過度の信頼、事業対象に関する情報の欠如および過剰な期待、会社の解散価値よりも将来への収益性への過度の依存、の

複合的な誤謬がもたらされた時には、根拠の無い熱狂が訪れ、結果として多くの投資家が破産するという教訓である。根拠の無い熱狂が生じた典型的な事例であるが、それを政府関係者（あるいは政府の信任を得ていると民衆に信じさせた者）が、意識的にも無意識的にも上記の誤謬を利用して金融取引によって資金調達しようとしたところにこの事件の特徴がある。　しかし、当初は多くの者が信じた「ルイジアナ地区における金鉱脈の採掘」は、実際には探査すらされなかった。そもそも「ルイジアナに金鉱脈が存在する」という証拠すら無かったのである。やがて株式の発行量が飽和状態になり、またルイジアナの金鉱脈の採掘に不安を感じた投資家が一斉にミシシッピ会社株を売りに出した。1720年には同社株は暴落し、株式および手形の金との兌換を求めて王立銀行への取り付け騒ぎが生じた。王立銀行は金兌換を中止し、株式および手形が換金出来なくなった。市場でこれらを引き取る者も少なく、1721年にはミシシッピ会社株は額面価格にまで下落したと言われている。同社は倒産した。

　この事件の教訓は、政府保証への過度の信頼、事業対象に関する情報の欠如および過剰な期待、会社の解散価値よりも将来への収益性への過度の依存、の複合的な誤謬がもたらされた時には、根拠の無い熱狂が訪れ、結果として多くの投資家が破産するという教訓である。根拠の無い熱狂が生じた典型的な事例であるが、それを政府関係者（あるいは政府の信任を得ていると民衆に信じさせた者）が、意識的にも無意識的にも上記の誤謬を利用して金融取引によって資金調達しようとしたところにこの事件の特徴がある。

（4）暗黒の木曜日事件から世界恐慌に（1929年）

　1930年代に生じた世界大恐慌（The Great Depression）の端緒として暗黒の木曜日（1929年10月24日）事件およびこれに続く暗黒の火曜日（1929年10月29日）事件が知られている[20]。企業の倒産および労働者の失業が急増したため、米国は自国産業を保護するために高関税政策[21]を採った。米国の保護政策によって欧州諸国にも不景気が広がり、対抗的に欧州各国も保護主義を採用したため、世界的な大不況となった。この世界大恐慌は正確には1929年に発生し、1933年まで続いた。世界恐慌が終わるまでに米国の株価は9割下落

し、GDPが3割下落、失業率は25%にまで上昇した。当時の時代背景としては、第一次世界大戦に疲弊した欧州に代わり、新興国であった米国が急速に発展してきたこと、および当該大戦時に米国は欧州への多額の戦費貸付を行ったことで多大な債権を有していたことが掲げられる。すなわち、米国が債務国から債権国に昇格したのである。このため、欧州から米国に大量の資金が流れ込み、その資金の多くが米国ニューヨーク株式市場に投じられたことが指摘できる。

ニューヨーク株式市場の大暴落では多くの企業および個人投資家が多大な損失を被ったが、大暴落時に逆に大金を儲けた投資家または相場師がいた。いずれのバブル崩壊でも、金融危機でも市場の動きとは逆に儲けを出す投資家はいるだろうが、1929年の大暴落時には著名な投資家または相場師（投機家）が出現した。これは当時の株式市場の特徴を示す要素として重要である。特に著名な相場師としてはジョセフ・P. ケネディ[22]やジェシー・リバモア[23]等の暗躍が有名である。株式市場が大きく崩れた原因に一つに、市場を規制・管理する仕組みが整備されていなかったこと、および現在なら違法とされる内部情報か市場操作が掲げられる[24]。J. ケネディ自身はなぜ大暴落を知ることができたのであろうか。J. ケネディが後に述べたとされている逸話は、街の様子からだったという。具体的には、ウォール街の近辺で靴磨きスタンドを持ったパット・ボローニャという靴磨きがいた。その靴磨きが相当大きな相場を張っていて、しかも内部情報を多く持っていたということだ。その靴磨きを見てハッとして思った。「靴磨きの小僧が株式市場で起きていることに俺と同じくらい精通しているときがきたら…そのときは俺が足を洗うときさ。最高値で売ろうなんて考えて頑張るのはばかだけだ」と。これによって大暴落から自らの資産を守ることができたという逸話である。しかし、これは後にJ. ケネディが作った単なる架空の逸話に過ぎないと指摘されている。実際にJ. ケネディが暴落が近いことを知ったのは、知人からの情報だった。暴落前にウォール街の持ち株を全て売却し、逆に暴落時には株の空売りで儲けることができた。株の上下動を鋭く嗅ぎ分ける才覚を持った男であることを示すためにJ. ケネディが靴磨きの逸話を創作したと言われている[25]。すなわち、当時の相場師達は勘や嗅覚に頼って相場を張っていたのではなく、（もちろん金銭に対する並外れた才能を持っ

ていたのであろうが）他の投資家に先んじて情報を入手する特別の手段を作り上げていたり、仲間と株の買い占めを行ったり、市場の動向を数値的に公式化して、暴投や暴落の波に乗って稼ぐ手法を確立していたのである。当時の才覚の一つには密かな内部情報（インサイダー情報）の獲得も含まれていたのである。

　この事件の教訓は、新興国が台頭する場合には期待過剰となる可能性があること、国際協調よりも自国経済を優先する保護主義は連鎖的な不況をもたらし、結果的に自国経済の更なる減速をもたらす可能性があることである。また、市場における規律が重要であり、特定の投資家だけに偏った不公平な技法を放置することは市場自体を歪める可能性があるということである。米国では当該事件以後に証券取引委員会（SEC：Securities and Exchange Commission）を設立して、市場の透明性を高める制度を導入したが、その初代委員長がJ.ケネディであったことは皮肉でもあり、市場からの批判の対象にもなった。

（5）ブラックマンデー事件（1987年）

　今日の株式売買システムにおいては、一定の株価の下げに反応して自動的に損切りするコンピュータによる自動売買プログラムが導入されている。また、情報ネットワークの発達から、何らかの理由から株価の急激な下落が起こると、他の投資家もそれを瞬時に知り、一斉に損切りを行うことが多い。近年、前者の現象が顕著に現れたのが、2010年のシティグループによるP&G株の誤発注事件であり、後者の現象として現れたのが2008年の米国金融安定化法案否決事件である。P&G誤発注事件での株価下落率は9.19%（金額にして998ドルの下落）であり、金融安定化法案否決事件での株価下落率は6.98%（金額にして777ドルの下落）である[26]。上記事件の先駆けとなったのが1987年に起きたブラックマンデー事件である。一日で下落した金額は508ドルであったが、当時の株式市場全体の時価総額が上記事件から低いので、下落率にすると、株式市場における一日当たりの下落率では最も高い22.62%を記録している[27]。ブラックマンデー事件が発生した背景となる要因には、①米国の貿易と財政の双子の赤字が拡大して景気が低迷していた、②プラザ合意（1985年）以来の米ドル安を反転させるための利上げが模索されていたこと、③旧西ドイツが米国

との協調を採らずに先に利上げしたこと、等が掲げられるが、下落幅を大きく広げた要因としてコンピュータによる自動売買プログラムが作動して、多くの証券

コラム：コンピュータの発明からAIまで

今日のコンピュータの原型はハンガリー生まれで後に米国に移住した数学者ジョン・フォン・ノイマン（Neumann Janos: John von Neumann）他が考案したノイマン型コンピュータである。同時期に米国陸軍の依頼によってペンシルバニア大学で開発されたコンピュータには、1946年に稼働したENIAC（Electronic Numerical Integrator and Computer）と1951年から稼働を始めたEDVAC（Electronic Discrete Variable Automatic Computer）がある。これらは弾道計算を主な任務としていたため、軍事機密とされ、広く知られることがなかった。ところが、研究に部分的に関わっていたノイマンがコンピュータの構成理論をまとめた論文「First Draft of a Report on the EDVAC」（1945年）は機密扱いではなく、広く関係者に読まれたために、後に「ノイマン型（von Neumann architecture）」コンピュータという名称が広まったことが知られている。ノイマン型の特徴は、プログラムをデータと同じ記憶装置内に内臓し、これを順番に読み込んで実行することにある。実際にはENIACもEDVACも主な設計はジョン・モークリー（John W. Mauchly）とジョン・エッカート（John P. Eckert）が行った。彼らは後に世界初の商用コンピュータであり歴史的に著名なUNIVACを完成（1950年）させている。これらの事情を知る者は今日のコンピュータを「ノイマン型」と呼ぶのは間違いであると指摘している。また、ノイマンに強い影響を与え、コンピュータの行う計算の原理的な基本動作（これは「チューリングマシン（Turing Machine）」と呼ばれる仮想的な計算モデルであり、かつ現在のAI（人工知能）の可能性を示した理論として知られる）を提示したのは英国人のアラン・チューリング（Alan M. Turing）である。チューリングの発表した論文「On Computable Numbers, with an Application to the Entscheidungsproblem」（1936年）によってコンピュータの動作原理であるアルゴリズム表現が定義された。チューリングは後に、論文「Computing Machinery and Intelligence」（1950年）によって人工知能の問題を提起している。これは今日では「チューリング・テスト」と呼ばれ、対象となるコンピュータが人工知能を備えているか否かを判定する際に使用される。チューリングはその能力と業績において極めて優れた人物であるが、数奇な運命のためにその業績が高く評価されたのは死後になってからである。

会社・金融会社のプログラムが一斉に売りを指示したことが指摘されている。翌日には金融危機の様相を呈し、アジア株式市場および欧州株式市場と下落の連鎖が続き、日本では日経平均株価が14.9%（金額にして3,836円）も下落して歴代一位の下げ幅・下げ率を記録している。しかし、本件の直接の原因がコンピュータによる自動売買プログラムを起因とするものであろうことが知られると、その翌日には逆に世界的な安心感から株高が起きた。主要国による協調金融緩和によって事件は終息した。

本件における上記要因の①と②は重要である。1980年代の米国はドル安を望み、金融緩和政策を採っていた。しかし、ドル安にも拘らず貿易赤字は拡大し、インフレを警戒した米国は利上げを模索した。通貨安政策から利上げ政策に移る際には株式市場に変調が起きることがある。当時の米国は株価が下落する局面に来ていたのである。さらに③である。当時の強い通貨は西ドイツ・マルクと日本円であるが、旧西ドイツは自国経済の加熱を抑えるために単独で利上げした。これによりマルク安／米ドル高が加速されるはずである。これらの複合的な要因により米国株式は下落のタイミングを探っている状態であったろう。米国では90年台にかけてコンピュータによる自動売買プログラムを金融工学上の新理論を取り入れて更に高度化させて行く[28]。

この事件の教訓は、今日の市場が自動売買プログラムによって上下動の振幅幅を大きくしていること、下落の予兆は掴めても、その下落自体は些細なかつ偶然のキッカケから起きるので、そのタイミングは予測できないこと、一旦、市場が一方向に動き始めると、それが収まるまでは止められないこと、情報通信網が世界的に拡充されてきたので、一国一市場の動きが世界的に伝播することである。

（6）アジア通貨危機（1997年）

当時はタイ、インドネシア、マレーシア、フィリピンなどの東南アジア諸国の多くが、米ドルと自国通貨との為替レートを固定するドルペッグ制を採用していた。その主な理由は当該諸国の経済が輸出主導型であり、通貨の安定を望んだからである。95年頃まではドルは比較的安く誘導されており、当

該諸国の経済も成長していた。しかし、95年に米国財務長官に就任したロバート・ルービンが「強いドルは国益」という著名な言葉を発して米ドル高が始まる。これに伴って東南アジア諸国の通貨も上昇した。事件の背景としては、東南アジアでは国際分業体制に構造的な変化が起きつつあったことが掲げられる。89年に天安門事件を起こし、世界経済から距離を置かれていた中国が、92年から大胆な改革開放政策に踏み切っていたのである。当時の中国では工場用の不動産や工場労働者の賃金が東南アジアよりも安価であった。これによって東南アジア諸国に置かれていた欧米および日本等の先進国の工場が東南アジアから中国に生産移転を始めつつあったのである。東南アジア諸国の通貨が上昇すると、その輸出競争力が伸び悩む結果となる[29]。こうして数値上の為替レートと当該諸国の実際の通貨価値との間に理論上の差が開いた。ところが、ドルペッグ制を採っているため、理論値と現実の為替レートの差は縮まらない。1997年5月に欧米のヘッジファンドはこの機を捉えてタイの通貨バーツを端緒として空売りを仕掛けた。当初はタイ政府は自国通貨を買い支えようとしたが、外貨準備金の不足から変動相場制に移行せざるを得なくなった。信用を失ったバーツの下落は止まらず、1米ドル＝24.5バーツであったものが、翌年98年1月には1米ドル＝56バーツにまで下落した。わずか数ヶ月で通貨価値が半分以下になったわけである。同時に、タイに投資されていた外資が一斉にタイから引き上げたために、株式市場および不動産市場も大幅に下落した。緊急融資を引き受けたIMF（国際通貨基金）による救済策が政府支出を抑制するという緊縮型財政であったため、総需要の減少を加速させる結果となったため、タイ経済の景気全体も大幅に下落し、金融危機だけではなく経済全体の減速を伴う経済危機となってしまった。タイに続いてマレーシア、インドネシア、フィリピンと危機が伝播し、東南アジアを越えて韓国にまで危機の影響が及んだ[30]。

　この事件の教訓は、1992年の英国ポンド危機[31]と同じく、経済情勢の変化と特定国との通貨価値とが離反した場合には金融危機が起きる可能性があるということである。1992年のポンド危機では欧州における為替相場の固定化およびユーロ導入が政治目標として掲げられており、英国経済の減退による

理論上の通貨価値を軽視した為替レートが英国通貨ポンドで維持されていたために起きた危機である。1997年のアジア通貨危機では、東南アジア諸国から中国への生産拠点の移転というマクロ経済の動きと、米国の強いドル政策への転換という米国の為替政策の変化に東南アジア諸国および韓国の金融政策が追い付かなかったために起きた危機という点が重要である。

（7）米国 LTCM の破綻（1998年）

LTCM（The Long-Term Capital Management）は米国のヘッジファンドの一つであった。米国投資銀行ソロモン・ブラザーズ[32]の著名債券トレーダーであったジョン・メリウェザーにより1994年に設立された。その運用については高度な数学および金融工学を駆使して債券投資を行うという投資モデルであり、投資を決定する経営役員にブラック・ショールズ方程式[33]を完成させてノーベル経済学賞を受賞したマイロン・ショールズ（Myron S. Scholes）とそのブラック・ショールズ方程式の数学的証明でノーベル経済学賞を受賞したロバート・マートン（Robert C. Merton）が加わっていたことから、失敗することのない多額の利益配当が確実なヘッジファンドと目されていた。

LTCMの投資は金融工学に基づいてなされており、債券がリスクに応じた価格差で取引されていない実態に着眼し、理論値よりも割安の債券を買い、逆に理論値よりも割高の債券を空売りするという手法であった。損失リスクを計算し、VaR＝現有資産の損失可能性を時価推移より測定するリスク分析手法を採用していた。コンピュータを用いて一度に多数の銘柄について自動的にリスク算出し、レバレッジを効かせて投資額を増やしてゆく。当初集めた資金12億5,000億米ドルであったが、平均の利回りは40％超となり、当該ファンドに対する信頼性がますます高まった。投資範囲も債券だけでなく、株式、スワップ、私募債、モーゲージ担保証券と広げ最盛期の資金額は1,000億米ドルを超えていたと言われている。

1997年のアジア通貨危機により投資家は新興国に対する投資が危険であるとの認識を持つようになっていたところ、翌年の1998年8月にロシア財政の逼迫からロシア中央銀行が対外債務90日間の支払い停止を宣言したために、

投資家が一気に資金をロシアから先進国に移動させる措置が起きた。これにより通貨ルーブルが大幅下落し、ロシアからの資本流出が止まらなくなり危機に陥った。これはロシア危機と呼ばれる事件であるが、LTCMはロシアが実際に債務不履行を起こす確率は100万年に1回程度だと計算し、数日内にはロシア危機が収束すると予測した。そうなれば、ロシアおよび他の新興国の債券および株式は計算上の理論値まで買い戻されることになるので、新興国の債券・株式に投資し、先進国の債券・株式を空売りすれば多額の利益が出るはずであった。しかし、実際には、投資家の不安心理は収束せず、ロシアおよび他の新興国からの資金引き上げはますます加速した。予測が大きく外れたLTCMは1998年9月には破綻状態に陥った。世界恐慌の引き金を引きかねないこの事態に、ニューヨーク連銀はLTCMに資金提供していた銀行を集めて、当面のファンド維持に必要な最低限の資金提供を指示した。また、FRBは金融危機に備えて短期金利を連続で引き下げるという対応措置を採った。これら緊急措置のおかげで世界恐慌にはならず、翌年には救済資金を当該銀行および証券会社に返済した後、LTCMは清算された[34]。

　この事件の教訓は、著名なトレーダー、ノーベル経済学受賞者、金融工学に基づく投資理論の実践といった一見して投資の成功条件に見える科学的要素が、場合によっては取り返しの付かない多額の損失を生じさせる可能性があるということを示唆したことだ。理論に裏打ちされた収益モデルが、未曾有の危機の前では役に立たないばかりか、逆にリスクを増大させてしまう事例となった。このLTCMの破綻が市場に与えた影響は大きく、投資には数理科学的な計算上の正解だけでなく現実の歴史に対する教養の必要性が再認識され、学者と投資家との究極的な違いを倫理観の強弱に求める必要があること、さらに銀行の与信は、対象となる者の社会的評価や当該社の位置付けに甘い（著名人であったり、著名な研究業績のある者が経営する会社であるかどうかにより左右される）ことが再認識された。投資は自己責任で行うというのが市場のルールであるが、通常人には理解困難な数式を使って市場を混乱に導いてしまうことのモラル欠如は放置されたままである。10年後に引き起こされたリーマンショックはこれがさらに増幅されて世界金融危機をもたらすことになったと指

摘できる。

（8）IT バブル崩壊（2001 年）

　コンピュータ（computer）の歴史は、数値や数量を自動的に測る・計算する機械によって始まる。機械式の計算機は既に紀元前のバビロニア、エジプト、ギリシャなどで見られるが、もちろん今日用いられるような電子式およびデジタル式の計算機ではない。今日のコンピュータの原型はハンガリー生まれで後に米国に移住した数学者ジョン・フォン・ノイマン（Neumann Janos: John von Neumann）他が考案したノイマン型コンピュータである[35]。コンピュータ間を繋いで情報通信網を作ろうという構想は幾つかの国が持っていた。当時主流の通信方式は回線交換方式であり、この方式が通信の安定性には優れていた。他方でデータを細切れにして同時に複数の指示を別ルートで送信できる方式も研究されていた。これはパケット方式と呼ばれ、今日のインターネットはこのパケット方式を採用している。パケット方式を実用化しようと試みていたのが米国国防総省の研究機関 DARPA（Defense Advanced Research Projects Agency）であり、その通信ネットワークを「ARPANET（Advanced Research Projects Agency Network）」と呼んだ。国防総省の内部では研究開発はできないので、実際には DARPA が資金を提供し、研究は全米各地の大学に任せるという方法を選んだ。ARPANET で最初にメッセージを送ることができたのは 1969 年であり、1975 年には 50 台以上のルータ（当時は IMP と呼ばれた）が接続され常時稼働していると宣言された。一定の研究成果を得た DARPA は当該研究から離脱した。また、1980 年以降は ARPANET から軍関係のネットも切り離したので、ARPANET の名称はそのままに事実上、民間に開放された。これが現在のインターネット網の基盤となっている。1993 年にクリントン政権の副大統領に就任したアル・ゴアは情報スーパーハイウェイ構想を打ち出し、全米のコンピュータを光ケーブルなどの高速通信網で結ぶという案を提案した。これは当初は必ずしも ARPANET／インターネットに限定したものではなかったが、現実的な選択肢としては当該ネットを中心にして全米にインフラ整備する方が予算が安価で済むことから、いつの間にか情報スーパーハ

イウェイ網を構築＝全米にインターネット網の整備という案に置き換わった。

　米国で家庭用コンピュータ製造の企業が創業されたのは 70 年代であり、アップル社の創業が 1976 年、マイクロソフト社の創業が 1975 年である[36]。コンピュータの進化と並行して情報通信の世界でも大きな飛躍があった。1991 年にスイスの研究機関である CERN (European Organization for Nuclear Research) に勤務する英国人ティム・バーナーズ＝リー（Timothy John Berners-Lee）が World Wide Web（略称して「WWW」あるいは単に「Web」と呼ばれている）を開発・公開し、このプログラムを誰でも無料で利用できるようにした。米国政府が打ち出した情報スーパーハイウェイ構想と、米国の産業構造の転換期とが合致して、90 年代の米国ではインターネットを利用した商業活動を目標としたベンチャー企業ブームが起きた。米国では、商用を目的とする団体は自社のドメイン名の末尾に「.com」を冠した企業が多かったので、インターネットを利用したビジネスモデルを提示する企業を「ドットコム企業」と呼んだ。投資家は衰退する産業から資金を引き抜き、ドットコム企業への投資を加速した。当時は収益の有無・多少は無視し、ドットコム企業の他、何らかの形でインターネットに接続する企業ではないと資金が集まらないほどであった。これにより、ドットコム企業の多くが上場する米国ナスダック（NASDAQ）総合指数は、1998 年にはまだ 1,500 ポイント前後であったが、2000 年 3 月には最高値 5,132 ポイントにまで上昇した。しかし、収益を無視した投資はやがて暴落を迎える。バブルが崩壊し、米国 NASDAQ 指数は翌年の 9 月には 1,300 ポイントにまで下落した。このバブル現象は米国のみならず、世界的な規模で発生し、これを一般に「インターネット・バブル」または「IT バブル」と呼んでいる。米国では「ドットコム・バブル（Dot-com Bubble）」と呼ばれる。

　この事件の教訓は、大規模に新技術が開発された際の社会の熱狂、将来性を過大視した結果の収益性の度外視、産業構造が変化する際の不安定な投資環境、情報不足または情報の理解不足の中での投資行動の危うさである。

（9）欧州ユーロ危機（2010 年）

　2010 年に顕在化した欧州ユーロ危機は、別名で「欧州債務危機（European

Sovereign Debt Crisis)」と呼ばれるように、統一通貨ユーロ導入によって欧州の各国財政が硬直化した結果の金融危機のことである。EU 加盟国には緊縮財政が求められ、債務の範囲も新規国債発行額が対 GDP 比 3% 以内および原則として政府債務が対 GDP 比 60% 以内と上限が決められている[37]。ギリシャは 2009 年 10 月までは財政赤字が対 GDP 比 5% と申告していたが、政権交代前の債務が実際には 13.6% に達していたことが分かった。2010 年 1 月には欧州委員会がギリシャの経済統計の不備に言及し、問題が発覚した。これに対し、ギリシャ政府は財政健全化政策を発表して問題を解消しようと試みたが、逆にその実現可能性が疑われて、格付け会社がギリシャ国債の格付けを引き下げたのを端緒にギリシャ国債の暴落が発生した。虚偽の財政状況を基にギリシャ国債を発行し、今後の経済成長も見込めないとなると、市場ではギリシャ国債の金利が 10% を超え、ギリシャ財政の破綻も予想された。また、ギリシャはユーロ加盟国のため、ギリシャ国債はユーロ建てで発行されていた。このため、通貨ユーロ自体の価値が毀損された。ギリシャとは事情は異なるが経済的に不安視されていたユーロ加盟国であるポルトガル、イタリア、アイルランド、スペイン等にも不審の目が向けられ、ユーロの信認が低下し、為替市場ではユーロが大幅に下落した。2009 年 10 月には 1 ユーロ = 1.5 米ドルであったものが、2010 年 6 月には 1 ユーロ = 1.2 米ドルまで下落している。(日本円との比較では、2009 年 10 月に 1 ユーロ = 137 円であったものが、2010 年 8 月には 1 ユーロ = 107 円にまで下落している。)[38] ユーロ建てでありしかも高金利であったためギリシャ国債を大量に購入していたドイツやフランスの銀行の資産が不良債権化する事態となり、欧州全体に金融危機が拡大した。

　EU 諸国等がユーロを導入したのは 1999 年であるが、当時はまだ仮想通貨であり、実際に紙幣および硬貨が発行されたのは 2002 年である。その構想自体は古くからあり、1979 年には EMS（欧州通貨制度）[39] が採用されていた。EMS がうまく機能したことから、EU は統一通貨ユーロの導入に踏み切ったが、当初から統一通貨制度には懐疑的な研究者もいた。各国の経済状態には差があるので、為替レートによる調整が無ければ賃金や物

> **コラム：ポンド危機とジョージ・ソロス**
>
> 1992年に発生した英国ポンド危機の背景にある構図は、欧州における為替相場の固定化およびユーロ導入に伴うポンド高（裏側から見れば、英国経済の減退）であった。1989年に東西ドイツが統合し、旧東ドイツ地区への投資が活発化したために、英国からは資本流出が起きていた。また、EUでは統一通貨ユーロ導入を念頭に置いた財政政策として財政健全化政策、すなわち緊縮財政が採られていたためにEU加盟国である英国でも経済が停滞を始め、失業率も上がり始めていた。当時の英国はユーロ導入を目標としていたために、欧州内で仮想的に実験されていたERM（European Exchange Rate Mechanism）によりドイツ・マルクとの事実上の固定相場を目指していた。これにより経済減速による理論上の英ポンドの価値と実際の為替レートの間に乖離が生じた。これを見逃さなかったのが米国で著名な投資家であるジョージ・ソロス（George Soros）である。ソロスは無理に維持された為替レートはいずれ理論値に帰すると考え、英ポンドを空売りした。この結果、英国中央銀行のイングランド銀行も買い支えることが出来ず、やがて英ポンドは大幅に下落した。当該事件を当時は「暗黒の水曜日」（1992年9月16日）と呼んだが、後に「ポンド危機」あるいは「EMS危機」と呼ぶようになった。当該危機の結果、イングランド銀行が英ポンドの為替相場維持を諦め、英国自身もユーロ導入を諦めることとなった。本件により、ソロスは「イングランド銀行を負かした男（The man who broke the Bank of England）」として有名になった。

価の調整機能がうまく働かず、逆に不況の度合いを増すだけの国が出るのではないかという疑問である。結果的にこれが現実化し、欧州の北に位置する生産性の高い国家群と生産性の低い南の国家群との格差拡大を助長してしまったのである[40]。ギリシャ危機への対処方法としてEUは、ギリシャ政府に厳しい緊縮財政の実行を迫ると同時に、2010年中に欧州金融安定基金（EFSF）を時限的に創設し、2012年には欧州安定メカニズム（EMS）を整備して安全網を準備した[41]。ギリシャ危機は今日でもまだ再燃が懸念されており、ユーロ固有の問題としてギリシャのみならず他国でも危機が再燃する可能性がある。

　この事件の教訓は、為替の固定相場制や通貨統合のリスクである。今日

では多くの国が変動相場制を採用しており、金本位制は過去のものとなっており、ドルペッグ制を採用している国も少なくなって来ている。国際金融の世界では経済学者のロバート・マンデル[42]が提示した「国際金融のトリレンマ（Impossible Trinity）」が有名である。これによれば、①自由な資本移動、② 為替相場の安定、③独立した金融政策、の３つの政策は同時に２つまでしか実行することはできないという理論である。すなわち、もし②により固定相場制を採用すると、①か③のどちらかを諦めなければならなくなるのである。ユーロ圏の場合には、①を諦めることはEU成立の基本原則に反することになるので、必然的に③を諦めることになる。2010年に生じ今日まで続くユーロ危機とは、まさに独立した金融政策の放棄から生じているのであり、解決は困難である。

3. おわりに

新種の植物の発見と売買、新大陸の発見と独占貿易権の獲得、錬金術に似た証券の創造、急成長する新興国、変動相場制の下での外国為替取引の歪み、リスク管理を主導する金融工学の進展、新大陸の発見と近似するサイバースペースへの期待、これらはいずれも民衆の投機熱を高揚させるに充分な道具として利用された。歴史的に見ると、バブルとその後遺症である金融危機は、経済活動の様々な装いを伴って発生する。特定の部署にだけ集中して起きるのではない。また、金融危機は意図して起こされるものではなく、いずれも新種の道具に対する民衆の熱狂が生み出している。歴史的金融危機に共通項があるとすれば、それはこの民衆の熱狂である。ガルブレイスによれば、「識者はどういうわけかこの点を強く指摘しないが、実際にバブルを生じさせる主な原因は民衆の熱狂（euphoria）にある」と指摘している[43]。リーマンショックの後処理を行った元財務長官のガイトナーによれば、金融危機を正確に予測することはできないし、これを確実に予防することもできないと言う[44]。つまり、資本主義経済と金融危機とは共存せざるを得ないのだ。今日の当局の関心は、危機をなるべく緩和すること、すなわち、事後的に危機を最小化することにある。先

述したように投資（investment）と投機（speculation）とを厳密に区別することは不可能である。また、歴史的に見ても、欧米の経済学者および当局者は、投機行為自体を市場から排除すべき行為であるとは見なしていない。したがって、投機、バブル、金融危機、その後に続く経済危機のいずれも事前に防ごうとすれば、経済活動の随所に厳格な規制をかけなければならなくなる。これでは資本主義経済そのものの躍動感を殺してしまいかねない。金融危機そのものを防ぐことはできないが、しかし、事後的にこれを抑制的に軟着陸させることはできる（ただし、企業倒産や個人の破産を伴う）ということを歴史的に著名な事例が示している。

第3章　自由主義と金融規制

I　銀行システム

1. はじめに

　国際金融システムを中央銀行の立場で見ると、スイスのバーゼルに本部を置く国際決済銀行（BIS：Bank for International Settlements）を中心として国際的に調和のとれた規制を討議・導入しているのが今日の姿である。このBISが幹事となって大手銀行に対する行政上の規制ルールを決定しているのがバーゼル銀行監督委員会（BCBS：Basle Committee on Banking Supervision）である。ここで示された取り決めに基づいて各国は大手銀行への金融監督行政を行っている。　このバーゼル委員会は1974年に世界の主要国[1]により銀行業務を監督するために置かれた。各国の中央銀行が相互に協力する場としてのBISの役割を端的に示しているのが、各国の中央銀行総裁が参加する2ヵ月ごとの会合である。BISでは総裁だけでなく、専門スタッフ間でも情報交換し、国際的な協調体制が採れるように各種委員会が設けられている。上に掲げたバーゼル銀行監督委員会はその委員会の内の一つであり、他には、グローバル金融システム委員会、支払決済委員会、市場委員会、中央銀行ガバナンス・フォーラム、アービング・フィッシャー委員会などが設けられている。BCBSでの協議により1988年にできたのが「BIS規制（バーゼル合意）」である。これは国際間における金融システムの安定および銀行間の不平等を是正することを目的として設けられたものであり、具体的には自己資本比率の算出方法を規定すること、および自己資本の最低比率を定めた。その際、銀行の保有する有価証券の含み益を自己資本に参入することができるのは45％までとした。2004年にはこれを改定した「バーゼルⅡ（新BIS規制）」を公表し、リスク管理体制を強化し

た。これにより自己資本比率の算出方法にオペレーショナル・リスク[2]を加え、国際業務を行う大手銀行は従来からの信用リスクと市場リスク（有価証券の変動相場リスク）と並んで3つのリスクを管理する必要が生じた。しかし、これらの規制にも拘らず、2007年には米国でいわゆるサブプライムローン問題が発生し、2008年には世界金融危機を引き起こす原因となったリーマンショックを招いてしまった。これにより米国や欧州の主要銀行は重大な損失を被り、金融危機が世界大恐慌へと繋がる怖れを生じさせた。この際には機敏な国際協調体制が敷かれたことと、各国の中央銀行が通貨の大量発行に踏み切り、なんとか危機を切り抜けることに成功した。銀行を中心とした規制強化の必要性を感じたBCBSは、銀行の自己資本比率の向上およびリスク管理の強化を中心とした新規準を作成し、「バーゼルⅢ（Basel Ⅲ）」として2010年に公表した。

　現在、各国はバーゼルⅢを基に国内金融市場を規制する国内法の整備および金融監督行政の仕組みを強化する方向に進んでいる。中でも米国において金融規制策として策定されたいわゆるボルカー・ルール（Volcker Rule）[3]および金融改革連邦法として制定されたドッド＝フランク法（Dodd-Frank Wall Street Reform and Consumer Protection Act）[4]がその典型的なものである。米国の元FRB議長であるポール・ボルカーは、1970年代に金融引き締め策を断行してスタグフレーションに陥りそうになっていた米国経済を救済した経験があり、ボルカーが登場するということは金融を規制することと同義であった。レーガン元大統領による金融の規制緩和の流れに終止符を打つにはまさに象徴的な人物として引用された。ボルカー・ルールの内容は、①ヘッジファンドやプライベートエクイティファンドへの投資およびスポンサーになることの禁止、②短期的な利ざや・稼ぎを目的として自己勘定での証券売買やデリバティブ取引の禁止、③銀行が大きくなり過ぎないように規制、である。この原則を連邦法化したのがドッド・フランク法であり、同法により新たに金融安定監督協議会（FSOC：Financial Stability Oversight Council）を創設し、当局がFRBなどに対して金融機関の健全性について提言することを義務付ける内容を含んでいる。FSOCの役割は、関連機関や企業から様々な金融関係の情報を得てこれを照合することによって、金融システムや金融市場に与えるリスク

を評価することにある。FSOC は四半期ごとに会合を持ち、金融機関の動きを細かく監視することを求められている。

　1980 年代から英国や米国を中心に進められた金融緩和政策が世界的規模での投資を促し、各国の GDP を押し上げる原動力となったことは周知の事実である。金融界における主要な業種は銀行、保険、証券であるが、その役割は大きく異なる。中でも、預金者からの預金を預かり、企業への融資機能、企業や預金者との決済機能や送金機能といった金融の心臓・動脈の役割を司る銀行は、本来的に種々のリスクから遠ざけるよう規制されなければならないはずである。しかし、近年、銀行は自身およびその企業グループの収益拡大を求めて直接・間接に様々な金融商品に関わるようになって来ている。特に、90 年代以降は様々な金融手法が編み出され、また IT 技術の活用も広く浸透し、短期間に多額の資金を動かすことができるようになった。短期間に多額の収益を上げることが可能な金融の機能は企業や年金基金、税務当局にとって魅力的である。しかし、その結果として金融危機や恐慌を引き起こす可能性が高くなった。本書の目的は、国際的金融秩序と国内法制との関連、および今後の金融業界の発展における銀行業と証券業との関連について検討することである。したがって、まず国際的な金融秩序の枠組みを提供している BCBS の役割と世界金融危機の発生を受けて改定されたバーゼルⅢについて検討し、次に世界的金融危機を引き起こした反省から商業銀行たる大手銀行の健全な運営のための規制を設けた米国の金融改革法について検討する。

2. BIS 規制による銀行業務の監督

（1）バーゼル銀行監督委員会（BCBS）

　BCBS は国際金融を担う銀行業の円滑な監督を行うための規準を討議・設定する委員会として 1975 年に設立された。BCBS は世界各国における銀行業務の強化を目指す機関であり、委員会の討議で形成された共通の理解を基に、銀行業務に関する監督規準や事項の定義、推奨する指針などを取りまとめている。現在、BCBS を構成するのは、米国、英国、ドイツ、フランス、日本、

イタリア、カナダ、ベルギー、オランダ、スイス、スウェーデン、ルクセンブルク、スペインの銀行監督当局と中央銀行の上席代表者である。1988 年に BIS 規制を設定した際には、いわゆる信用リスク（credit risk）が主眼とされ、社債や貸付債権のデフォルト（債務不履行）および貸倒れによって銀行の運営が動揺しないようにということが中心的な議題であった。BIS 規制は後にバーゼルⅡ（2004 年）、さらにはバーゼルⅢ（2010 年）へと改定されたが、国際業務を行う銀行の自己資本比率の統一規準は 1988 年以来現在まで 8％である。しかし、自己資本比率を求める際の計算式の分子である自己資本の算出方法と、分母となるリスク・アセット[5]の評価方法の規準が BIS 規制とバーゼルⅡ、バーゼルⅢでは異なり、例えば、バーゼルⅡでは、それまでの BIS 規制では考慮していなかったいわゆる市場リスクと呼ばれる金利や為替および株価の下落によって保有資産に損失が生じるリスクの評価とオペレーショナル・リスクと呼ばれる事務手続、銀行内の不正手続、法務・経営管理、災害リスクなどの様々なリスクから生じる損失の評価を考慮して、これを加味した内容となっている。

（2）BIS 規制（バーゼル合意）

　BCBS での協議により 1988 年にできたのが「BIS 規制」または「バーゼル合意」と呼ばれる規定であり、これは国際業務を行う銀行の信用リスクに対処するための自己資本比率に関する国際統一規準のことである。具体的には自己資本比率の算出方法や自己資本の最低比率を 8％以上とすることが定められた。また、銀行の保有する株式の含み益の最大 45％を自己資本に含めることを認めた。BIS 規制により統一規準が定められた背景には、ラテンアメリカ諸国の不良債権によって米国を中心とした金融危機が発生した経験を踏まえて、今後、銀行の破綻が世界的な金融危機に伝播しないための枠組みの必要性が求められたことがある。特に新興国向けの与信が不良債権化したことの反省を受けて、信用リスクを主眼とした BIS 規制が作られた[6]。

（3）バーゼルⅡ（新 BIS 規制）への改定

1990年代末には米国や欧州を中心にしてIT技術やM&A市場が急拡大し、資本市場の急速な発展とこれに対応した銀行のビジネスモデルに変化が生じた。特に欧米の巨大銀行がより大型化かつ国際化し、金融システム全体の多様なリスクが主要金融グループに集中しているのではないかという新たな問題意識が生じた。また、これに対応して米国における法制度に大きな変化が生じ、1999年にはグラム・リーチ・ブレイリー法（新金融制度改革法）[7]が成立して銀行と証券を区分していたグラス・スティーガル法が改廃された。このような変化は、精緻な統合リスク管理によって可能となったものであるが、銀行のリスク捕捉手法という観点からは、金融実務とBIS規制との間に大きな乖離が生じることになった[8]。そこで、BIS規制に次のような新たな変更が加えられた。すなわち、①信用リスクの捕捉方法を精緻化すること、②BIS規制では考慮されていなかったオペレーショナル・リスクも考慮に入れること、③証券化商品についての規制を行うこと、である。これが2004年に公表され2007年から適用開始された「新BIS規制」または「バーゼルⅡ」と呼ばれる規定である。バーゼルⅡまでに対象とされていたリスク捕捉は、市場が正常に機能して流動性が高い状態におけるリスクに限定されていた。また、特に2000年代には銀行以外の金融機関によるリスクテイクが活発化したが、バーゼルⅡでは銀行または銀行持株会社以外の金融機関は規制の対象とならない。このため、シャドーバンキングのように銀行以外の金融機関がリスクを取って金融仲介を拡大させた場合には、金融界全体で資本が不足する状況に陥る可能性が高まっていた[9]。したがって、バーゼルⅡの規制内容では、銀行、証券、保険、ファンド等の複数の業界分野において同時多発的に世界規模で金融危機が生じる場合の予防策が欠けていた。

（4）バーゼルⅢ（Basel Ⅲ）による新たな規制

バーゼルⅡを改定して2010年にはバーゼルⅢが公表されたが、その目標は世界的金融システムの強化を図るため、銀行資本の量と質を改善し、過度なレバレッジを抑えることにある。世界的金融危機の教訓とは、世界経済に大きな

影響力を持つ大手銀行には他の金融機関よりも厳格な規制や監督が必要であるとの認識を国際的に高めたことである。このうち、特にグローバルに活動する金融機関については BCBS から「グローバルなシステム上重要な金融機関（G-SIFIs）」[10] に認定され、追加的な資本賦課が要求される。また、さらに銀行のうちで「グローバルなシステム上重要な銀行（G-SIBs）」[11] として認定された場合には、上記資本賦課に関わる内容を公表することになった[12]。現在までのところ、G-SIBs が先行して選定され、28 銀行グループが特定されている。

今後も起きる可能のある世界的な金融危機およびその中心となる巨大金融機関への対処法としては、次の3点が考えられる[13]。

(a) いわゆる「大き過ぎて潰せない」ために破綻しないよう規制と監督を強化する方法
(b) 国際的な破綻処理法制の整備を行って、大き過ぎても潰せるような制度を作る方法
(c) そもそも「大き過ぎて潰せない」ような巨大金融機関を作らせないように規制する方法

このうち、(a) は現状の巨大金融機関の存在を容認して、法と行政により細かな管理と指導を行うことによって破綻しないように活動の微調整を行おうという方策である。これは巨大金融機関であっても管理できるという思想に基づいており、法により破綻を予知し、行政に管理能力が備わっていればよいが、一度管理に失敗すると、世界的な金融危機が再発する危険性を含んでいる。(b) は巨大金融機関が破綻しないように微調整を行うことは不可能であることを認め、逆に、事後的に破綻処理の制度を整備する方が賢明であるという思想に基づく。米国発のリーマンショックをもたらした、FRB によるリーマン・ブラザーズの破綻容認は、この典型的な例と言えるだろう。リーマン・ショックに続く世界的な金融危機の発生においては「100 年に一度の経済危機」[14] であると言われたが、FRB とこれに関係する部署がうまく連携し、米国における危機の連鎖を途中で食い止めた。しかし、世界的にはあらかじめ巨大金融機関の破綻

を予想しておらず、米国よりも他の諸国への影響の方が大きかった。危機にうまく対処できなかった国は、国家的なデフォルトが生じたり、新たな経済危機の引き金になることもあった [15]。現在、世界各国が進めようとしている金融規制の方法は最後の（c）である。

　BCBSにとって重要な金融関連の機関としては、2009年にBIS内に設立された金融安定理事会（FSB）[16]がある。FSBの前身は金融危機後に開催されたG20金融サミットで重要な提言を行った金融安定化フォーラム（FSF）であり、金融危機を引き起こした原因と脆弱性に関する分析と、金融市場および金融機関の回復力を将来にわたって強化するための提言を行った機関である。FSFの提言は金融危機直後の11月に開催されたワシントンG20金融サミットで共同宣言として公表され、その後の金融安定化に高く貢献した。提言内容は次の5項目である。(i) 透明性とアカウンタビリティの向上と強化、すなわち、証券化商品等の開示を促進し、過度のリスクテイクを誘発する報酬体系の見直す、(ii) 健全な規制の強化、具体的には格付け機関の監督を強化、(iii) 金融市場における公正・誠実性を促進し、投資家や消費者を保護する、(iv) 金融業の全ての分野を規制および監督の対象とし、国境を越えた取引を監視するために各国当局が連携を強化したり規制方法を明確化する、(v) ブレトンウッズ体制の名残であるIMFを改革し、FSFと協力して国際金融における脆弱性や問題を予見することを政策目標の一つとする [17]。その後に開催された数度のG20サミットにより、FSFの提言は具体化されていった。FSFが改組されてFSBとなったが、これと連携してBCBSが新たな規制案として2009年12月に公表したのがバーゼルⅢであり、これまでの経験を踏まえた新たな金融危機の発生を封じ込めるための厳しい規制内容となっている。バーゼルⅡとの相違点は大きく分けると2つあり、一つは自己資本規制の質的な変更と、二つめは市場流動性に対する新たな規制である。

（5）バーゼルⅢにおける自己資本規制

　まず、自己資本についてであるが、自己資本比率自体はバーゼルⅡにおける8％と変更はない。しかし、問題はその内容を普通株式を中心として

剰余金や利益の積み上げによって質の高い資産内容に重点を置かなければいけない点である。中核となる資産を「普通株等 Tier 1」、「その他 Tier 1」、「Tier 2」の 3 種類に分け、合計で 8％以上の自己資本比率が要求されるが、段階的に「普通株等 Tier 1」のみで 4.5％以上、これに「その他 Tier 1」を加えて 6％以上の比率も満たしていなければならない。「普通株等 Tier 1」を構成する資産とは、資本金、利益剰余金、普通株式、優先株などであり、「その他 Tier 1」は株式払込剰余金や連結子会社が発行して第三者が保有する資本性商品（少数株主持分）を指す。また、「Tier 2」には劣後債、劣後ローン、株式の含み益、一般貸倒引当金が該当する[18]。

（6）バーゼルⅢにおける市場流動性規制

また、2008 年の金融危機が、主に高レバレッジの証券化商品の市場流動性低下によってもたらされたものであるから、これに規制を設けてレバレッジ比率を抑制した上でこれの算出方法を統一してしまうこと、および、流動性のリスク計測についても統一指標を定めることにした。特に後者については「流動性カバレッジ比率」と「安定調達比率」[19]の 2 つの指標において規準を満たす必要があるとした。両者を簡潔にまとめると、「流動性カバレッジ比率」は 30 日間の資金流出にも耐えられるだけの即時に換金可能な資産を十分な水準で維持することを中心とし、「安定調達比率」は 1 年間に利用可能な調達額を中長期に安定して保有すると想定される金額（所要安定調達額）で割ったものが 100％超となることを求めている。先に述べた自己資本の質的変更があり、これに市場流動性における規制も加味されるので、バーゼルⅢが国際金融市場で果たす抑制効果は大きい。国際業務を行う銀行の基本的なビジネスモデルを変えてしまうほどの詳細な規制改革となっていると言える。

3．銀行業と証券業との区分

（1）グラス・スティーガル法の特徴

著名な米国グラス・スティーガル法は、正式名称が「1933 年銀行法（Banking

Act of 1933)」[20]であり、1929年のNY株価大暴落を踏まえて制定された銀行業と証券業を分離するための法律である。同法より20数年後の1956年に制定された銀行持株会社法（Bank Holding Company Act of 1956）と併せて、1990年代までは米国の金融界は銀行、証券、保険の業界間の垣根を持って維持されて来た。グラス・スティーガル法の柱は次の4つの条文に代表されている。すなわち、第16条「銀行の証券業務の禁止（"all such incidental powers as shall be necessary to carry on the business of banking... shall not underwrite any issue of securities..."）」、第20条「銀行が証券の引受等を主たる業務とする会社と系列関係をもつことを禁止（"no member bank shall be affiliated in... the issue, flotation, underwriting, public sale, or distribution at wholesale or retail or through syndicate participation of stocks, bonds, debentures, notes, or other securities..."）」、第21条「証券会社が預金を受け入れることを事実上禁止（"for any person, firm, corporation, association, business trust, or other similar organization, engaged in the business of issuing, underwriting, selling, or distributing, at wholesale or retail, or through syndicate participation, stocks, bonds, debentures, notes, or other securities, to engage at the same time to any extent whatever in the business of receiving deposits... shall submit to periodic examination by the Comptroller of the Currency or by the Federal Reserve Bank... and shall make and publish periodic reports of its condition..."）」、第32条「銀行と、証券の引受等を主たる業務とする会社との間で取締役等を兼任することを禁止（"no officer or director of any member bank shall be an officer, director, or manager of any corporation, partnership, or unincorporated association engaged primarily in the business of purchasing, selling, or negotiating securities..."）」との規定である。

1991年には財務省を中心にグラス・スティーガル法の撤廃を含む包括的な金融制度改革法案（Financial Institution Safety and Consumer Choice Act of 1991）を議会に提出したが廃案となり、自己資本の充実度に応じた預金保険料率の設定や連邦預金保険公社の再建等の規定のみが立法されたと言われている。しかし、1994年には規制緩和が進展して州際銀行業務効率化法（Riegle-Neal Interstate Banking and Branching Efficiency Act of 1994）が成立し、州際業務

が緩和・自由化されたことで、残る業際規制の自由化への道が開かれたことが指摘されている[21]。

（2）グラム・リーチ・ブライリー法による規制緩和

グラス・スティーガル法を廃止したいという動きは1980年代からあったが、それが実現したのは1999年にグラム・リーチ・ブライリー法、正式には「金融サービス近代化法（Financial Services Modernization Act of 1999）」[22]が成

コラム：ドッド＝フランク法の内容

ドッド・フランク法は、正確には「ドッド＝フランク・ウォール街改革および消費者保護法」（Dodd-Frank Wall Street Reform and Consumer Protection Act）（Pub.L.111-203）であり、2010年7月に成立した米国の連邦金融規制改革法である。下院議員のバーニー・フランク（Barney Frank）が法案を議会提出し、上院でディック・ダービン（Dick Durbin）などによる修正案を加味して現在の内容となった。上記バーニー・フランクとクリストファー・ドッド（Chris Dodd）の2名の名を法律名に付した。この法律の内容は、①金融安定監督協議会（FSOC: Financial Stability Oversight Council）と金融調査局（OFR: Office of Financial Research）を創設して金融機関の監督を強化、②金融機関の適切な清算、③預金機関の安定と健全化、④ヘッジファンド等の規制、⑤保険機関の監督、⑥預金機関によるデリバティブ取引の規制、⑦ウォール街の透明性確保、特にCDSの取引規制、⑧金融機関の支払・清算・決済を監督する、⑨投資家保護、⑩消費者金融保護庁（CFPB: Consumer Financial Protection Bureau）の新設、⑪FRBの監督権強化、⑫低・中所得者への金融サービスを利便化、⑬不良資産救済プログラムを削減、⑭抵当貸付および略奪的貸付の再定義、⑮米国納税者を保護、となっている。この法律は大恐慌以後に制定された法律の中で最大の金融規制内容を含んだ法律である。リーマンショックに端を発する金融危機で痛感されたことは、システミック・リスク、すなわち、今日では個々の金融機関その他が、各種取引や決済ネットワークにおける資金決済を通じて相互に網の目のように結ばれており、個別の金融機関の不払いや債務不履行が特定の市場または決済システムの構造的な機能不全を引き起こす恐れである。これを制御するために、既存の組織の統廃合を行い、また先に掲げたような新組織を創設することにした。

立してからである。ただし、同法で廃止されたのはグラス・スティーガル法の20条（銀行が証券の引受等を主たる業務とする会社と系列関係をもつことを禁止）と32条（銀行と、証券の引受等を主たる業務とする会社との間で取締役等を兼任することを禁止）の部分のみであり、今日でもなお16条（銀行の証券業務の禁止）と21条（証券会社が預金を受け入れることを事実上禁止）は効力を有している。グラス・スティーガル法の部分的廃止に動いた米国議会の主たる動機は、①今日では預金保険制度はローンと証券と預金との区別をほとんどしておらず、このまま米国で規制を継続していると、規制の緩い外国の金融機関に市場占有率を奪われる怖れがあること、②外国で銀行業と証券業を両立させている例があり、それらの経験を学べば、米国の金融界においても規制緩和がうまく機能するはずだ、ということである。すなわち、規制緩和が遅れれば、外国の金融機関に遅れを取ることになり、米国金融界の将来にとって市場占有率をみすみす逃す結果となることを懸念していたのであり、逆に、規制緩和して銀行業と証券業をある程度融合させても適切にリスク管理を行えば問題は生じないと安心していたのである。事実、1999年にグラム・リーチ・ブライリー法が成立して2008年にリーマン・ショックが起きるまで、米国金融界が高成長を保ちながら世界の投資活動を先導して行くのである。

II　ボルカー・ルール、日本の米市場

4．ポール・ボルカーの思想

（1）ポール・ボルカーの生い立ちと経歴

　米国金融界におけるポール・ボルカー（Paul Adolph Volker, Jr.）の名は様々な局面に現れる。後世の歴史家も彼の行った業績を一つに絞ることは困難だと認識することだろう。古くは1970年代初頭の米ドルの金本位制停止と為替固定相場制の放棄の局面における献身的な活動を掲げることができるが、さらに1979年から1987年までFRB議長として献身的な活動で2桁の高インフレとの闘いを制した貢献を掲げることもできる。彼の活躍の背景には財務官僚として

米ドルの価値を守らなければいけないという信念があった。当時のボルカーを評する言葉としては、「市場を知り尽くした専門家で金融外交官」[1]という表現が的を射ている。90年代に入り、米国は金融の自由化を大胆に推進してインフレ無き経済成長を実現し、ボルカーは過去の人として忘れられていった。ところが2008年リーマンショックを契機に米国発の世界金融危機が生じると、突如として皆はボルカーの名を思い出した。今日では金融には、やはり「規制」が必要であるとして、指針や法律によって様々な施策が採られようとしている。その代表的な指針は彼の名を採って「ボルカー・ルール（Volker Rule）」と呼ばれている。金融危機後、2008年11月にオバマ大統領が新金融規制案を作ると発表した際にはボルカーを大統領経済再生諮問委員会の委員長に任命している。新規制案の骨子が発表された際には大統領の後ろに立っていたのはガイトナー財務長官でもなく、サマーズ国家経済会議委員長でもなく、ボルカーであった[2]。ボルカー・ルールと呼ばれる一連の金融規制指針は2013年12月に発表された。

　以下にはポール・ボルカーの生い立ちと思想、およびボルカーの働きが米国金融の歴史に及ぼした意義を述べることにする。

　ボルカーは1927年、ニュージャージー州ケープ・メイで生まれた。父親はニューヨーク市北部の小さな町で行政責任者を務めていた[3]。父親は厳格な性格で、わずかな不正すら決して許さず、公共の利害のためには徹底的な手段を採ることをためらわないのを信条としていた。ボルカーは幼い頃、父親があらゆる感情を追い払ってじっくりと考えをめぐらせている姿をしばしば目にしていたと述べており、ボルカー自身も元々無口で思慮深い性格であったことに加味して徐々にそうした父親の性格を受け継いでいった。換言すれば、ボルカーの特徴は、面白味は無いが絶大な信頼のおける財務官の姿である。ボルカーの物静かで謙虚な性格は両親の影響を強く受け継いでいた。母親はルター派の信者で、父親は米国聖公会の信者であった。両親はボルカーに長老派教会の慎み深さを極めて大切な美徳として教え込んだ[4]。ボルカーは父親に倣って「公職は国民からの神聖なる委託である」と信じていた。大学進学時に父親は地元の大学へ進学することを勧めたが、運試しに受験してみたプリンストン大学経済

学部に合格し、プリンストン大学に進学することになった。大学の卒業論文作成では国際貿易の権威であるフランク・グラハム教授に指導を受けた。論文の課題には第二次世界大戦後のFRBの政策を選んだ[5]。大学卒業後はハーバード大学大学院ケネディスクールに進学して修士号を得た。ハーバード大学大学院では、ゴットフリード・ハーバラーによる外国為替と国際収支についての講義を受けた。また、ロータリークラブの特別奨学金を得て英国のLSE（ロンドン・スクール・オブ・エコノミクス）に留学したが、後に妻となる恋人に出会い、博士号を得ることはできなかった。ボルカーはこれを「せっかくの機会を台無しにした」と悔やんでいる[6]。米国に帰国し、最初に就職したのは連邦準備銀行のエコノミストとしてであった。その後、一時公職を離れ、チェース・マンハッタン銀行の企画担当役員を務めていたことがある。民間銀行での高額の年収を捨て、ニクソン政権下で財務省の通貨担当事務次官を務めた。それはボルカーの米国の財務に対する責任感からであった。ボルカーは「外国人が米ドルを持ち続ける理由は、ドルを金と等価であるとする米国の公約を信じているからである。これらの約束を守れなければ、米国に対する信頼が損なわれる。そして信頼こそがすべてである。」と信じていた[7]。ボルカーは根本的なところで、通貨の強さと国家の強さが連動していることを信じていた。したがって、米国が世界で果たす多様な役割を維持するためにも、米ドルの安定性と強さこそが重要であると確信していた[8]。当時まだ金本位制を維持していた米ドルはいずれ問題が生じることが予見できた。1968年4月に自由市場の金価格は38ドルであったが、1969年1月には42ドルにまで上昇していた。しかし、ボルカーは為替の変動相場制を徹底的に酷評し、ブレトンウッズ体制の下での固定相場制を維持することに腐心した。彼はブレトンウッズ体制こそが国際貿易に利益をもたらすと信じており、固定相場制により各国の財政規律を守ることができると考えていた[9]。しかし、現実には米ドルそのものの価値が下落していた。国際競争に負けつつあったことと米国内のインフレが米ドルの価値を下げていたからである。ボルカーはブレトンウッズ体制をなんとか維持したいと腐心していた。ボルカーの考えた緊急時対応計画は米ドルと金との兌換停止であった。ボルカーによれば「兌換停止の一番の狙いは、米国の交渉力が強化される

ことである。なぜなら兌換停止により米国の金備蓄に対する取り付けを退けることができ、しかも諸外国は仕方なく米ドルを持ち続けるか、自国通貨が徐々に切り上がるのを容認するしかないから」[10]ということになる。ボルカーは「もし、米国が適度な物価安定を維持できれば、外国人は米ドルを持ち続けることに異存はないだろう。米国がその責任を果たしている限り、ドル本位制は金本位制に取って代わることができる」と考えていた。金本位制を諦めても米ドルへの信頼を基礎に固定相場制を維持しておくことが米国にとっても世界的にも有益であり、無制限に価格が動く変動相場制は危険なばかりか、国際政治に混乱を引き起こすとも考えていたのである[11]。しかし、金本位制度を停止した米ドルは1970年2月から1973年7月までの期間に大幅にインフレが進展し、これと連動して米ドルに対する金価格も上昇を続けた。自国通貨高を緩和するためドル買い介入を続けていた西ドイツと日本の中央銀行は、それぞれ自国内のインフレ抑制のために介入を続けられなくなった[12]。1973年、ボルカーの恐れていた事態が発生した。ボルカーが必ず阻止しようと意図していた各国通貨との変動相場制に移行せざるを得なくなったのである。

　その後、米国を再び高インフレが襲ったのは1975年4月から1978年9月までの期間である。この間に米ドルの市場への供給量は毎年10%のペースで増加し、これが当時の高インフレを招いたと言われている。ミルトン・フリードマンの発言として有名なのは「インフレは、いつ、いかなる場合でも貨幣的現象である」ということ。すなわち、「生産能力の成長を上回るようなマネーサプライの増加がない限り、インフレが起きることはあり得ない」というものである[13]。1979年には当時のカーター大統領からボルカーがFRB議長に推薦された。ボルカーに期待されたのは、FRBの独立性を担保することとインフレを抑えて米ドルの価値を維持することであり、そのために金融引締めが行われることが予想された。ボルカーに率いられた連邦公開市場委員会（FOMC）は主に利上げについて討議されていたが、途中からマネーの集計量に的を絞る手法に切り替えた。フリードマンらマネタリストと呼ばれる経済学者の唱えた貨幣数量説によってインフレを抑制しようとしたのである。それまでボルカーはマネタリストの唱える貨幣数量説に懐疑的だった。例えば「短期的なインフレ率に影響

を与え得る非貨幣的な要因は、実際のところさま様々なものがあると考えている。私は貨幣量を目標値として利用することには賛成だが、マネタリスト的なものの見方はしない」と述べている[14]。しかし、やがてボルカーは貨幣数量説を採用することになる。これが中央銀行に対する信頼性を再構成することに気がついたのがその主な理由である。いわゆる貨幣量の成長レンジを公表することは、インフレ予想に大まかな天井をはめる効果がある。インフレ予想を落ち着かせるというこの役割をかつて担ったのは金本位制度であり、単年度均衡予算の原則であり、固定相場制度であった。「私は、貨幣量に目標を置くこの手法を、責任ある金融政策を象徴する、新しい総合的なシンボルとしてとらえる」とのボルカーの言葉は、米国および米ドルが金本位制を失って以来の金融政策の代替策を貨幣数量説に求めた証左である。これはすなわち、ボルカーが「金（Gold）を使わずに金本位制を復活させようとした」試みであると指摘されている[15]。1980年1月、金価格は史上最高となる1オンス850ドルとなっていた。それだけ米ドルのインフレ率が高かったことになる。

（2）危機の予感とボルカーの思想

米ドルは米国内と米国外で異なる性質を持っている。しかし、米ドルが国際通貨として機能するお陰で、米国民は国内で作り出す物やサービス以上の消費ができる。米国は世界に金融サービスを提供し、その代わりに車やTVを購入することができる。長年、FRBがインフレの押さえ込みに成功した結果、1987年から2007年までの間、米国に成長と低インフレの両立が可能となった。合衆国連邦議会は、自らに与えられた憲法上の権利「貨幣を鋳造し、その価値を統制する」を連邦準備制度に授けた。それが、やがて、FOMCに与えられた使命は「完全雇用と適度な物価安定を促進する」に変わった。1978年には「完全雇用・均衡成長法（ハンフリー・ホーキンス法）」が成立し、完全雇用と物価安定が連邦準備制度の正式目標となった[16]。したがって、FOMCは国内向け（雇用と物価安定）の金融政策を採るべきか国外向け（外国為替の安定）の金融政策を採るべきかという問題が生じた際には、国内向けの政策を採るのが本来的な目的に適うことになった。

米国では 90 年代における成功、すなわち低インフレかつ高成長の結果として、景気循環はもはや克服された現象であるとして、危機に備えて整備されていた各種の規制が一つずつ緩和されていった。ボルカーは危機の発生を予期し、「過度な流動性を提供している資本市場が最大の弱点に変わる可能性がある」と述べていた。

　ボルカー・ルールの基本理念は銀行預金を投機的資金として流用させないことである。ボルカーによれば、人は次のような性質を持つ。すなわち、「10 年も 20 年も問題がないまま時が過ぎれば、人々に崖っ淵まで行ってみようと思わせるムードが生まれてくる。これは人間性に関する紛れもない事実であり、規制する側も前ほど厳格ではなくなってくるのが通常だ。その結果、遅かれ早かれ危機が生まれることになる。」[17] ボルカーはアダム・スミスの言葉を引用して銀行の投機的動きを戒めるよう警告していた。すなわち、「銀行取引の原理は難しそうに見えるかも知れないが、実際に行われていることは簡明な法則に落とし込むことができる。桁外れの大儲けができそうな好ましげな思惑に踊らされた結果、この法則から外れることは、ほぼ例外なく非常に危険であり、そのような行為を試みる銀行にとって命取りになることも少なくない」[18] と。したがって、銀行が投機的な業務を行うことが危険への入り口となるのであり、ボルカー・ルールの中心的思想は、銀行業務を投機から切り離すことにある。また、これを貫徹するためには、投機的な動きを本業とする投資銀行が預金の保管を主業務とする商業銀行と結びつくことを制限する必要がある。この思想が具体化されたのが先に述べたドッド・フランク法である。

　ボルカー・ルールは金融の安定性を最重要視するが、次の章では、金融の積極的な機能を取り上げる。ここでは金融界における新しい試みや進展を金融イノベーションという用語で説明している。金融危機が起きたために現在では大幅な金融規制論が伸張している。しかし、金融市場が本来果たすべき機能を再考し、実体経済にどのように役立っているのかを検討する。

5. 金融イノベーションの役割

　ここで言う金融イノベーションとは、新しい金融商品を作り出し、新しい金融技術を考案し、新しい金融組織を生み出し、新しく金融市場を創造することである。これまでも金融業界は、リスク管理に必要な情報を収集し処理する能力、新技術により商品やサービスを創造する能力、企業や産業を再構築する能力、新しい市場を創造する能力を獲得してきた。しかしながら、その革新の速さに取引内容やリスク評価とを監視するべき金融監督当局やリスク評価機関が対応できなくなっており、それが原因で様々な問題が生じている[19]。金融イノベーションが真価を問われるのは、資本市場において適切に機能し持続可能な投資を呼び込むことができるかどうかである。もし、投資家も販売業者もその投資の責任を負う気も投資の失敗で発生する費用を負担するつもりもないとすれば、それはそもそも社会契約・金融契約の全ての根底にある基礎が成立していない。行き過ぎた金融を抑制する政府の役割について検討がなされているが、この点については慎重に進めるべきである。イノベーションに対するインセンティブを弱めたり、逆にモラルハザードを引き起こしたりする制度は、金融市場の復元力と実体経済を阻害する可能性があるからである。すなわち、金融イノベーションそのものに原因があるのではなく、むしろ今日では更なる革新的な試みが必要とされている理由は、これが市場の乱高下を軽減して平準化し、むしろ信用市場に流動性を促進するからである。したがって、以下に金融イノベーションと混同されてきた事象を掲げ、問題点を指摘する[20]。

①複雑さはイノベーションではない
　　過去10年の間に、新しい金融商品は非常に複雑になり、投資会社のCEOですら理解できなくなった。しかし、過去においても現在においても、単に複雑なものがイノベーションであったことはない。確かに、いくつかの有用な金融技術は気の遠くなるような方程式と専門用語を含むが、複雑さが飛躍的進歩の条件となるわけではない。

②レバレッジが常に信用創造となるわけではない

　金融政策が緩和し過ぎると、どんな市場参加者も、さらなる利益を求めて過剰な借入をする誘惑に駆られる。また、容易にレバレッジがかけられるようになると、市場参加者は、投資の際の極めて重要なステップ、すなわち、財務報告書、金融商品、経営、市場環境等の基礎分析を省略するようになる。

③透明性がイノベーションを可能にする

　消費者、企業、投資家および経済全体にとって適切な情報開示と透明性の高い情報は有益である。より優れた信用情報によって、より広範囲からの資本アクセスが可能となる。イノベーションの進展はリスクを曖昧にするのではなく、リスクを数値化し低減する。

④資本構成が重要である

　企業の発展を可能にしたり、意欲的なインフラ・プロジェクトに資本を提供したりする場合、正しい資本構成の設計にはアート（匠の技）と科学が等しく必要である。

⑤資本の民主化は経済成長を促進する

　金融イノベーションは起業家達に新しい資本供給チャンネルを開き、新しい事業、新しい技術、新しい産業を着実に成長へと導いた。この結果、高度な技術が主導する知識型経済が台頭した。

⑥金融イノベーションは建設的な社会変革の力となりうる

　近年の金融危機にもかかわらず、例えば環境金融の分野における飲料水浄化供給システムの提供や、環境スワップにより生物の種の保存に役立ってきたこと、また、開発金融の分野におけるマイクロファイナンスのような新しいサービスの提供が実現されてきたことなどがある。すなわち、克服できないと思われていた問題を解決することができるようになった。

　以上の項目から金融の持つ機能を積極的に評価すれば、経済の活性化に不可欠な要素が見えてくる。金融危機が起きれば、金融悪者論が強く主張されるようになるが、平常時における金融の機能を無視することはできない。次の章では古く日本が発祥の地である米取引における市場の生成と発展の歴史を見る。特に江戸時代における（18世紀中に誕生した）大坂堂島の米会所の成り立ちとその仕組みを通じて、商品の実体取引を補完する機能としての金融取引の効用を検討する。

6. 大坂堂島米会所

(1) 米市場の発足と発展

　江戸時代は米本位制の経済であり、米の生産量は総計 2,700 万石で全人口は約 3,100 万人であった。大名の収入も武士の俸禄も米であり、年貢として徴収された米のうち 3 割は人件費にし、残りを売って藩の収入としていた。米を現金に替えるために大量一括売却ができる江戸や大坂（現在は「大阪」と表記するが、当時は「大坂」と表した。以下、「大坂」とする。）といった大市場への廻米を行い、100 万石が江戸で、200 万石が大坂で売買された。大坂での売買が多かったのは、昔から手工業と商売の町であり稲作農業とは分業体制であったことと、北陸から山陰地方を介し、九州や四国からの瀬戸内海航路が発達していたことが主な理由である[21]。江戸時代の米市場について詳しいのは宮本又郎、高槻泰郎、島実蔵である。彼らの分析を基に大坂を中心とした米取引の実態について詳述する。

　米本位制の下で武士の収入は禄米であった。享保年間までには高インフレによる物価上昇のために幕府財政が破綻に瀕した。そこで、享保元年 (1716 年) に 8 代将軍となった吉宗が享保の改革を断行し、倹約令を発した。これにより米価は下がったが、米価と共に下がるはずであったそれ以外の物価は高止まりないしは逆に上昇するものまであった。これを当時は「米価安の諸色高」と言った。米価が高騰するのは先物取引である「帳合米商内（「ちょうあいまいあきない」と読む。）」が原因であると考えていた幕府は、帳合米商内を公には認めていなかった。しかし、物価高騰下の米価格下落に困惑した幕府は今度は米価を上げるために大坂で米相場を操作するため、米会所（「永来町米会所」および「北浜米会所」と呼ばれる米の取引市場）の開設を指示した。しかし、いずれも多額の口銭をむしり取るための米市場であったため、大坂商人の評判が悪かった。そこで今度は米商人が自ら中心となった米相場を行うための米会所の設立を幕府に申し出て、これの設立に成功した。これが大坂堂島米会所である[22]。

　1730 年（享保 15 年）に米の先物市場である帳合米商内が幕府によって公認

されて以来、堂島米会所では米の現物取引を行う正米商内（「しょうまいあきない」と読む。）と、先物取引市場である帳合米商内が公然と並び行われるようになり、実物市場と先物市場を併設する組織的市場が出現するに至った。帳合米商内は1年を3期に分けて、各期の売買を帳簿に記入して売方・買方の期限までに反対売買を相殺することを原則とし、個々の取引ごとに代金等の差し引きを行わず、期限に売買代金の差金決済を行うことを決まりとしていた。帳合米商内においては売買参加希望者は清算機関である米方両替に一定の敷銀（「証拠金」に当たる。）と歩銀（「手数料」に当たる。）を支払うだけで、取引に参加できたので、大量取引、投機取引、ヘッジ取引を行うことが可能となった。実物市場と先物市場の成立により大坂堂島米会所は大量の取引が継続的・組織的に行われる市場となったのであり、そこでの相場は全国の基準となり、しかも、同時に異時点間の米価平準化機能を果たすことができるようになったと指摘されている[23]。

　享保期以前には幕府は、米仲買人らによる米手形取引（「米手形」は後に「米切手」と呼ばれる。）[24]を認めていなかった。米手形は「払米切手」または「出米切手」とも呼ばれ、享保期以後は一般に「米切手」と呼ばれるようになる。すなわち大坂米市場は商品たる米そのものを取引する市場ではなく、証券取引を中心とする市場となっていた。米切手が証券として流通できるのは、これが特定の米俵の引き渡しを表象していないからである。そもそも蔵米準備の中に廻送中の米を組み入れることを幕府が認めており、確実に蔵米請求に応じられる限りにおいては、米切手発行高と実際に蔵屋敷に在庫されている米の量とは一致していなくても良かった。したがって、米切手は特定の米俵との対応関係を失い、不特定の蔵米を引き渡すことを約束した証券となっていた[25]。全代銀完納証書としての米切手を発行・流通させるに至り、米切手の転売・再転売はますます盛んになっていった。幕府は米価を上げる目的で、享保7年（1722年）には、1,000石を上限として延売買、すなわち米俵のやり取りを行わない帳簿上の取引を認可するまでに至った。当時の幕府は、米価水準により米切手取引認否の基準を決めていたので、その後も、黙認と禁止が交互に繰り返されることになったが、享保15年（1730年）に投機的取引も含めた米取引を公的

に認めることにしたのである[26]。さらに、堂島米会所が認可されて約 1 年後、米価の上昇を狙って米仲買人の人数を株札発行により限定する案が生まれた。その後 4 年ほどで合計 1,351 枚の株札が大坂米仲買人に対して交付された。したがって、近世社会における大坂米市場の位置付けは、専ら米商人が自主的に構築してきた秩序に、幕府が市場公認と株札の発行という公的な保障を与えたことにより確立したと言える[27]。蔵屋敷から米切手の発行を受けた米仲買人は、多くの場合、それを蔵米とは兌換せず、市場へ転売した。正米商内で米切手を買い取った蔵米問屋と呼ばれる実需家が、米切手を蔵屋敷に提示して蔵米と引き換え、搗米屋（つきごめや）と呼ばれる米の精米・小売を行う業者に販売した[28]。蔵屋敷の所有自体は町人となっていたが、これは実体を表しているのではなく大名の名代として町人が表向きの所有者となっていた。したがって、実際には蔵屋敷の内部は大名の領分として観念されており、蔵屋敷の中に大名が保有している蔵米の量は堅く秘匿されており、近代の中央集権制度以前の幕藩体制の下では幕府と言えども、その情報を開示させることができなかった。大名の収入は、毎年秋に収穫される貢租米の販売・現金化にほぼ限定されていたのに対し、支出は現金で恒常的に行われていたため、必然的に運転資金の供給を受ける必要があった。この役割を担ったのが掛屋と呼ばれた商人である。掛屋は大名に日常的に必要な資金を提供し、年度末には米の売却代金によって決済する方法を採っていたが、支払いが超過している場合には、翌年度に持ち越す当座貸越契約を結ぶことになる。しかし、米価下落と大名支出の増加が並行して起きると、当座貸越契約だけでは対応しきれない状況が出現する。米切手を受け取った米商人は、通常、即座には兌換請求をせず、堂島米会所に転売する。したがって、米切手発行と米の蔵出しに時間差が生じることになり、実際の蔵米在庫以上に米切手を発行する誘因が生じる。当該藩は米切手を蔵米在庫よりも多めに発行しても、蔵米との兌換が適切に行われている限り通常は問題とならない。したがって、大名は、当初は米商人の当座貸越という契約関係だけに依拠していた資金調達を、米切手を在庫より過剰に発行して資金調達を行う、という米切手流通市場に依拠する体質に変わって行ったと考えられる[29]。蔵米との兌換が滞った米切手のことを「空米切手」と呼んだ。幕

府は空米切手停止令を発して、藩が空米切手を発行することを制限していたが、実際には幕府は蔵米の量を正確には把握できないのであり、空米切手の発行を完全には禁止できなかった。例えば、金本位制の下では、金との兌換が適切に行われると期待できるからこそ、金兌換紙幣が紙幣として流通するのと同様に、いずれは蔵米の引き渡しが行われると期待できるからこそ、空米切手は出切手として授受・売買され得る。すなわち、実物よりも証券の方が多く出回ることになるが、これこそが、堂島米市場が実物米の取引市場としてのみならず、金融市場としても機能した基本的な構造であった。しかし、幕府は公的には空米切手の発行を禁止しているのであり、米商人と当該藩との間に紛争が生じると、幕府が司法機能をもって仲裁役を果たすことができた点が重要である[30]。

（2）幕府による規制と金融市場の発達

米切手取引に関する統制策は享保の改革以後の18世紀中後期に集中している。それまで米商人と諸藩蔵屋敷の相対に任せていた米切手市場に幕府が介入した意図は何だったのであろうか。実は、享保改革以来推し進めて来た新田開発政策と土地生産性の上昇が、皮肉にも米の供給過剰状態を生じさせ、米価を下落させるに至っていた。それは直ちに領主財政の悪化を意味しており、新田開発や年貢増徴といった既存の政策では対応することができない財政悪化に直面した領主は米切手の増発・濫発を行った。それが逆に米切手の信用不安を引き起こし、米価がさらに下落するという悪循環を生じさせた[31]。米切手の滞りは、米価の低落が著しかった18世紀中頃において重大な問題として浮上してくる。米価が下落するので、諸大名が財政収入の減少を補うために米切手を増発せざるを得なくなる。すると米切手の信用不安が高まるので、さらに米価が下がる、という悪循環が発生する懸念が高まった。信用不安に陥り、米相場の悪循環が広まるのを防ぐために幕府が打ち出した政策が空米切手停止令である。その目的は直接的には米価を浮揚させることにあったが、米価浮揚という本来の目的には達しなかった。しかし、他方で米切手の保護を幕府が公的に宣言したという点で金融政策としてきわめて重要な役割を果たしたと指摘されている[32]。1761年（宝暦11年）には幕府は空米切手停止令を発令して、在庫米

量以上に米切手を発行することを禁じた。しかし、実際には米切手と蔵米との兌換が適切に行われている限り、空米切手を発行することが黙認されていた。在庫米で対応できない場合には銀納が認められていた。幕府が担った役割は、市場で生じた紛争に対して司法による解決を提供し、市場の秩序を維持することにあった。他方で、幕藩領主の財政は、歳入の大半を米現物に依っていたため、米価を望ましい水準に保つことが、市場を管轄する幕府の重要な政策課題であった。したがって、幕府は米価水準や米と他財との相対価格水準が継続的に低落することを手を尽くして避ける必要があった[33]。

　空米切手が生ずる原因は、蔵屋敷にある蔵米の量が市場参加者には見えないことにあった。特定の蔵屋敷が発行した米切手について滞りが生じ、それが公になった場合、当該米切手は空米切手とみなされ、取り付けの対象となる。その場合、信用不安は他の蔵へと波及する恐れがある。いずれの蔵も蔵米以上の米切手を発行しているのが常態化しているのであれば、いずれの蔵にとっても取り付けは脅威となる。本来ならば問題のない蔵屋敷にも影響を及ぼす可能性があったという点で深刻である。空米切手停止令によって米切手と蔵米との兌換確実性を高める一方で、幕府が根本的な解決を図るためには、諸大名に蔵米在庫量を市場に対して開示させるか、あるいは幕府が何らかの形でそれを把握し、米切手発行高を適正な水準に導くかのいずれかの手段が考えられる。幕府は18世紀中頃（1770年代）に後者の手段を選択するが、それに先立ち、信用力の低い米切手を公銀（幕府公金）にて入れ替える「滞り切手公銀入替政策」（米切手を担保にして貸付を行う方法）を採った。その根底にあった問題意識は、信用度の高い米切手と信用度の低い米切手との峻別を行い信用不安の連鎖を防ぐことにあった。しかし、幕府が特定の銘柄を公銀で入れ替えることが広まれば、逆にそれが米切手全体の信用不安に繋がり、諸藩の蔵屋敷および米商人双方のモラルハザードを誘発すると恐れていた。江戸時代を通じて根本的な問題は依然として未解決であった。一つは、蔵屋敷の中にある米の量は公的には秘匿されたままであったということであり、もう一つは、大名が財政的に脆弱なままであったからである[34]。この点には注意しなければならない。

　以上の点を除けば、幕府が米切手と蔵米との兌換を公的に保障する姿勢を確

立したことで、米切手の授受売買も公的な保護の下で行うことのできる取引となったことは高く評価できる。幕府が禁止令（今日なら「法律」に当たる。）により空米切手発行の抑制を行い、他方で公金（今日言うところの「公的資金」に当たる。）で信用不安の連鎖を防いだことにより、大坂米市場は金融市場としての地位も確立することができたのである[35]。江戸時代に今日にも通じるような金融市場を確立した大坂米商人の知恵と幕府の政策は画期的であり、米切手の発行量については諸藩蔵屋敷の裁量に委ねられる一方で、米の兌換に滞りが生じた際には政府たる幕府が司法機能を提供して米切手所持人の蔵米請求権を尊重することによって金融市場の安全性を担保する仕組みを確立していた[36]。

（3）リスクヘッジ機能を持つ帳合米商内

帳合米商内の場合には満期があり[37]、しかも紛争が生じた場合でも奉行所に出訴できないという決まりであった。帳合米商内では出訴できない代わりに、10日に1度の間隔で売りと買いを相殺することになっていた（これを「消合日」と呼んだ。）ので、その際に損銀を支払えない場合には「顔」にかかわる（結果として「以降の取引ができなくなる」という黙示の内規）として、信用を第一に考えていた。帳合米商内は満期を越えては取引を持ち越すことはできなかったが、期間中であれば、その日の内に手仕舞う（これを「日計り」と呼ぶ。）必要はなく、米方両替へ手数料として「歩銀」（代銀1貫目につき1日銀1分〜2分4厘）を支払えばよかった。取引を翌日に持ち越すことを「夜越米」と呼んだ[38]。現代の先物取引市場のように、現物決済が許容されている場合には、満期日に現物価格と先物価格が乖離することはないが、当初、堂島米会所では現物決済が許容されておらず、現・先両価格が鞘開きすることもあった。

帳合米取引は先物取引であるから、今日のそれと同じく取引時に売買の総代金を必要としない取引であった。敷銀は丸代金（「実取引額」に当たる。）の1/100でよく、すなわち現在の金融用語で言うところの「レバレッジ100倍」の取引であった。堂島米会所では帳合米値と正米値との値ザヤ（差額）に神経を使っていた。実米価格よりも遊離した値段だと、帳合米取引は保険の役に立

たず、必要性を疑われるからである[39]。堂島米会所における米の先物取引（帳合米商内）は幕末にかけて投機・賭博取引化していたと一般的には言われているが、実際には賭博化していたのではなく、先物取引のヘッジ機能が過剰となり、むしろリスクを増幅させていたのが本当のところであると指摘されている[40]。

享保の改革以後の18世紀中頃から幕末に至るまで価格形成（米の実物価格および先物価格の形成）については合理的期待が成立する市場であった。すなわち、いわゆる賭博とは異なり、過去の値動きに強い関心を持って市場を分析的に眺める市場参加者が多く存在し、彼らが合理的な市場価格形成に大きな影響を及ぼしていた[41]。すなわち、当時の大坂米市場には、今日の金融市場におけるような市場分析家が既に存在していたことを示している。江戸末期になると帳合米商内と正米商内の価格とが遊離したため、ヘッジ取引としての帳合米商内を衰退させる原因になったと言われている。両者の価格が遊離してしまった原因は、当初より両者の関連性が弱い接着剤でしかリンクされておらず、換言すれば虚構的にしかリンクされていなかった制度的問題点にあると言われている[42]。この点にも注意が必要である。

（4）堂島米会所の仕組みと先見性

幕藩体制を骨格とした江戸時代と西欧の先進的な生産設備や生産技術を導入した明治以降の近代社会とでは社会的断絶があるとする考え方が通常である。しかし、一見して断絶性の側面が色濃く現れている場面においても、それまでの歴史からの重要な遺産として、環境条件が大きく変化したときにそれに対応することができる「転換能力」が人々に備わっており、それを可能とするシステムが社会に組み込まれていたからこそ、社会を一変させた近代社会への対応が可能であったのではないかと指摘されている[43]。すなわち、江戸時代における米市場運営の経験は、近代以降に展開される市場経済の基礎練習となっていたとの指摘である。ここで言う「市場経済」とは、原材料、労働、土地、資本という生産諸要素の価格や利子率が市場において決められ、この価格、賃金、地代、利子率を指針として、各経済主体が自己の経済的利益を最大化する

ように行動し、その行動の集計によってその社会の資源配分が決定される仕組みのことを指している。このように「市場経済」とは基本的には価格を媒介とする人々の行動様式のことを指すと説明される[44]。江戸時代における政策の中心であった米価の平準化という点では、18世紀以後の大坂堂島の米市場機構を通じて実施されたものであると言うことができる。幕末を終え、近代国家の整備を急いだ明治維新政府は、幕藩体制の古い慣習を捨て去るために大坂堂島米会所を明治2年（1869年）に閉鎖した。その2年後には欧州の取引所に範を求めた米市場を開くことにして近代的な取引所を開設したことになっている。しかし、世界最大の商品取引所である米国のシカゴ商品取引所（CBOT：Chicago Board of Trade）[45]では、堂島米会所について紹介し、「この取引所のルーツは日本の先物取引所であり、大坂が発祥の地である。私たちの市場は世界で

コラム：江戸時代における米本位制

日本においては江戸時代には米を価値尺度の基準にしていた。しかし、米は食糧であり、持ち運びにも不便なので、実際の流通には金、銀、銅を用いるという機能分散型の貨幣制度を採っていた。このうち金は主に贈答や資産保管用で、市中で使われていたのは銀と銅である。あるいは金属以外にも紙の藩札も取引に使われた。各藩が発行した藩札以外にも、旗本が発行した旗本札、寺社が発行した寺社札、宮家が発行した宮家札、地域で発行した町村札などがあった。現在では「通貨の単位及び貨幣の発行等に関する法律」によって通貨・貨幣の発行について規定されており、第2条 第3項「通貨とは、貨幣及び…途中省略…日本銀行が発行する銀行券をいう」、第4条 第1項「貨幣の製造及び発行の権能は、政府に属する」と規定されている。経済学上では「通貨（Currency）」と「貨幣（Money）」という用語は厳密には区別されていないが、日本では同法により、貨幣が政府発行の500円、100円、50円、10円、5円、1円といった6種類の硬貨のことであり、通貨はこれら硬貨と日本銀行券とを合わせたものであるとの用語の使い分けがなされている。臨時にではあるが政府発行の高額貨幣もあり、例を掲げれば、昭和61～62年に発行された「天皇陛下御在位60年10万円金貨幣」や平成5年に発行された「皇太子殿下御成婚5万円金貨幣」がある。ここから分かることは、政府は貨幣（すなわち通貨の一種）を発行することはできるわけで、財政難の際には必ず国債の発行に頼らなければいけないわけでもないことは注目に値する。

最初に整備された日本の市場を参考に開設された。」と説明している[46]。堂島米会所の設立が 18 世紀中の 1730 年であるから、日本で先物取引市場ができたのは CBOT の 100 年以上も前であったことを歴史的事実として覚えておきたい[47]。

　大坂堂島米会所に見られるように、金融機能の充実は実体経済の補完に繋がる。大坂米商人がその必要から証券取引（米手形の取引）市場を生み出し、価格変動のリスクを減じるために先物取引によるリスクヘッジを考案したことは大変興味深い。江戸時代の全期間を通じて鎖国時代であったにも拘らず、既に世界的な金融市場の創造を先取りしていたと言える。以上の有益な示唆を与えてくれる日本の米会所の歴史を検討することには大きな意義を見出すことができた。

7. 小括

　前半ではボルカー・ルールについて、後半では江戸期における米会所の仕組みと制度について詳細に検討した。また、経済成長のためには金融イノベーションの有効性も考慮する必要があることが分かった。以上から得られる示唆としては次のようになるだろう。まず、商品価格の安定のためには当該商品を集中的に取引する市場の設置が必要不可欠となる。次に、商品売買を円滑に行うためにこれを表象する証券の取引が有効であるが、証券に対する信用の担保が重要で、信用力を担保するために公的な機関が責任を持つ必要がある。信用が毀損された時には司法機能による紛争解決手段が担保されていなければならないのみならず、公的資金による資金流動性の確保も重要となる。以上を整備して証券発行・取引市場が確立されると、ここから必要に応じて資金調達が可能となる金融市場が機能するようになる。金融市場が拡充されると当該商品を扱う商人の充実や当該市場全体の充実を促進することができるようになる。しかし、経済の基礎的な成長力が弱いと制度全体が脆弱な状態に置かれたままになるので要注意である。ボルカーが懸念するのは商業銀行が収益性を高めるために、それほど意識せず結果的に自己資金を投機的事業に投入してしまうこと

である。つまり、金融機関が成長を最大化しようとすれば、自然と投機的な動きになり、それがさらに市場を押し上げ、収益性を高めることに繋がって行くという投機のスパイラルに陥ってしまうことである[48]。ボルカー・ルールの精神的支柱は金融の機能を弱めることにあるのではなく、まさにこの投機のスパイラルを断ち切り、預金者の預金や納税者のお金を守ることにある。

III 自由か規制か

8．ミルトン・フリードマンの自由論

（1）フリードマンの思想

　ミルトン・フリードマン（Milton Friedman）の主張する自由社会とは、政府が必要な施策を行い、しかし、やる必要のない余計な事を政府が行わないようにするということである。換言すれば、民間に任せるべきことは民間でやってもらうということになる。1980年代に始まり、1990年代からは世界的に主流の経済哲学の地位を占めるようになったのが新自由主義である。この新自由主義の理論的支柱となったのがフリードマンであり、結果的にこれが頓挫したリーマンショック以後に危機の元凶を招いたとして批判されてきたのもフリードマンであった。フリードマンの主張は徹底した自由主義であり、その著書『資本主義と自由（Capitalism and Freedom）』の中でも自由および自由市場の価値を繰り返し説いている。例えば、政府に委ねるべきでない仕事と題して次のリストを作成している[1]。①農産物の買取保証価格制度、②輸入関税または輸出制限、③産出規制、④家賃統制、⑤法定の最低賃金や価格上限、⑥細部にわたる産業規制、⑦ラジオとテレビの規制、⑧現行の社会保障制度、⑨事業・職業免許制度、⑩公営住宅の運営および住宅建設を奨励するための補助金制度、⑪平時の徴兵制、⑫国立公園、⑬営利目的での郵便事業の法的禁止、⑭公有公営での有料道路、である。

　上記の解説を元財務官僚で数量政策学者の高橋洋一が行っている。それによれば、政府は事後的に審判で個人の自由を守ることに徹すればよく、当事者と

してプレーヤーになってはいけない。また、もし政府が経済介入することが正当化される場合でも、政府の裁量ではなく客観的なルールに従うべきだと主張する。また、高橋は、システム制御工学の観点から経済学上の論点を比較した。すると、次のように説明できることに気がついたという。すなわち、フリードマンなど自由論者の立場は、システムを制御するためにセンサーを設けるとセンサー自体がシステムを不安定にしてしまうため、センサーで制御せずにシステムの全体設計を考えようとしている。これに対して、経済統制論者は、システム制御は容易であって、それでシステムが安定的に運営できるようになるという発想だ[2]と。これをフリードマン自身の言葉で叙述すると次のようになる。「自由人は、国が自分に何をしてくれるかを問わない。自分が国に何をできるかも考えない。その代わり、自分の責任を果たすため、自分の目標を達成するため、そして何よりも自分の自由を守るために、自分は、あるいは仲間は、政府という手段を使って何ができるかを考える。また、自由を守るためにつくったはずの政府が自由を破壊する怪物と化すのを防ぐにはどうしたらいいかということも考える。しかし、他方で政府は個人の自由を守るために必要な道具であり、また政府があればこそ個人は自由を行使できるが、それでもなお、権力が政府に集中すれば自由にとって脅威になりかねない」と[3]。

上記の言葉でも分かるようにフリードマンは自由主義者ではあるが無政府主義ではない。個人が自由を得るためには政府の存在が不可欠であることを説く。

（2）金本位制への懐疑

フリードマンは金本位制ないしは商品本位制という制度はうまく機能しないと主張する。これはボルカーとは正反対の考え方であり、歴史的に見て金本位制が優れているが、時代の変化と共にこれが崩れて仕方なく変動相場制に移行したという考え方を採らない。金本位制には原理的な無理があり、むしろ変動相場制の方が優れていると考えている[4]。

米国では通貨制度の中心にあるのは金だという考え方が根強かった。歴史を鑑みれば、米国で金価格が1オンス＝35ドルという固定水準に初めて設定さ

れたのはブレトンウッズ協定成立の 10 年前の 1934 年のことである。金本位制は商品本位制の一種であり、これまで通貨として金、銀のほか、真鍮、すず、タバコ、ブランデーまでもが通貨として使用されてきたという[5]。貨幣がこうした品物で成り立つなら、政府による管理は原理的には全く不要となる。世の中に出回るお金の量は、貨幣代わりの品物を生産するコストに応じて決まるからである。しかし、商品本位制は、政府の介入を必要としないような単純な仕組みにはほど遠い。例えば、金本位制や銀本位制の下でさえ、必ず何らかの形で信用貨幣が発達しているのが歴史的事実である。金本位制に代表される商品本位制には根本的な欠点があり、それは通貨供給量を増やそうとすれば実物の資源が必要となることである。そこで、信用貨幣を発行し、一定交換率で物品貨幣に交換できるという取り決めを行って信用通貨を流通させるという方法を採る。一般に信用通貨は紙に印刷して発行する方法が用いられ、本位商品と一定比率で交換する旨を印刷する。紙に印刷するコストは本位商品を生産・採掘する作業コストよりも安いので、後者の流通を拡大するようになる。すなわち、結果的に流通するのは権利が印刷された「紙」の方であり、商品自体は流通しなくなる。これが商品本位制の重大な欠点であると指摘されている[6]。信用通貨は本位貨幣を支払うことを約束した一種の契約書とみなすことができるが、契約の締結から履行までの期間が長いために、契約を確実に履行させるのが難しく、偽の契約書が作られる可能性もある。また、一度、信用という要素が持ち込まれると、政府は自ら信用通貨の発行を欲するようになる。金本位制が望ましいと言う者が思い浮かべるのは、まず間違いなく、ブレトンウッズ下の米ドルの制度か 1930 年代に維持されていた制度であるとフリードマンは指摘する[7]。

(3) 金融・財政政策

完全雇用と経済成長を達成するためには政府は強く経済に関与しなければならない、という命題は今日ではほとんどの国で常識となっている。しかし、フリードマンはこうした政府の関与に強く反対する。実際に、1930 年代に生じた世界大恐慌でさえ、政府の経済運営の失敗がもたらしたものであり、市場経

済が不安的だから生じたものではないと断言する。特に、1930年と31年に連邦準備制度の拙い対応のために、本来なら緩やかな景気収縮程度で済んだはずの経済状態を災厄にしてしまったと論じている[8]。

今日では政府支出が経済全体の中で大きな割合を占めており、政府自身が景気に重大な影響を及ぼしている。国民所得が減れば、連邦政府の税収は自動的に、それも国民所得の減少より大幅に減る。そこで、景気が悪くなってくれば、政府予算は民間支出とのバランスをとるために使うべきだという考え方が強く主張されるようになる。こうして今日見られるように財政は赤字方向に傾くことになる。好景気の時は逆の方向に動く。これまで政府は経済活動にも個人の生活水準向上にももっと大きな役割を果たすべきだという考え方が広く支持されてきた[9]。特に、福祉国家を目指す立場からすれば、政府支出によって総支出を安定させるという論理が成り立つので、政府の介入が急速に広がることになる。財政政策を立てる場合でも金融政策を立てる場合でも、税金や支出をあらかじめ計画的に調整し、精密な景気安定メカニズムとして利用することは難しい。多くの論者が、税収以上に歳出を増やせば（たとえ不足分を借金で賄っても）必ず景気は刺激されるはずだという説を支持する。しかし、例外的な場合を除いては、この説は成り立たないだろうとフリードマンは指摘している[10]。

（4）変動相場制

フリードマンは為替管理を嫌い、政府による経済への介入の中で、国際収支・外国為替への介入ほど広範囲かつ市場経済に破壊的影響を与えるものはないと述べている[11]。そこでは、直接的な為替管理が市場経済を統制経済に変貌させるきわめて効果的な第一歩となると指摘する。為替管理が次には必ず輸入割当に繋がり、さらに輸入材料を使用する国内産業の規制や代替財を生産する国内産業の管理に進むという順序を辿って次々と規制強化されていくと説く。フリードマンによれば、自由市場・自由貿易と矛盾しない国際収支の調整メカニズムは二つしかない。一つは完全な金本位制であり、もう一つは通貨の変動相場制である。完全な金本位制とは、金準備と通貨供給量を連動させる完全に自

動的な国際金本位制のことである。だがこれは実現不可能であり、また望ましくもない。ブレトンウッズ体制の下で機能させたいわゆる「金本位制」と呼ばれる制度は、政府が他の品物の価格を決めるのと同じく、政府が金価格を決めている(1オンス＝35ドル)のであり、自由主義経済とは本質的に矛盾している。本来の金本位制と似て非なるこの制度は、金を貨幣として使用する本来の金本位制とは全く別物であると指摘する。本来の金本位制であれば自由主義経済と矛盾しないが、これは矛盾する。かつて、米国では金の個人所有を禁じ、国が独占的に金を保有する法制を整備したが、これはそもそも金の値上がりによる含み益を政府が独り占めするために立法化されたものであった[12]ということだ。

　米国の国際収支の均衡が崩れそうな時に、これを調整するメカニズムとしては次の4つが考えられる。①米国が外貨準備を取り崩すか、外国に米ドルの準備を増やしてもらう、②米国の物価を他国より押し下げる、③物価そのものではなく為替の変動で商品価格を調整する、④政府による貿易統制や介入、である。国際収支を均衡させるには、この4項目のうち必ずどれかを使わざるを得ないが、この中で最悪なのは貿易統制であり、中でも輸入割当などの直接規制、しかも法律の枠外で行うなどが一番採るべきでない手法である。したがって、金貨を通貨として使用する本来の金本位制以外には、自由市場・自由貿易と矛盾しない方法は変動相場制しかないと主張される。多くの論者が変動相場制を深刻なインフレやハイパーインフレ発生の原因のように考えているが、これは原因と結果を取り違えている。しかし、変動相場制を支持するからと言って、大幅な上下動を放任せよと言っているわけではない。為替相場は自由に変動できるが、経済政策や経済条件が落ち着いていると、実際には相場を安定的に推移させることができるとフリードマンは主張する[13]。フリードマンは自由市場や自由貿易に最大の価値を置き、それに相応しい通貨制度を考えているのである。フリードマンは国家や政府を軽視しているわけではない。国家から離れた個人の自由を希求しているのではなくて、あくまで国家や政府の必要を認めるのである。しかし、その国家や政府が余計な政策を立案して失敗することが多々あることに着目し、経済活動の内容にまで踏み込んで余計なことをするの

を批判しているのだ。自由市場を守るために国家は必要であるが、市場内のプレーヤーになると、むしろ害悪を起こすと主張しているのである。

9. フリードリヒ・A. ハイエクの自由論

（1）ハイエクの思想

　フリードマンと並んで新自由主義の理論的支柱を提供するのがフリードリヒ・A. ハイエク（Friedrich A. Hayek）である。ハイエクの言葉は難解だが、その言いたいことは比較的明瞭な場合が多い。それは次の言葉にも表されている。すなわち、「（リベラルは、米国における左翼運動の偽装の要素だった。米国において）真に自由を信じている人々が、なぜこのほとんど必要不可欠な用語の占有を左翼に許してしまったのか、そればかりか不名誉な用語として自分達が扱いはじめることで加担さえしたのか、私はまだ謎が解けぬままである。多くの真の自由主義者がその結果、自身を保守主義者と表明する傾向があるので、このことは特に残念に思われる。全権を掌握する国家というものを信じる人達との戦いで、真の自由主義者は保守主義者と時に共同戦線を張らねばならぬことは、もちろん当然である。真の自由主義者はあくまでも保守主義とは別個のものであり、この二つが混同されるところに危険がある。安定した社会では保守主義は必要な要素であるけれども、それは社会を前進させるプログラムではない。その家父長主義的、国家主義的、権勢志向の点で、しばしば真の自由主義よりも社会主義に近いものである。保守主義はまさにその本質によって、必ず既成の特権の擁護者となり、特権の保護のため政府の権力に頼ることになる。しかし自由主義的立場の真髄はすべての特権の否定である。この場合特権とはその正確な本来的な意味、すなわち同じ条件で他の者が得ることのできぬものに対し、国家が授与し保護する権利という意味で理解する」と[14]。そこでは、「自由」の意味を取り違えるなというハイエクの強いメッセージが込められている。今日では、この自由の意味をめぐって見解が対立することも少なくない。では、ハイエクの主張する「自由」とは、もう少し具体的に言うとどのような自由なのであろうか。それを検討してみる。

ハイエクは、経済を規制し、コントロールすることを徹底的に嫌う。これはすなわち、中央計画化が望ましいものであると満足している計画論者はほとんどいないことにも表れているが、しかし、なぜ彼らが競争よりも経済を計画し統制する方を好むのか。それは、時代を追うごとに技術的進歩が見られるが、当然のことながら技術は逆転させたり防止したりできない。そこで、技術的変化に伴う競争は自然発生的に破滅に向かって進んで行くと神話的に信じられるようになり、多くの論者は他の選択肢がないことを確信するという思想になる。つまり、技術的進歩が社会を不安定化させ、やがて人間社会を破滅に導くという思想（感情）が根底にある。これは客観的事実を積み重ねた基礎的な調査・研究によって結論に達したわけではなくて、多分に長年の見解の積み重ねで真実であるかのように信じられてきた結果であると主張される。計画化の不可避性を明らかにするために用いられる様々な論証の中で、最も頻繁に聞かれる説は、絶えず増えていく分野においては技術的変化が競争を不可能にし、残されているのは私的独占者による生産の統制か政府による指導かの選択しかないのだと考える論者が多い。しかし、このような考え方は、当初は産業の集中化というマルクス理論から導かれたものであっても、これを後の論者が引用するごとに、その説の起源がどこにあったかは忘れられ、多くの論者は起源を知らないまま同じ見解を主張するようになっただけであるとハイエクは指摘する[15]。ハイエクの目は鋭い。

　特定の結果を予言し計画することができないということは、自由社会の外形上の特徴であるが、他方で、自由社会においては国家が行動しないものだと決めつけてしまうことは誤りである。国家が行動または干渉するべきか、あるいはしてはいけないという問題提起の仕方自体が誤解されやすい表現である。また、「自由放任」という言葉は、自由主義政策の基礎となっている諸原理を表す表現としては誤っている。自由放任主義の下においても各国家は行動しなければならず、国家の行動は何物かに必ず干渉する。しかし、そのこと自体は問題ではなく、決定的に重要なポイントは次の5項目である。すなわち、①個人が国家の行動を予想することができて、個人自身の計画を立てる際に、その知識を与件として利用することができるということ、これにより②国家が個人によ

る国家の機構を利用するという行為に何ら拘束を加えることができないということ、また③個人は、他の者からの妨害に対して、どの程度まで国家により保護してもらえるのかを正確に知っていること、さらに④国家が個人の努力を無効にする立場にあるかどうかということ[16]。したがって、⑤国家が建築に関する規則や工場設置についての細かい規則を制定したからといって、これらの規則が個々の場合に賢明に作用し、恒久的に利用できるように意図されており、特定の人々に便宜や損害を与えるものでない限りは自由主義の原則と矛盾するものではない、ということだ。

　ハイエクは「法の支配」という近代社会における決定的に重要なテーマについても触れており、そこでは次のような論理が展開される。すなわち、法の支配は自由主義時代に初めて意識的に発展した考え方であるが、これはヴォルテールやカントが確立した言説「人間に服従するのではなく、ただ法に服従することを要するときに、人々は自由である」によって説明できる。しかし、その意図は立法者の権力が無限であるということではない。これは法の支配という意味の完全な誤解によるものであり、政府や国家が法に従いさえすれば正当であるという意味ではない。法的に正当である、つまり法に従っているということと法の支配とは矛盾する場合がある。例えば、独裁国家や計画経済国家においては政府に無制限の権力を与えるような法律を立法することはできるし、そういう意味では独裁国家や計画経済国家と言えども法に従っている。これは換言すれば、法律はあらゆる点で恣意的な行動を合法化することも可能だということであり、しかし、その場合には法の支配に服しているとは言えないということを意味している。政府が法律によって経済生活を指導するためには、法律は当局に対して予見することのできない事情の下において、一般的な形式で表現できないような原則に基づいて決定を行い、それを強制し得る権力を与えなくてはならない。こうした計画化が進むことによって、ついには当局に立法権の代理委任がなされるような結果を招く。以上から、法の支配とは立法の範囲の制限も含む。法の支配は、全てのことが法律によって規制されるということを指しているのではなく、法律によって前もって定められた場合にのみ、国家の強制権が行使されうること、したがって、予見可能性の有無が決定的に重

要である[17]。たとえそれが憲法であれ、法律であれ、確立した原則であるかを問わず、すなわち、その形式がどうであろうと、法の支配とは、個人の奪い難い権利や個人の不可侵の権利があることを確認することにもなるのである。ハイエクの思想は、無自覚な自由や放任の自由を追求することではなく、健全な政府の下で施工される法の下の自由を追求している。

（2）19世紀型自由主義の再評価

　ハイエクが『隷従への道（The Road to Serfdom）』を著したのは1944年のことであるから、既に人類は世界恐慌と第二次世界大戦を経験していた。当時は世界恐慌の影響が完全には払拭されておらず、まだ冷戦も始まってはいなかった。戦後の世界経済秩序を決めたブレトンウッズ体制も確立されてはいなかった。すなわち、当時の常識的な発想としては、それまでの自由主義という名の野放図な経済体制を律して、規律ある経済秩序を樹立しようという熱意に高揚していたときであり、決して19世紀を再評価しようという機運に満ちた時期ではなかった。しかし、その中で敢えてハイエクは19世紀型自由主義を再評価した。

　ハイエクによれば、新秩序を最も声高く叫んでいる者たちこそが、まさに第二次世界大戦およびその他の害悪を引き起こした考えの影響を強く受けている者たちであり、年少者が多くの年長者の考え方を信頼しないのはもっともなことであると。しかし、その年長者の考え方が古く19世紀的なものであると誤解すると過ちを犯す。19世紀型自由主義が持っていた理想を卑下することは誤りであるし、これを実現する可能性は残されている。19世紀の人々よりも20世紀の者たちの方が優れていると主張する資格はないし、また実際に世界を混迷に陥れたのは、19世紀の人々ではなくて20世紀の者たちなのである。自由人からなる世界を創造しようとした19世紀の企画が結果として失敗したとしても、現代人は再びこれを試みなくてはならないと言う。個人の自由に関する政策が、真に進歩的な唯一の政策であるという基本的な原理は今日でも依然として真理であると主張できるからである[18]。

ハイエクは19世紀型資本主義を失敗した経済体制であるとは捉えていない。むしろ、積極的に評価している。新自由主義とは、まさに20世紀型の過度に規制された資本主義を見直して、いわば19世紀型資本主義のように市場原理を信頼する経済体制である。ハイエクは経済を統制・規制することを徹底的に嫌い、つまり特定の者の予言に従うことを疑い、経済が失敗することがあっても経済的自由を保持する方を相対的に善として選択するのである。

10. トマ・ピケティからの示唆

　トマ・ピケティ（Thomas Piketty）は経済を思想の面からではなく、数値と図表を用いて叙述しようと試みている。数字を丹念に拾い集めれば、そこに一種の法則性が見えてくるという発想である。ピケティの発見した法則とは「$r > g$」（rは資本収益率、gは経済成長率）であり、いつの時代においても長期的に見れば、経済成長よりも資本増殖の方が大きくなるという法則だった。ピケティは著書『21世紀の資本（Le Capital au XXIe siecle)』の中で、フランスやドイツと対比した英米の特徴について何度か言及しているが、社会的格差および自由社会の捉え方について次のような指摘がある。すなわち、彼は自然な流れとして世界的な格差が広がっていることを指摘した上で、各国がこれにどう対処してきたかを叙述するのであるが、特に税制に焦点を当て、所得や資産に対する累進課税や相続税について詳述している[19]。中でも、20世紀の大戦前後に税率に著しい変化があったことを指摘し、特に英米とフランス・ドイツとの対処の違いを明確にしている。英米は、20世紀中に歴史上最高の税率によって富裕層に課税する税制を作ったが、これは自由社会を束縛するものではなく、どちらかというと社会的自由を保持するための施策であったと指摘している。ところが、フランスとドイツは税率を上げて格差を解消するのではなく、企業の国有化を進めたり、企業の役員の報酬を直接規制することによって社会的自由を担保する方策を採ったことを指摘している。すなわち、「累進課税はこのように、社会正義と個人の自由との理想的な妥協となる。米英は、歴史を通じて個人の自由を高く評価してきたから、他の多くの国よりも累進的な税制

を採用したのもうなずける。ただし、大陸ヨーロッパ諸国、特にフランスとドイツは、第二次世界大戦後に他の道を模索したことは指摘しておこう。たとえば、企業の国有化や、重役給与を直接定めるといった手法だ。こうした手法もまた民主的な熟議から生じたものだが、累進税制の代替としてある程度は機能したのだった」と[20]。これは相続税についても同様で、ピケティは「アングロ・サクソンが累進課税に惹かれていることは、相続税を見るといっそうはっきりする」[21]とも述べている。

　しかし、この英米の特徴は、1980年代からは一変する。1930年代から1970年代まで英米は平等性への「大いなる情熱」を持って累進税制を進めてきたが、今日では、両国の最高税率はフランス・ドイツよりも低くなった。これは、英米が1970年代に他国に追い抜かれているように感じ始めたからではないかとピケティは指摘する[22]。他国に追いつかれるという感覚が積極的な新自由主義的経済政策を採用させたとの主張である。これは英国ではサッチャー主義が、米国ではレーガノミクスが主導権を得たのは、従来からの定説となっている規制から自由への転換であるとの論理とは異なる。英国や米国は規制と自由の間を往復しているのではなく、そもそも「自由」の定義が他国とは異なることを意味している。累進課税による金銭的束縛を強めても、それは自由への圧迫とは見なさないで、むしろ社会的自由を拡大してきたと自負していた。しかし、他国から経済的に追い上げられたので、規制を緩和して金銭的な束縛を緩めたが、これは自由についての範囲を変えたのではなく、単に他国との競争に勝つための方策を採ったに過ぎないというわけである。したがって、リーマンショック後には逆に、リスク管理のために（ボルカー・ルール等で）規制を強めたとしても、これは自由への束縛という発想にはならなかった。ここが単なる新自由主義批判者とは異なるピケティの力点である。彼の分析は、英米の新自由主義への傾斜とその修正の理論的背景が示唆されていて大変興味深い。

11. 2015年チャイナ・ブラックマンデーの教訓

（1）事件の顛末

　2015年7月から8月にかけて中国の金融市場が大幅な下落を見せ、これに連れて世界中の株式・債券・外国為替の各市場が大きな変動に見舞われた。例えば、中国の株式市場を代表する上海総合株価指数（主に国内の投資家を対象とする上海 A 株の株価指数）が1年間で 2,000 ポイントから 5,000 ポイント超まで上昇した後、突如として崩れ、2015年7月には 3,000 ポイントまで下がって、中国当局が梃入れを行ったにも拘らず 3,000 ポイントも割り込んで一時的には 2,000 ポイント台まで下落するという事態となった。また、安定して上昇を続けていると見られていた中国の通貨である中国元の外国為替相場についても、8月11日（月曜日）には中央銀行である中国人民銀行が突如として事実上の切り下げを行うという事態が生じた。中国元は上昇するものという金融市場の信頼感が崩れ、為替市場で一気に急激な中国元売りの市場圧力が生じた。この一連の変動により金融危機が世界に波及した。また、翌日8月12日には中国・天津港における化学物質の大爆発事故が起きて、商品管理の杜撰さや管理部門による組織運営の疑念から金融危機の度合いを加速させたことも指摘できる[23]。中国政府は金融不安に対応する声明を出し、取り敢えず人民銀行が金利の引き下げと国営銀行への預金準備率を引き下げて金融緩和措置を採った。世界経済は金融市場の暴力的な下げを経験して様々な部署が傷ついたが、下げが大き過ぎた分、短期間で小康状態を保つ状態になって落ち着いた。あまりに凄まじい金融市場の下げ(株式・為替・商品先物)だったために、当該事件を歴史的事件として中国発の金融危機、チャイナ・ショックまたは「China Black Monday (チャイナ・ブラックマンデー)」と呼ぶ者もある[24]。

　中国国家主席である習近平は相談役の王岐山を協力者として、共産党、公務員、人民解放軍内の粛清を図ってきた。これにより中国共産党内には緊張感が走ったが、習政権をかろうじて維持させている力の源泉は「中国経済は成長している」という希望であった。すなわち、中国人民は過去数百年の苦節を乗り越え、やっと豊かになり、今後もさらに豊かになるというのが夢（チャイナド

リームまたは「中華民族の夢」）として語られた。

その主要な経済政策は内需拡大、すなわち人民を豊かにすることが目標とされ、そのために必要なのは下記である。

すなわち、①人民の所得を増やすこと、つまり、労働賃金の上昇と株式市場での資産倍増を目指すこと、②投資を外国にも拡大すること、つまり、中国国営企業の収益はAIIB(アジア・インフラ投資銀行)による外国投資の拡大によって獲得すること、また、③結果としてドルベースのGDPを上昇させ、やがて米国に追い付くこと、そのためには中国元を国際通貨として認めさせ、中国元の価値を維持する、という条件である。

以上の計画を実現するためには、中国政府は絶対に通貨価値を下げない、つまり徐々に中国元の価値を上昇させていくはずだと外国の投資家は予想した。すなわち、「中国元は絶対に切り下げない」というのが外国投資家からの一貫した見方だった。ところが、7月の上海株の混乱があった後に、8月には中国元を突然、切り下げた。すなわち、これは習近平・王岐山の政策の失敗を表している。目標の政策を放棄し、通貨を切り下げて輸出を少しでも伸ばさざるを得ないほど、中国の経済政策は追い詰められているのかという疑念を市場に生じさせてしまった[25]。のちに、これは不動産バブルの崩壊となって顕在化する。

（2）事件の背景にある不良債権問題

2008年リーマンショック発生後に中国政府は国営企業が世界市場でシェアを伸ばす絶好の機会と捉えて、海外市場で大幅なM&A資金や資源購入資金を投じた。しかし、資金はあっても外国企業や多国籍企業の経営を行った経験の少ない国営企業は、その後の企業経営に行き詰まり、逆に、多額の不良債権を抱え込むことになってしまった。例えば、鉄鋼業中堅の中国中鋼集団は2004年頃から多角化経営に乗り出し、外国の鉱山を積極的に買収し始めた。2008年以降はこれが加速化し、多額の資金を投入した結果、2011年にはオーストラリアで進めていた20億ドルの鉄鋼石開発プロジェクトが中止になったことが知られている[26]。中国中鋼集団の負債総額は1,000億元（約157億ドル/1兆8,800億円）は2015年10月に社債の償還期限を延長し、利払いも遅らせるこ

とを発表したために、債務不履行に陥るのではないかと懸念された。当該企業は問題の一部に過ぎず、2015年1~8月の中国国営企業全体の負債総額は71兆7,600億元（約11兆2,900億ドル／約1700兆円）であり、前年比で11%増えたとの指摘がある[27]。中国中鋼集団のみならず、多くの国営企業が供給過剰から多額の不良債権を抱えている。2015年9月4~5日に開催されたG20において中国人民銀行総裁の周小川が、中国株式市場にバブルのような状態があったこと、および、2008年リーマンショック後に4兆元もの景気対策投資を行っ

コラム：国際金融のトリレンマ

対外的な通貨政策を採る際に、①為替相場の安定、②金融政策の独立性、③自由な資本移動、の3つを同時に実現することはできない、すなわち、必ず①～③のどれか一つをあきらめなければならないという金融理論がある。これは1980年代に知られるようになった。トリレンマの知見として知られる問題点であり、「固定相場制」と「資本の自由な国際移動」を採用した国は全て「共通の通貨政策の目標」を掲げないと、制度が崩壊してしまうというものである。したがって、各国が共通の通貨政策の目標を維持できない限り、固定相場制は崩れ、いずれ通貨の変動相場制に移行せざるを得ない時期が訪れることになる。 例えば、これは今日では「通貨のキャリートレード」と呼ばれている手法を生じさせてしまう問題点でもある。固定相場の時代にはよく見られた手法で、例えば、ドイツの金利が7％で米国の金利が4％であった場合、投機家は金利4％で米ドルを借りて、これをドイツ・マルクに両替してマルクで運用することで7％の利回りを得ることができる。ドルとマルクの交換比率が固定されている限り、必ず3％の差額を得ることができる。投機家はこの取引を可能な限り何度でも繰り返そうとするが、その結果、投機家はマルクを買いドルを売り続けることになるが、これはマルクの価値を押し上げ、ドルの価値を押し下げる結果をもたらす。固定相場制を維持しようとすると、ドイツ連邦銀行はドルの価値下落を防ぐためにドル買いマルク売りの介入をしなければいけないが、これを永久に続けることは不可能である。ドル買いマルク売りを続ければ、いずれ世界中がマルクで溢れ返ることなるからである。しかし、変動相場制を採れば、売り続けられた通貨はレートが下がり、景気が良くなる。逆に、買い続けられた通貨はレートが上がり、景気が悪くなる。したがって、やがて好景気国＝金利上昇、不景気国＝金利低下、をもたらし、通貨の売買が自動調整されるという結果となる。今日でも明らかな金利差が生じた場合にはFX（為替証拠金取引）などを通じて行われる手法として知られている。

た際に、住宅、鉄鋼、セメントなどの業界分野で供給過剰に陥ったことを認めた。中国市場では石油化学分野や自動車業界でも供給過剰に陥り、不良債権が蓄積されつつある。しかし、この不良債権を解消するのは容易ではない。中国では国内総生産（GDP）の約半分が固定資産投資によって成り立っており、不良債権を解消しようとすれば、大幅なGDPの低下を招く事態を引き起こすからである。この中国の抱えた不良債権の問題とは、リーマンショックの後遺症が未だに治癒していないことを証明している。リーマンショックとその後に発生した世界金融危機の結果、先進国を中心として金融規制が大幅に進んだ。中国は資金の流出と流入を厳しく規制・管理して被害を免れてきたが、世界的な投資資金が減少してくる中で、自国だけでは資金調達が難しくなっている。金融を自由化して無理に資金調達しようとすれば、逆に資金流出が生じる危険性もある。チャイナ・ブラックマンデーの教訓は、規制し続けることもリスクであるが、同時に規制緩和して自由化することもまたリスクとなる、という矛盾した中国経済の現状を表している。おそらくはリーマンショックで米国が試みたように、企業の倒産やリストラを厭わない劇的な療法（financial crash）を実行しないと解決しないであろう。

12. 小括

　2015年8月に発生した中国発金融危機を加速させた原因の一つにボルカー・ルールの中心的な目的である銀行による自己勘定取引の規制がある。これは金融機関の中でも銀行預金の使い方をめぐる規制がかけられたものであるが、銀行自体だけでなく各行と関係の深い投資会社や証券会社への資金提供も含まれるので、金融市場全体に流れる資金を抑制的にする効果を持つ。8月11日の中国元の切り下げ以来、実勢価格での中国元の下げが止まらなくなったが、今回の事件で明らかになったのは、世界の金融市場を流れる通貨のリスク許容度が低くなっていることである。つまり、投資額に対して許容度が低く、下がった金融商品を安値で買い取る力が減少してしまっているということである。これが金融危機を増幅し、また世界的な連鎖を生じさせている原因となっている。

そうなった背景は2008年のリーマンショック以後のボルカー・ルール施行による金融機関の自己勘定取引の規制が掲げられる[28]。中国の通貨政策は方向感を失っている。通貨を切り下げたものの、通貨価値の下落によって国内資金が外国に流出してしまうのは困る。そこで今後も中国元の価値を維持しようとすれば、中国の外貨準備がさらに減少し、政府は徐々に余力を失うと予想されている。どこかで通貨政策自体を諦めるか、それとも外貨を減らしてでも通貨を買い支えるしか方法がなくなっている。資本主義の恐いところである。フリードマンやハイエクの自由論は国家や政府の役割を軽視するものではない。自由な個人の活動や自由市場を維持するためには国家や政府は重要である。しかし、政府が経済のプレーヤーとなり、市場に指図し、経済政策を実行するようになると失敗すると説いている。つまり、国家や政府は「場」や「ルール」を提供するだけで、「活動」自体は個人や企業に任せるというのが彼らの説く自由論だ。今日の世界経済を見るとき、彼らの主張した自由論の意義が強く意識される。

IV　自己勘定取引、格付会社、アベノミクス

13. 米国における自己勘定取引の規制

（1）金融危機の予測

リーマンショック発生時に米国ニューヨーク連銀総裁であり、2009年のオバマ政権で財務長官を務めたガイトナー（Timothy Franz Geithner）が興味深いコメントを残している。「金融危機は確実に予測できないから、確実に予防することもできない。…熱狂と恐怖と人間の相互作用によって人為的に引き起こされる。…（その前兆は）クレジット・ブームが起こり、個人の収入に対する借入の割合が大幅に高くなった状態がつづくことだ。…自信過剰の狂乱が、経済ではクレジットの爆発的な増加を煽り、金融システムではレバレッジを急増させた。…取り付けが起こりうるレバレッジに煽られて、この組み合わせで長期間の借入が増加するというのは、あらゆる金融危機の基本で、どういう金融システムにおいても危険だったはずだ。…過ちを犯しがちな中央銀行家や監

督機関が金融ブームが危険になる前に阻止することを当てにはできない。危険がはっきり見えているときには、問題を安全に処理するにはもう手遅れである場合が多い。」[1] そうなると、資金を大量に持つ商業銀行が自己勘定取引を行うことを規制したり、商業銀行と投資銀行および証券会社との枠割分担を徹底し、グラス・スティーガル法[2]で禁止していた規制を取り戻せば、多くの金融危機を防ぐことができるように見える。しかし、2008年の世界金融危機時に監督当局の要人の一人であったガイトナーはこれを否定する。すなわち、「一部の批判勢力は、ゆるやかな賃金引き下げと、銀行の活動を制限する大恐慌時代のグラス・スティーガル法がクリントン政権下で廃止されたことを、問題の核心と見なした。…同法の廃止で、付保預金がある商業銀行と投資銀行の区別がなくなった。だが、危機のさなかでは、大半の会社（ベアー・スターンズ、リーマン、AIG、メリルリンチ他）が、そもそもグラス・スティーガル法廃止の影響を受けていない。もとから商業銀行ではなかったからだ。それに、伝統的な銀行業務も、（不動産ローンを組むことで）きわめてリスクが大きくなっていた。危機のさなかに爆発したWaMu、ワコビア、インディマック、その他の中小金融機関数百行は、グラス・スティーガル法廃止によって垣根が取り払われたために業務を拡大しすぎた金融コングロマリットなどではなく、ふつうの銀行や貯蓄金融機関で、それが支払能力を超える債務を負ったというだけの話だった」[3]と指摘している。さらに金融機関の規模が大きくなり過ぎたことで、金融当局も「大き過ぎて潰せない」というモラル・ハザードに陥っていたという主張に対しては、大手商業銀行に対する一定のモラル・ハザードがあったことは認めた上で、「危機の最悪の部分は、伝統的な銀行システムの外で発生した。ベアー・スターンズ、リーマン、AIGのような監督がゆるい会社のレバレッジに、民間金融市場が積極的に巨額の資金を注ぎ込んだ。こうした会社は、緊急支援を期待できる立場にはなかったし、株主や債権者もそれは期待していなかった。なぜなら、アメリカ政府がノンバンクに介入したり、救済したりしたことは、歴史上、一度もなかったからだ。MMFを保証したり、コマーシャルペーパー市場を支えたりするような前例もなかった。…モラル・ハザード論者は、熱狂の力を見くびっている」[4]と言及している。要するに、ガイトナー

は金融危機の根本原因は、時代を支配する「熱狂」であることを見抜き、一旦、それが起きると、それを制御する方法がないことを明確に認めているのである。「熱狂と思い込みについて、私たちにできることはほとんどないと思う。熱狂を禁じたり、賢明な考え方を義務付けたりすることはできない。金融システム全体に強力なショック吸収装置を設置するなど、その他の脆弱なところを補強することはできる。」[5]では、その補強とはどうすることなのか。その答えは「今後の改革で最優先すべきなのは、金融機関に自己資本をもっと増やし、レバレッジをもっと減らして、もっとしっかりした流動性を維持するよう求める、より堅実なルールを定めることだ…リスクが銀行からノンバンクへ、アメリカの金融機関から外国の金融機関に移らないように、そのルールは広範囲で世界的に適用されなければならない。金融機関が損失を出した場合に身を守れるように大きな資本クッションを維持するよう強制し、危険な投資の資金を調達するために借り入れる能力を制限し、資金が枯渇したときに短期債券を返済できるようにしておけば、取り付けに対する脆さを和らげられるし、大手が破綻した場合にシステムに感染がひろがりにくいようにできる。…ストレス・テストを金融機関が定期的に受けるようにすれば、いっそう確かな基盤になるだろう。…今回の危機はそのことを痛感させた」[6]と結論している。

（2）自己勘定取引の規制

高度に発達した今日の金融システムの中で、無理に金融規制をかけると、その国の金融システムが安全になるのではなく、世界的に張り巡らされた金融システムから脱落するだけである。したがって、金融改革の目標は、事前に規制をかける方に主眼を置くのではなく、金融破綻時にシステムを安全な状態に保つ方策の方に力を注ぐべきである。過ちを犯す人間が金融機関を経営し、監督している不確実性の世界では、過ち自体は避けられないのであるから、それからシステムを守るクッションを整備する方が賢明である。すなわち、資本を増やし、レバレッジを減らし、流動性を増やす方向で努力するのである[7]。ガイトナーはバーゼルⅢ[8]として議論が進められていた大手金融機関の自己資本規制を米国の金融規制に取り込む案を考えていた。

他方でボルカー[9]は、商業銀行は取引に失敗した時にFRBやFDIC[10]が救済しなければいけないような取引リスクを取るべきではないと論じていた。これはいわゆるボルカー・ルールの中心的な命題である「商業銀行による自己勘定取引の制限」と呼ばれる項目である。ボルカーは、金融危機の根本原因を、商業銀行が投資銀行の野心的な企業風土に毒され、同じ分野で競争しようとした結果、ウォール街をカジノに変えた結果だと見ていた[11]。ガイトナーはこの見解には懐疑的であった。なぜなら、商業銀行の自己勘定取引自体は、2008年の金融危機では特に問題を引き起こしておらず、破綻した商業銀行が抱えていた主な問題は、伝統的な住宅ローンであったからだ。しかし、ガイトナーは政治的判断で、後にボルカーの主張に賛同を表明している[12]。ボルカー・ルールが具体化されたドッド・フランク法[13]では商業銀行のみならず投資銀行も自己勘定取引を規制し、また、ヘッジ・ファンドやPEファンド（未公開株ファンド）への出資上限を3%までとした。これにより、ゴールドマン・サックス、JPモルガン・チェース等の投資銀行は、自己勘定取引部門をヘッジファンドなどの他業種に転換するか部門そのものの閉鎖を行うに至った[14]。

14. 格付け会社の功罪

（1）格付け会社の実態

2006年に米国でサブプライム・ローンが問題化し、2008年には世界金融危機を生じさせた一連の事件で、格付け会社の証券格付けが問題となった。格付け会社[15]とは、証券や投資信託への投資を行う場合の投資家への指標として、投資適格かどうかをリスクの度合いに応じて格付け（rating）することを業務とする機関のことである。この格付け機能のおかげで、投資家は投資判断を下しやすくなり、今や市場の門番（financial gatekeepers）として、投資家保護のための重要な役割を担っていると言われている。しかし、格付けするためにはどのようなリスクをどのように評価したのかの客観的な根拠が重要となるはずである。ところが、これが必ずしも客観的な数値に基づいた冷静な判定ではなく、報道や市場の雰囲気を基にした主観が多く含まれているのではないかと

いう疑念が持たれている。例えば、サブプライム・ローンが問題化する前には、ムーディーズはサブプライム・ローンの不動産担保証券（MBS）、債務担保証券（CDO）およびこれを組み入れた投資信託に、最上級の「Aaa」を付していた。S&Pも最上級の「AAA」を付していたことが知られている。2006年頃には既にこれらの金融商品への疑念が持たれていたにも拘らず、格付けの変更がなされなかった。ところが、2007年夏に報道等で事件が問題化した後に急に格付けを引き下げたことが知られている[16]。すなわち、格付け会社の評価自体がサブプライム・ローン問題を深刻化させた原因の一つにもなった。日本国債の格付けでも不正確な事例が発生している。当時、国債発行を担当していた財務省当局者からは「格付けの方法については、客観的な基準を欠いているという指摘は従来からある。例えば、2002年には日本国債を格下げされたことに対し、財務省は客観的な根拠がないとして、海外の格付け会社宛に「日・米など先進国の自国通貨建て国債のデフォルトは考えられない」、「国債はほとんど国内で極めて低金利で安定的に消化されている」として、各国間の格付けの整合性に疑問があるとする意見書を送っている[17]。

（2）米国信用格付け機関改革法

米国信用格付け機関改革法（Credit Rating Agency Reform Act of 2006）[18]とは、略称NRSRO、すなわち米国で全国的に認知されている統計的格付け機関（Nationally Recognized Statistical Rating Organizations）に対して、米国証券取引委員会（SEC）への登録を求めることを柱とする法律である。同法に定義する格付け機関（Credit Rating Agency）とは、次のように定義されている。すなわち、(a) 有料か無料かは問わずインターネットその他の容易にアクセス可能な媒体を使い格付けを行う者をいう。ただし、商用の信用レポートを発行する者は含まない（any person… engaged in the business of issuing credit ratings on the Internet or through another readily accessible means, for free or for a reasonable fee, but does not include a commercial credit reporting company）、(b) 格付けは量的な根拠であるか質的な根拠であるかを問わない（any person … employing either a quantitative or qualitative model, or both, to determine credit ratings)、(c) 証券発行者、投資家、あるいはその他の市場参加者など報酬を得て格付けを行うことは構わない（any person… receiving fees from either issuers, investors, or other market participants, or a combination thereof）[19]。格付け機関のうち、特に全国的な信用が高いNRSROになるためには、SECに登録される必要があるが、その要件は、過去3年間に継続的に格付け業務を行っていること、および適格機関購入者（Qualified Institution Buyers）から認証された格付けを行っていることである。SECが従来からNRSROと認めてきた格付け会社は、ムーディーズ[20]、S&P[21]、フィッチ[22]の3社である。（この3機関はいずれも株式会社化されているので、以下は格付け機関ではなく「格付け会社」と呼ぶ。）格付けにも専門的な知見を持つと思われる金融関係者は適格機関購入者とみなされるが、適格機関購入者から格付けを継続的に使用されることで格付けの正確さが一定の認証を得るという仕組みになっている。適格機関購入者は、その金融分野ごとに分類されているが、同法の分類では、①金融機関または金融ブローカー等（financial institutions, brokers, or dealers）、②保険会社、③証券発行事業会社（corporate issuers）、④資産担保証券発行者（issuers of asset-backed securities）、⑤政府債発行者等（issuers of government securities, municipal securities, or securities issued by a foreign government）、または⑥その他①〜⑤の組み合わせ事業を行う者を指す[23]。

　以上のように、米国では格付け会社の動向を行政（SEC）が把握し、かつこれを利用する証券会社や保険会社等の契約ユーザーからの信任を重視する方向に改革したが、最も核となる「格付け」そのものの信憑性については同法では何ら法的責任を課していない。SECが格付け会社を監督する権限を持つわけでもないし、格付けの信憑性を担保しているわけでもない。また、契約ユーザーは格付け会社が格付け見直しを行う場合の非公開根拠資料を閲覧することはできるが、契約者ではない一般投資家に情報公開はされない。すなわち、根拠の明確でない資料に基づく誤った格付けがなされても、一般投資家はそれを知ることはできないし、格付け会社は自社の行った格付けについては法的責任を負わなかったのである[24]。そこで、ドッド・フランク法では、格付け会社の動向を把握するため、SECに新部局（信用格付局：Office of Credit Ratings）を設置し、

特に NRSRO の監督およびここからの年次報告書の提出を義務付けることができるようになった。また、SEC は NRSRO について少なくとも年に 1 回は検査を行い、その結果を文書にまとめ情報公開することになった。ドッド・フランク法の当該部分は、2010 年投資者保護・証券改革法（Investor Protection and Securities Reform Act of 2010）[25] と呼ばれ、主に SEC の権限を強化する内容を規定している。これまでは自由に活動してきた信用格付け会社は強い行政指導を受けることになったが、これは上記にも述べたように 2008 年リーマンショック事件時に、信用格付け会社による格付けの不正確さが金融機関および投資家のリスク判断を著しく誤らせた一因となったことが強く指摘され、その活動内容のより広い情報公開と行政による監督・指導の必要性が叫ばれたからである。

15. 日本におけるアベノミクスの成果

（1）長期デフレ発生の背景

　1980 年代の米国は貿易赤字と財政赤字のいわゆる双子の赤字に苦しみ、景気を底上げするためのドル安を模索していた。そこで、1985 年 9 月にニューヨークのプラザホテルにて開催された先進 5 カ国蔵相・中央銀行総裁会議（G5）において、米ドル高是正案を提案した。G5 はこれに合意し、ドル／円相場は 1985 年には 1 米ドル＝約 238 円であったものが、それ以降はほぼ一貫して急激な円高基調となった。この G5 の為替に関する合意を「プラザ合意」と呼ぶ。日本の製造業は通貨高によって輸出を減少させ、海外に工場を移転する動きが加速した。それに代わって日本国内で投資を伸ばしたのが、建設業、不動産業、ノンバンク等の内需関連業種である。その結果、不動産および株式等の資産価格が大幅な上昇を始め、1985 年から 1988 年までの間に、為替は 100 円以上も円高となり、1991 年までに不動産公示価格は首都圏で 2 倍超、全国平均でも 2 倍弱上昇した。日経平均株価は、1985 年 9 月に 1 万 2,000 円前後であったものが、1989 年の年末には最高値 3 万 8,915 円を記録した。日本経済の景況感から見ると、1955 年から 1973 年までを高度成長期と呼び、70 年代から 80 年代初頭の石油

ショック[26]による不況期を経て、1986年12月から1991年2月までの経済拡大期をバブル経済と呼ぶ。バブル期には資産価格が急上昇し、景気全体が過熱したと説明されるが、不思議なことにインフレ率は1985年の2%前後から1989年に再び2%台に戻るまでは1%弱が続いている。インフレ率が3%台にまで上昇するのは1990年になってからである。すなわち、この間に実際に起きていたことは、物価全体が狂乱的に上昇していくのではなく、不動産価格と株価を中心とする資産のみが価格上昇を続けるという歪な経済状態になっていたものと考えられる。この資産価格の過度の上昇を抑えるために導入されたのが1990年3月に旧大蔵省銀行局から発せられた「土地関連融資の抑制について」の通達[27]であり、当該通達は不動産業向け融資について各金融機関に総量規制を行うよう行政指導することを狙ったものである。これと同時に、日銀が金融引き締めを行った。段階的に金利を引き上げ、当初は2.5%であった短期金利を6%にまで引き上げた上で、資金供給量を大幅に引き下げた。これらの政策により、資金需要が急激に低下し、日経平均株価も1991年2月には2万6,000円前後にまで下落した。日銀はこれ以降、基本的には金融引き締め路線を採り続け、不動産価格と株価の下落は金融機関の不良債権として残された。これが日本のバブル崩壊現象である。したがって、バブル崩壊そのものが後のデフレーションを直接もたらしたわけではない。バブル崩壊現象から日本経済が立ち直る機会は何度かあったにも拘らず、その都度、適切な措置が採られず、結果的に「20年デフレ」(後に「30年デフレ」になった)と呼ばれる不況を継続させる原因になった。バブル崩壊からの復帰の機会は、まず1996年にあった。住宅金融専用会社への融資で銀行が負った不良債権を政府の財政資金投入で処理しようとした時である。マスコミ報道は私企業の投機を国民の税金を基本とする公的資金で処理するのはおかしいという論陣を張り、政府は不良債権の処理を行うことができなくなった[28]。次に、1997年の消費税の税率を上げたことである。増税は緊縮財政となり、しかも消費税率の引き上げは直接、消費を冷やすマイナス効果をもたらした。また、1999年頃に若干、景気が上向いたことを日銀は景気が底を打ったと判断し、バブル崩壊後から継続していたゼロ金利政策を解除した。しかし、実際には景気は底を打っておらず、また米国発の

ITバブル崩壊も生じて、世界経済減退の悪影響を受けることになってしまった。こうして景気回復の機会は何度もあったにも拘わらず、その都度、効果的な政策を採ることができず、メインバンクの消滅、大手企業の倒産、リストラと雇用の抑制など、日本経済全体を縮小させるような事態を招き、悪性の長期デフレ状態に陥ってしまった。つまり、日本がデフレに陥ったのは、マスコミ報道が言うような日本の成長の限界あるいは少子高齢化などによるものではなく、まさに政策の失敗によるものである。この原因を正確に把握しないと、デフレから抜け出す方策を正しく捉えることができなくなってしまう[29]。

(2) 金融緩和と財政政策

2012年12月に発足した第二次安倍政権では、それ以前とは異なる経済政策の転換が提案された。これを政権自ら「アベノミクス」と呼び、次の3つの政策（これを「三本の矢」と呼んだ。）を中心としている。すなわち、①大胆な金融緩和、②積極的な財政政策、③規制緩和を柱とする成長戦略である。このうち①の金融政策では、日銀が政策の決定と実行を行うが、まず、デフレからの脱却を目指して2％のインフレ目標を設定し[30]、これの具体化としてマネタリーベースが年間60兆円～70兆円増額するように国債およびETF等の買い入れを行うことを表明した[31]。その後、追加の金融緩和策として、2014年10月には国債等の買い入れを増加する政策を実行し[32]、2016年1月にはマイナス金利政策の導入を行い[33]、2016年9月にはこれまでの主に「量」に着目する金融緩和から専ら「金利（長期金利）」を重視する金融緩和への政策転換を発表して[34]、金融緩和政策を維持した。ところが、誤ったと言うべきか、デフレから脱し切れない前に、この金融緩和策と矛盾した施策を採ってしまった。2014年4月に実施された消費税率の8％への引き上げである。日本における消費税は1989年に初めて導入され[35]、当初は3％の税率であったが、1997年に5％に増税された。97年はタイ発のアジア通貨危機が起きた年でもあり、翌年の日本の景気が落ち込んだのは、タイ、インドネシア、マレーシア、フィリピン他と同様にアジア通貨危機が原因であると見なされた。しかし、1999年になっても日本経済だけが東南アジア諸国と比しても低調であったので、消費増

税の悪影響が疑われた[36]。安倍政権の経済政策も、金融緩和と財政支出によって当初は効果的に景気を押し上げたが、2014年消費増税の実施と共に急減速した。増税には経済を緊縮させるマイナスの効果があり、デフレから未だに脱出し切れていない日本経済にとって、消費増税の悪影響が金融緩和の効果を半減させてしまったのである[37]。

　インフレ率と経済成長率との間には相関関係がある。また、経済成長率と雇用者数との間にも相関関係があるので、インフレ率を一定程度に引き上げないと失業率は下がらない。失業率は構造的失業率を下回ると賃金上昇に繋がるので、安倍政権はまず金融政策から踏み出したわけである。しかし、成長途上で消費税率を上げるという誤った緊縮策を採ってしまったので、インフレ率は上がらなくなってしまい、経済成長率もゼロ近辺にまで下降してしまった。こうした状況に対し、いわゆるリフレ派と呼ばれる金融政策重視の立場からは「政府が増税を採用し、中央銀行が金融緩和政策を行っているのが現在の日本だ。アベノミクスが行われている下で、消費増税を行えば、人々の予想が大きく乱れる。そのことが政策の効果を減じてしまい、デフレ脱却が遠のく」と鋭い批判がなされた[38]。日本は最優先事項としてデフレからの脱却を目指し、その結果としての経済成長を促す道筋を採っている。デフレ脱却のためには、緩慢な金融緩和では不十分であり、日銀の金融緩和路線と政府の財政支出路線との政策的な協調を短期間に、かつ大幅に行うことが必要である。したがって、「（政府による）財政支出は、税、補助金、公共事業などの形態で経済に刺激を与えることができる。（日銀による金融緩和は）短期的には貨幣が実物経済（雇用、生産など）に影響を与えるので、…雇用増加・改善政策となる。（これらを総合的に行うことが必要であり、しかも、緩慢な実施では効果が半減する）できるだけ早期にデフレを脱出することにコミットしないと、短期的な経済改善効果も大幅に損なわれてしまう」[39]と指摘されている。

　では、なぜデフレ脱却の途上で緊縮策である消費増税を行い、経済成長率の停滞を招いてしまったのであろうか。そこには財務省の宿願とも言うべき消費税の税率引き上げを目指す力が働いているように思われる。また、全く次元の異なる理由で消費増税を是認し、安倍政権による景気引き上げを快く思わない

勢力がある。すなわち、思想的に安倍政権と相容れないマスメディアの存在である。安倍政権の安全保障政策と思想的に相容れないマスメディアの報道は、本来、安全保障政策とは直接関係のない経済問題での報道姿勢にまで影響している。すなわち、安倍政権の採る経済政策は成功ではなく失敗して欲しいとの希望的観測から報道する傾向がある。また、マスメディアは独自に客観的指標から経済政策を評価する力が弱いので、財務省等の政府当局の意向を汲んだ方向での報道が目立つと指摘されている[40]。長期間にわたる悪性デフレを放置し、そこからの脱却を何度も逃して来たのは政策の失敗が主原因であるが、それを増長しているのがマスメディアによる報道であるという構図になっている。日本政府は消費増税で落ち込んだ景気を浮揚させるためには金融政策だけでは不十分だと見て、2016年秋より財政支出を伴う大型の事業規模予算を設定する計画を立てていた[41]。

　結局、これも事実上の骨抜きにされ、大型の財政出動を行うことができたのは2020年以降の新型コロナウイルス対策費（補正予算）によるものであった。（この点については、第5章「日本経済の現状とアベノミクス」で触れる。）

16. 小括

　リーマンショック発生の数カ月前にガイトナーがシステミック・リスクの削減について提案している。提案の柱は次の3点である[42]。①規制政策の内容をより丁寧な監督内容にする必要がある。すなわち、金融の中心となる商業銀行だけを見ていたのでは不充分であり、ヘッジファンドやPEファンドのレバレッジやリスク状況がどうなっているのかにも注意を向けておく必要がある。また、デリバティブや担保付き借入等についても、平時から高いレベルの市場流動性を確保するよう当局が監督する必要がある。②規制構造の転換が必要。具体的には、複雑に入り組んだ現代型の金融活動に対処するためにFRBを中心とした新規制構造に組み直す必要があるということ。グローバルに活動する商業銀行や投資銀行その他の金融機関の動き、資本移動、流動性などに対処できるようにしなければいけない。③金融システムは危機から解放されることは有り得

ない。したがって、危機を完全に予防することはできないので、逆に危機が発生した時にFRBを中心に自国内における市場流動性のみならず国境を越えて他国の中央銀行と連携して流動性を確保する強力な手段を備える必要があるということである。米国では金融規制策としてガイトナーが提案したような事後対処型の規律ではなく、グラス・スティーガル法型の資本規制を伴う事前型の規律の方向に歩み出した。ボルカー・ルールおよびドッド・フランク法は後者であり、商業銀行の自己勘定取引を大幅に禁止する内容を含んでいる。これに対し、鋭い批判が寄せられるのは、そもそも2008年リーマンショックの原因が商業銀行の破綻ではないことである。危機の原因となったリーマン・ブラザーズは投資銀行（証券会社）であり、FRBが救ったAIGは保険会社である。また、危機を招いた金融商品の主流はCDSなどのデリバティブ商品であるが、商業銀行はこれらを販売していただけであり、これを設計したわけではない。したがって、ボルカー・ルールの適用により販売できる金融商品の種類に大幅な規制がかけられ、結果として他の金融機関に比べて商業銀行の収益が減少することになる。サブプライム・ローン問題では、商業銀行はむしろ自己資本の目減りを防ぐ目的で不動産ローンの証券化販売を促進した。今日では、金融工学の発達により、多種多様な金融商品が生み出されている。担保付き債権、自己勘定取引、債券運用のいずれがどうなると、どの程度危ないのかは、臨機応変な判断が必要になる。ガイトナーの提案はそれを強く示唆していた。今日の複雑な金融構造から見て、ある分野にだけ事前に一律の規制をかけても実効性が薄いばかりか、逆に市場の機能を歪める結果ともなる。

　他方、1991年のバブル崩壊を遠因とする日本の「20年デフレ」はなぜ解決できないのであろうか。近年では、その原因を世界的な低成長に求め、あるいは先進国固有の人口減少に求めたり、場合によっては、日本経済は構造的に天井に達しており、今後は下落するのが自然であるとの主張まである。しかし、おそらくは91年のバブル崩壊からの回復はその数年後、場合によっては1~2年程度で回復可能だったはずである。それが今日まで経済を痛めつけてきた原因の多くは金融当局、金融機関、企業各者の運営・政策の失敗またはそれの無作為にある。1930年代に世界恐慌に陥った原因を当局の政策の失敗にあると

コラム：リーマンショック時のバーナンキの判断

リーマンショック時に FRB 議長を務めていたベン・バーナンキ（Benjamin Shalom Bernanke）は、リーマン・ブラザーズのような投資銀行については FRB も SEC（証券取引委員会）もこれを監督する責任も権限もないが、危機の予感から監視下には置いていたと述べている。バーナンキは破綻前に当時の CEO であったディック・ファルドと頻繁に連絡を取り、破綻を回避する方策を探っていた。リーマンを破綻させた一方で、FRB は同じく監督責任・権限が無いはずの AIG（米国に本拠を置き、世界 130 カ国以上で事業を展開する保険会社）の方は救済したと批判された。これに対し、バーナンキは事実とは異なると反論している。「リーマンを救済しても、そのあとに起きた複数の破綻や危機の激化、景気後退、議会からの数千億ドル規模の公的資金拠出は避けられなかったということで歴史家の意見がやがて一致するなら、あの週末に同社の破綻を食い止めることができたかどうかという問いかけはおそらく意味のないものになるだろう。それでも、リーマンの破綻は防ぐことができたとか、破綻は結果的には政策の選択によるものだったとかいう見方が世間の常識になることは、私は望んでいない。真実ではないからだ。私たちはリーマンの破綻は極めて異常な混乱を起こすだろうと信じていた。それを防ぐため、考えられることはすべてやった。同じ理屈で、私たちは AIG を救済した。AIG はリーマンと違って、私たちの手元にあった間に合わせの道具で十分だった。」（ベン・バーナンキ『危機と決断（下）』角川書店（2015 年）32-33 頁。）彼の発言から分かることは、あらかじめ権限と能力を持った当局が法的に指定され、投資銀行に対する監督や規制を行なっていれば、リーマン・ブラザーズや AIG には事前に指導が入り、例え金融危機が発生したとしても、無限に拡大して行くようなシステミック・リスクは起こらなかったであろうということである。リーマンショックは世界的な大恐慌を引き起こす可能性があったが、バーナンキが恐慌に関連する研究を行っていたことが幸いし、素早く多くの金融機関を破綻ないしは合併させて傷が広がるのを防ぎ、また市場に多額のドルを供給して落ち着かせたことで、（この規模の金融危機にしては）比較的短期間で危機を脱した。

フリードマンは厳しく批判した[43]。次元は異なるが、歴史に残る政策の失敗もしくは無作為が今日の日本のデフレを 20 年も（後には 30 年も）継続させてきたのである[44]。91 年当時の当局の失敗は、日銀による経済状態の読み間違いである。資産バブルを高インフレと読み間違えたために、バブル潰しが経済

全体を底冷えさせる結果となってしまった。その後、日本では現在までに二度も消費税の税率を上げた。すなわち、1997 年に 5%、2014 年に 8% にである。バーナンキをはじめとする外国の経済学者が強く指摘しているが、デフレ期に増税をすると危険である。特に、後者の 2014 年には消費税の増税前には経済成長率が 1.5% にまで回復し、デフレ脱却が間近であると予想されていた。それが消費税増税後の 2016 年には経済成長率が 0.2% にまで下落してしまった。再びデフレに逆戻りしてもおかしくない状態にまで経済を冷やしてしまった。この状況に陥ってなお消費税の税率を上げようとする動きが学会、政界およびマスメディアにある。明らかな政策の誤謬があるのが現状であるのに、それが認識できない論者が多いことに問題の根深さがある。客観的な事実に基づいて適切な政策を採ることが求められている。

V　金融規制と仮想通貨の進展

17. 仮想通貨（暗号資産）の議論

（1）仮想通貨の定義

近年、仮想通貨の利用をめぐる議論が活発になってきた。仮想通貨は世界的には「暗号通貨(Cryptocurency)」という名称の方が一般的であるが、日本では「暗号資産」が法的な正式名称である。(2017 年以前には資金決済法でも「仮想通貨」と呼称されていたが、これが誤解や混乱を招くとして 2017 年に改正され、「暗号資産」に呼称が変更された。この改正により、交換業者を登録制とし、交換口座を開設する者の本人確認を義務付けた。) しかし、「仮想通貨」の呼称が広く知れ渡り、日本銀行の HP でも暗号資産（仮想通貨）の説明にカッコ付きの呼称を使っている。本稿では一般的な呼称である「仮想通貨」の方を使い、適宜、必要に応じて「暗号資産」も併記する。ブロックチェーンと呼ばれる分散型取引台帳に基づいて生成・移転される電子的記録であり、かつ財産的価値が認められるものを仮想通貨(暗号資産)と呼んでいる。

近年ではここから派生させた記録で独自のブロックチェーンを持たない暗号

資産をトークン (token) と呼ぶこともある。仮想通貨の代表的なものはビットコイン (Bitcoin)[1]であるが、現在（2024年3月時点）では、少なく見積もっても2万種類以上の仮想通貨が存在している。

日本が発祥の地となっている仮想通貨もあり、モナコイン（MONAcoin）が著名である。また、日本の銀行も仮想通貨の将来性に着目し、三菱UFJフィナンシャルグループが「MUFGコイン」を、みずほFGも地銀と共同で「Jコイン」を創設すると報じられていた[2]。また、時価総額上位5種類の仮想通貨（ビットコイン、イーサリアム、ビットコインキャッシュ、リップル、ライトコイン）の総計が2017年9月現在で1,396億ドル（14兆6,500億円）に達しており、ビットコインの占める割合が57%（800億ドル/8兆4,000億円）となっている。日本で仮想通貨の法的定義がなされたのは2016年に「資金決済に関する法律」が改正されてからである（以下、「2016年改正資金決済法」とする。）[3]。同法の定義では以下のようになる。

2016年改正資金決済法
　　第2条 第5項　この法律において「仮想通貨」とは、次に掲げるものをいう。
　　　　第一号　物品を購入し、若しくは借り受け、又は役務の提供を受ける場合に、これらの代価の弁済のために不特定の者に対して使用することができ、かつ、不特定の者を相手方として購入及び売却を行うことができる財産的価値（カッコ内省略）であって、電子情報処理組織を用いて移転することができるもの。
　　　　第二号　不特定の者を相手方として前号に掲げるものと相互に交換を行うことができる財産的価値であって、電子情報処理組織を用いて移転することができるもの。

金融庁は利用者に対して仮想通貨を次のような性質をもつ財産的価値と説明している。
①不特定の者に対して、代金の支払い等に使用でき、かつ、法定通貨（日本円や米国ドル等）と相互に交換できるもの。
②電子的に記録され、移転できるもの。
③以上のうちで法定通貨又は法定通貨建ての資産（プリペイドカード等）

ではないもの。

　2016年改正資金決済法の特徴は、仮想通貨自体に対する規制は設けず、これの交換に当たっての一定のルールや規制を設けていることにある。仮想通貨には現在のところ1,300種類以上が存在しているが（その後、2024年3月までに2万種類以上に増えた。）、その中で世界的に最も利用されているのがビットコイン（Bitcoin）である。このビットコインの大手交換所の一つが日本国内にあった（株）MTGOXであったが、管理者の不正により破綻し、2014年2月に民事再生法の適用申請を行った。ビットコインの知名度自体はまだ低かったが、取引所が破綻して大きなニュースになったことにより仮想通貨利用のリスクが強く意識された。したがって、改正資金決済法では仮想通貨自体は定義するのみで制限は設けず、ただし、交換業を行う者（交換所および交換業者）には登録を要するという制度にした。

2016年改正資金決済法
　　第63条の2　仮想通貨交換業は、内閣総理大臣の登録を受けた者でなければ、行ってはならない。

　登録を受けた交換業者に対しては次項のような一定の規制を設けて、一定の詐欺的行為から利用者が保護される制度となっている。

（2）交換業者に対する規制内容
　登録を受けた交換業者には次のような規制が設けられた。①名義貸しの禁止、②情報の安全管理、③委託先に対する指導、④利用者の保護等に関する措置、⑤利用者財産の管理義務、⑥指定仮想通貨交換業務紛争解決機関との契約締結義務等である。

2016年改正資金決済法
　　第63条の7　仮想通貨交換業者は、自己の名義をもって、他人に仮想通貨交換業を行わせてはならない。
　　第63条の8　仮想通貨交換業者は、内閣府令で定めるところにより、仮想通貨交換業に係る情報の漏えい、滅失又は毀損の防止その他の当該情報の安全管理のために必要な措置を講じなければならない。

第63条の9　仮想通貨交換業者は、仮想通貨交換業の一部を第三者に委託（カッコ内省略）をした場合には…途中省略…当該業務の適正かつ確実な遂行を確保するために必要な措置を講じなければならない。

第63条の10　仮想通貨交換業者は…途中省略…仮想通貨と本邦通貨又は外国通貨との誤認を防止するための説明、手数料その他の仮想通貨交換業に係る契約の内容についての情報の提供その他の仮想通貨交換業の利用者の保護を図り…途中省略…必要な措置を講じなければならない。

第63条の11 第1項　仮想通貨交換業者は…途中省略…仮想通貨交換業の利用者の金銭又は仮想通貨を自己の金銭又は仮想通貨と分別して管理しなければならない。

第2項　仮想通貨交換業者は…途中省略…公認会計士…途中省略…又は監査法人の監査を受けなければならない。

第63条の12 第1項　仮想通貨交換業者は、次の各号に掲げる場合の区分に応じ、当該各号に定める措置を講じなければならない。

第一号　指定仮想通貨交換業務紛争解決機関が存在する場合…途中省略…仮想通貨交換業に係る手続実施基本契約…途中省略…を締結する措置

第二号　指定仮想通貨交換業務紛争解決機関が存在しない場合　仮想通貨交換業に関する苦情処理措置及び紛争解決措置

第2項　　仮想通貨交換業者は、前項の規定により手続実施基本契約を締結する措置を講じた場合には、当該手続実施基本契約の相手方である指定仮想通貨交換業務紛争解決機関の商号又は名称を公表しなければならない。…以下省略。

　通常、通貨には次の3つの機能が備わっていると説明される。つまり、①価値判断の規準、②交換の媒介、③価値の保存、である。例えば、小売店に行って1本90円のジュースがペットボトルで売られていれば、通例より高いか安いかということが分かるし（価値判断の規準）、そのままレジに持って行って清算すれば当該商品をすぐに手に入れることができる（交換の媒介）。また、そこでジュースを買うのを止めて、そのお金を自宅で保存ないしはある程度貯まったところで銀行に持って行って預金すれば、将来そのお金を使うこともできる（価値の保存）。ビットコインのような仮想通貨の場合には発行主体としての中央銀行がないので、各国通貨のような発行国というものが存在しない。その価値は日本円や米ドルとの交換レートによって変動する。金本位制ではない現在のような変動相場制の下においては日本円や米ドル、欧州ユーロも日々

変動しているが、それはあくまで外国通貨との交換レートであるので、外国製品・サービスを直接購入するとか、貿易を行なっている業者でなければ、その発行国内・圏内に限定する限り、直ちに変動相場の影響を直接受けるということはない。したがって、変動相場の結果として①や②の機能が直ちに損なわれることはない。また、自国内・圏内に限れば、③の機能も直ちに毀損されるということはない。しかし、仮想通貨の場合には価値が一定する国・地域というものが存在しないので、②の機能以外は担保されない。それでも、各国通貨との交換レートはスマホでも確認できるので①の機能も日本円や米ドルで表示させれば足りる。しかし、③については常に交換レートの急変リスクがあるので機能を果たさない。この点で本質的に通貨や貨幣とは異なる。また、通貨を電子化した電子マネーとも異なる。②の機能である交換の媒介となるという性質から見れば、電子化された株や債券のような金融商品とも異なる。国税庁は仮想通貨の取引で得られた利益を他の金融商品とは異なり損益通算ができない雑所得と見なすと発表した[4]。仮想通貨の性質はどう位置付けられるべきなのだろうか。仮想通貨の存在自体を通貨とはかけ離れた詐欺的なものとして捉える論者も多いが、これまでの通貨の概念から離れ、通貨の持っていた機能の一部だけを特化させたような新規の存在（一定の金銭的価値をもつもの）であると認識しておくことが重要であろう。既存の金融商品とは異なるし、また、これまでの通貨の定義では説明はできない存在であると考えられる。

（3）仮想通貨に対する否定的見解

現在流通する仮想通貨に対する批判として掲げられるのは、①発行主体がないので信用性が担保されない、②技術上発行容量が決まっており、今後の普及・発展を考えるとこれが障害になる、③犯罪組織等によって資金洗浄に利用される虞れがある、という点である。現状の通貨体制から見れば①〜③のいずれも法定通貨よりは劣っている。米投資家のウォーレン・バフェットは米国のTVに出演した際に「ビットコインは通貨とは言えない。10年、20年後に見かけなくなっても驚かない」と話したと報じられている[5]。また、米国JPモルガン・チェースのジェイミー・ダイモンCEOはビットコインなどの仮想通貨を「詐欺

だ」と呼び、「チューリップ・バブルよりひどく、最終的には暴落する」と批判した[6]。しかし、仮想通貨のレートが年々上昇し、報道でも取り上げられるようになった原因の一つに各国法定通貨への信任低下が掲げられる。法定通貨は各国中央銀行の裁量によって流通量が上下動する。これは金融政策の手段であるから、流通量が上下動すること自体に問題はないが、その副作用として通貨に対する信任は大幅に低下した。逆に仮想通貨は設立時から信用性の担保はないが、特定の機関が流通量を意図的に増減できないことが現状では利点と捉えられている。すなわち、上記①②の点が現状では深刻な問題点とは捉えられていない。また、上記③の点に関連して言及すれば、仮想通貨の取引については自由度が高過ぎることが問題となることがある。犯罪に使われる可能性が高いとの指摘である。しかし、仮想通貨の躍進の原動力はその利便性である。むしろ、特定の法定通貨はその取引に強い制限がかけられている。仮想通貨はその短所をついて発展する可能性がある。例えば、取引量から見ればビットコインなどの仮想通貨の取引を主導してきたのは中国である。その中国政府が中国内の取引所を全面閉鎖すると発表した[7]。中国では中国人民元の外貨との取引を厳しく管理している。したがって、仮想通貨を使った資金の海外流出を看過できないと見た中国当局が規制に乗り出した。仮想通貨自体は電子的な暗号によって守られているので中国当局も直接の規制・管理はできない。そこで、人民元との交換を行う取引所を閉鎖することによって仮想通貨の入手自体ができないようにしてしまおうとの発想である。中国政府は電子マネー自体の将来性について無視しているわけではない。むしろ、法定通貨の電子マネー化では利用率で世界トップを走っている。中国ネット通販トップのアリババ社が提供するAlipay（支付宝）および中国SNSトップの微信（WeChat）が提供するWeChat Pay（微信支付）が中国における電子決済の主流であるが、日銀がまとめたレポートでもケニアや中国などでのモバイル決済（スマートフォンなどを用いた電子決済）の高利用率を指摘している[8]。にもかかわらず、なぜ仮想通貨の取引所を閉鎖するのであろうか。公的な見解では詐欺的取引を防ぐためとされているが、それが理由であれば取引所の監督や取引そのものの監視などの措置を採るか、少なくともそうした手法を試してみるはずである。しかし、そうではなく、取引

所を閉鎖し、仮想通貨の取引そのものを全面的に禁止する処置を採る意図はどこにあるのであろうか。それはおそらく Alipay や WeChat Pay が中国元を電子化した既存の通貨システムの上で稼働するのに対して、ビットコインなどの仮想通貨の場合には中国政府の関与する余地がほとんどないからであると想像できる。すなわち、中国の法定通貨である中国人民元の流通を厳しく規制している中国政府から見れば、規制から漏れる可能性のある仮想通貨への両替を放置することはできないと考えたはずである。法定通貨を管理して経済を統制したい国・政府から見れば、仮想通貨は経済秩序を毀損する原因となるほど自由度の高い（統制の効かない）金融資産に見えるということだろう。

（4）仮想通貨の将来展望

　仮想通貨の信頼性を担保する技術はブロックチェーン技術である。ブロックチェーン（Blockchain）は分散型台帳とも呼ばれ、ブロックと呼ばれる順序付けられた取引記録を一定時間毎に記録し、チェーン（鎖）のように連結して行くことでデータベースを形成する。サーバーによるデータの集中管理とは異なり、複数の端末間（Peer to Peer）で互いに記録を保存する方式を採るため、一度記録されたデータは遡及的に変更することはできない仕組みとなっている[9]。このブロックチェーン技術には大きな将来性が認められている。例えば、証券業界では、口座開設や本人確認などにおける業務の効率化にこの技術を利用したり、または株式売買成立時に銘柄や株数、約定単価などを照合する作業にこの技術を応用できないかと模索している[10]。

　新規事業展開のためにネット上で多くの出資者から資金を調達する手法をクラウドファンディング（Crowdfunding）と呼ぶ。資金調達の方法としては「寄付型」、「投資型」、資金の前払いにより対象となるプロジェクトから一定のサービスや物品を得る「購入型」の3種類があるが、日本では購入型がほとんどで、ベンチャー・ビジネスにとって世界的には一般的な投資型の手法を使うことが困難であった。その理由は日本証券業協会の自主ルールによって一部の特定銘柄を除いて未公開株の勧誘自体が原則として禁止されているからである[11]。そこで、日本でもクラウドファンディングの発展を促進するため、2014年に金融

商品取引法を改正し、新規事業等に対してネット上で多数人から各自少額の資金を投資してもらう行為は合法とする法制度に変更した[12]。このクラウドファンディングを仮想通貨を利用して行う手法を ICO (Initial Coin Offering) と呼ぶ。例えば、次のような ICO の事例が報告されている。名古屋の会社（ベルギー・ビール・レストランを経営するサンタルヌー）が東京・赤坂に店舗進出する際に「トークン」（同社が発行したトークンは「SAT（Sant Arnold Tokyo)」と名付けている。）と呼ばれるデジタル権利証を発行し、新店舗が開業した際には同店での会計で使用可能とする。投資家が当該トークン（SAT）を得るには仮想通貨として一般に流布されているイーサリアム（Ethereum）によって投資することを求められており、1 ETH（イーサリアムの単位）当たり 5,000SAT を配布するとしている[13]。ICO はネットと IT を融合した FinTech（フィンテック）の画期的な進展とも説明されるが、他方で詐欺の温床にもなりかねないリスクを含む[14]。新規事業が現実に稼働するかどうかの担保がない、あるいは単に投資に使われる仮想通貨の値上げに利用されるだけの結果も生じ得るからである。米国でも ICO に伴うリスクについて報道されている[15]。

今後、経済活動の主流は何らかの形でネットを活用したものとなるだろう。

コラム：ビットコインは誰が作った？

ビットコインは 2009 年に Satoshi Nakamoto が創始したとされている。各種論文もこの名称で発表されているが、具体的な人物は特定されていない。一人ではなく複数人のチームで創作し、この名前を使ったとも噂されている。Satoshi Nakamoto は当初はビットコイン関連のソフトウェア開発に関与していたが、やがてビットコイン・プロジェクト全体をプロジェクト・メンバーに引き渡し、プロジェクト管理からも手を引いたとされている。ビットコインの特徴は「採掘・マイニング（mining）」と呼ばれる分散化した取引記録（ブロックチェーン上で）の計算と記録が行われ、2140 年までに上限の 2,100 万枚が流通するよう設計されている。ビットコインの価格は 2024 年 3 月上旬の時点で、1BTC=6 万 9,000 ドル（約 1 千万円）にもなっており、時価総額が 1 兆 3,500 億ドル（約 202 兆円）となる。発行枚数に上限があることが 1BTC の価格を押し上げており、他の暗号資産、例えばシェア 2 位のイーサリアムが発行上限枚数がない中で、異色の存在となっている。

したがって、経済活動における金銭の授受だけがネットを介さないままであると考えるのは無理がある。政府や金融機関が望むと望まないとに限らず、金銭の授受もネット化される可能性は高い。したがって、法定通貨の電子化は急速に進むと予想できる。しかし、問題はその後である。法定通貨が電子化された場合には、これを補完する形での一定の財産的価値を表象するものが発達すると予想できる。電子化されても、一定の金融システムの制約を受ける法定通貨そのものをやり取りするよりは、これを補完する他の電子媒体を発達させた方が自由度が確保でき、結果としての取引の効率化に寄与するからである。仮想通貨の流通が健全な発展を見せれば、いずれ上記の役割を担う主流となっても不思議ではない。ウォーレン・バフェットやジェイミー・ダイモンらの見解とは異なり、米ゴールドマン・サックスCEOのロイド・ブランクファインは仮想通貨の売買仲介業務に関心を持っていることを示唆した。「紙幣が金に取って代わった時も人々は（紙の通貨に）懐疑的だったことも気に留めておくべきだ」として、仮想通貨の将来性に一定の理解を持っていることを示している[16]。

18. ドッド＝フランク法への批判

（1）トランプ政権の経済政策

トランプ政権の経済政策の要は雇用政策である。大統領に就任当初に掲げたのはインフラ整備や大型減税であった。他方で外国人や外国産品には厳しい国境税の導入や輸入関税の引き上げなどが報道された。また、企業には米国内への投資を呼びかけ、それに応じない企業にはネットを使って批判するという手法を採った。対外的には多国的自由貿易協定のTPPからの離脱と地球温暖化防止のためのパリ条約からの離脱を実行した。いずれも世界的に不評な政策運営であり、米国内においても必ずしも賛同者は多くない[17]。

トランプ政権は様々な政策を行うことを表明してきたが、実際には多くの政策は頓挫したままになっている。しかし、失業率の低下および雇用創出力から見ると、概ね及第点である。失業率は政権発足時の4.7％から半年後には4.3％にまで低下して、ほぼ構造的失業率に達した[18]。雇用創出（非農業部門）は

政権発足時から毎月20万人前後を生み出し、半年で計100万人超の雇用を創出した[19]。トランプ政権の経済政策は、基本的なレーガン政権の経済政策を参考にした大型減税、各種規制緩和および貿易政策を採用して国内の雇用を創出しようというものだ。具体的には10年間で2,500万人の雇用を創出し、年平均で3.5%の経済成長を実現させようとの意欲的な目標を掲げた[20]。株価はNYダウが政権発足から半年間で10%程度上昇したので、短期間での高い伸び率となったが、経済成長率が当初の第1四半期が1.2%で、第2四半期が2.6%と伸びてはいるが、それ以前と比べて明らかに高い伸び率というわけではない。したがって、数値から見るとトランプ政権は比較的堅調な経過を辿った。金融政策については政権発足当初からドッド・フランク法による規制を批判しており、規制緩和の方向ははっきりしていた[21]。同法による規制が原因となって企業への融資が妨げられ、経済活動の重荷になっているとの見解であった。

米国FRBは経済指標を確認しながら徐々に利上げを進める姿勢を示している。欧州ECB（欧州中央銀行）は金融緩和を終えると宣言した。日銀は金融緩和を継続すると宣言している。世界経済の行方を占う上でポイントとなる指標は米国の雇用統計である。米国の雇用統計には「失業率」や「非農業部門の雇用者数」、「時間当たりの賃金」、「週間の労働時間」等が含まれており、FRBの政策を予測することに役立つ。FRBは微増ではあるが徐々に金利を上げながら、金融正常化への道を歩んだ。

（2）自己勘定取引規制の見直し

ドッド＝フランク法（ドッド＝フランク・ウォール街改革および消費者保護法が正式名称であり、英語ではDodd-Frank Wall Street Reform and Consumer Protection Actと表記される。米国法では法案を提出・成立させた議員の名称を冠した法律名にすることも珍しくない。当該法もChris Dodd上院委員長とBarney Frank下院委員長が修正案を付して提出・成立したので、両名を併記して法律名とした。本書では通称名である「ドッド・フランク法」の呼称を使う。）[22]の中心はボルカー・ルールであり、大手銀行による自己勘定取引の規制である。ボルカーの思想の背景にあるのは、金融危機が起きてパ

ニックに陥る原因は多額の資金を持つ（ただし、その多くは預金者の預金だが）商業銀行が野心的な投資を行い、それが失敗するからだとする見方である。現在でも米国民の多くは商業銀行および投資銀行のいずれも強く規制されるべきだと考えており、ドッド・フランク法の改廃や金融自由化を望んではいない。その結果、同法は金融機関の自己勘定取引を厳しく制限し、商業銀行および投資銀行自身の自己勘定取引のみならず、これがヘッジファンドやPEファンド（未公開株ファンド）へ出資する際の上限を3％にするという規制も行なった。これにより、それまで多額の収益を上げていた大手投資銀行（ゴールドマン・サックス、JPモルガン・チェース他）は、同部門をヘッジファンドなどのいわゆるノンバンクに転換するか部門そのものを閉鎖せざるを得なくなったのである。

トランプ政権はこのドッド・フランク法による過剰な金融規制が企業への資金流入を滞らせ、経済活動の沈滞をもたらしたと考えた。そこで、トランプ大統領は現行の金融規制を見直す大統領令に署名し、金融規制を緩めた[23]。

（3）米国金融の今後

2017年9月、玩具販売大手の米トイザラス社が米国連邦破産法11条の適用を申請して、事実上破綻した。アマゾンなどの通販業者との競争が激しくなり、2005年には投資ファンドに買収され、非上場会社となっていた。買収後は不採算店の閉鎖やオンライン分野への投資を進めていたが、売上の低迷から抜け出せなかったと報じられている。負債は4億ドルに過ぎないが、現状では売り上げの上昇が見込めなかったことから破産法の適用申請に踏み切ったと考えられる[24]。しかし、米トイザラス社の破産法適用申請は、単に「ネット通販に顧客を奪われた」という図式だけでは説明できないようだ。玩具で遊ぶ子供の遊び方そのものに変化が生じていると指摘されている[25]。近年は玩具メーカー大手であるレゴ社（The LEGO Group）やバービー人形の販売で知られるマテル社（Mattel Inc.）も減益が続いており、これが一過性のものとは考えにくい。原因は子供の遊び方がかつてのような玩具を手にして遊ぶ遊び方から、スマートフォンやタブレットの画面を操作するデジタル・ゲームを中心にした遊び方

に変わって来ているからだと言われている。すなわち、子供の世界が変化したことがトイザラス社の破綻に繋がった。

　現代社会には大きな変化が見られる。ネット社会の進展によって人の社会生活全般が変化して来ている。特に、他人とのコミュニケーションの方法、仕事の仕方、休日の過ごし方、ショッピングの仕方などが目に見えて変化している。その中で、金融取引というのは最もデジタル化と親和性が高い分野であると指摘できる。既存の銀行、証券、保険などの各業界は電子化、デジタル化、自動化・AI化によって大きくビジネスモデルを変えることになると予測できる。仮想通貨の社会進出も未だ本格的には起きてはいないが、市場では仮想通貨を魅力的な金融商品の一種と見る者もおり、正式に取引所で取引されるようになる日も近いと考えられる。そうなれば、仮想通貨は社会における一定の信用度を得て、法定通貨ドルと並行して流通することも可能性としてはあり得る。仮想通貨全体の時価総額は24年3月時点で約2兆3,000億ドル（約370兆円）であり、ウォール・ストリートもこれを無視することはできないであろう。ブロックチェーン技術を中核とする仮想通貨取引の仕組みに対しては既存の金融規制では制御することは難しい。むしろ、将来予測としては法定通貨の電子化が進むに連れて、法定通貨および既存の金融商品の規制が緩和される方向に向かうのではないかと予想できるだろう。

19. 結論に代えて

　2016年7月に三菱東京UFJ銀行は、仮想通貨取引所を運営する米国ベンチャー企業のCoinbase社に1,050万ドルを出資すると発表した。同社はブロックチェーン技術に詳しく、30以上の国で取引所の運営実績がある。同行は当該出資に関して「Coinbase社は、ビットコインに代表されるブロックチェーン関連企業としては現時点で世界的トップクラスである。本出資を通じて同社と提携をすることで、預金や為替などの既存の銀行取引のみならず、新規ビジネス機会の創出や、ブロックチェーン領域における当行の将来的な活動の選択肢拡大を狙いたい」と説明した[26]。米Coinbase社側は「同行との提携による日

本およびグローバル市場での協力を楽しみにしている」と応じている[27]。具体的な提携内容については「まだ開示できる特定の計画はない」[28]と述べられているが、この投資は単に金銭的利益だけを狙った投資案件ではなく、三菱東京UFJ銀行側にはビットコイン等の取引を通じた仮想通貨取引の運営ノウハウの蓄積やブロックチェーン技術への参画およびその技術の吸収に関心があると考えられ、他方、米Coinbase社側にはグローバルに活動する大手銀行のネットワークやその信用力の活用を期待していると予想できる。現代社会の趨勢的な動きを見れば、次のようなキーワードが抽出できる。すなわち、世界的な根強いディス・インフレの傾向、銀行のグローバル化、ネットの急速な普及、金融技術の高度化、さらには金融業界でのAI（人工知能）技術の利用促進である。これらのキーワードが指し示す将来展望の中心には、法定通貨である各国通貨・貨幣の歴史的な変化を読み取ることができるだろう。

　歴史的には古くから、通貨は必ずしも公権力によらずに各地域ごとに独自に発行する貨幣が複数存在することも珍しくなかった。また、国内流通用の通貨と他国・他地域との貿易用通貨とを区別している場合もあった。したがって、一国一通貨を基本とするようになったのは近代においてであり、かつては複数の貨幣が併存するのが通常であった。また、そこで使用される材質も様々なものがあり、各種金属、紙、羊毛、麦、豚、貝殻、羽毛などが貨幣として使用された[29]。近代国家にとっての通貨の意義とは、租税を徴収することを第一の目的とした法定通貨を発行し、これに物価を制御したり経済秩序安定の手段としての目的も加味させることにある。19世紀から20世紀初頭にかけては主にインフレ抑制のために国家が所有する金を基にした金本位制が採られていたが、現在では金本位制を廃止して中央銀行が発行する銀行券たる紙幣を通貨として採用しているのが通常である。すなわち、通貨そのものの価値を物的な価値から切り離し、発行国およびその中央銀行の信用力に委ねるという制度になっている。ポランスキーは近代資本主義社会における貨幣を擬制された一つの商品であると位置付けている。「現実の貨幣は購買力を示す代替物にすぎない。…途中省略…労働、土地、貨幣はいずれも販売のために生産されるのではなく、これらを商品視するのはまったくの擬制なのである。…途中省略…現にそれら

は市場で売買されており…途中省略…商品擬制は社会全体に対してもっとも重要な組織原理を生み出すのである」[30] 銀行券（紙幣）の発行原価は安価なので、これを発行することにより副産物として、国家は多額の発行益（シニョレッジ：seigniorage）を得ている[31]。つまり、現代の国家は通貨発行量を増減することによって自由に利益（シニョレッジ）を得たり、経済を制御する力を駆使したりできるようになったのである。

　国家から見れば、徴税や金融政策の観点からは法定通貨の電子化・電子マネー化に不都合はない。むしろ通貨の電子化により通貨発行のコストはさらに下がり、シニョレッジは増すであろう。また、通貨発行の増減を速やかに行いやすくなり、金融政策的にも長所となるであろう。通貨の流通に責任を負う銀行から見ても、その両替、保管、融資その他の銀行業務は通貨の電子化によって大きな恩恵を受けることになる。場合によっては通貨を誰がどこで何に使っているかの追跡および結果としての情報収集（ビッグデータの収集）を行うことができるようになり（それを実施するかどうかは法的な根拠の整備も必要となるであろうが）、そうした観点から考えても通貨の電子化は国家および金融機関にとっては大きな進歩となる。他方で、消費者側から見た通貨の電子化・電子マネーの普及にも利点がある。ネットでの物品購入およびサービスの利用が年々、増加している現状から見れば、将来的には通貨も電子化された方が利便性が増す。一連の取引がネット上で電子的に完結する方が効率が良いからである。

　しかし、ここで疑問が生じる。ネット上で完結する取引に法定通貨を選択することが最善の方法なのであろうかと。もちろん、米ドルやユーロを用いて電子決済することは現在でも法的にも技術的にも可能である。しかし、法定通貨は既存の金融システムの中心に置かれ、国家的信用と銀行システムの信用の双方に担保された存在である。これが信用不安に陥ると金融危機が生じ、その規模によっては世界的な経済危機へと波及する。2008年リーマンショック発生以来、米国をはじめとする各国が金融規制の法を整備してきた理由もここにある。金融の安定性を重視するあまり、法定通貨の電子化とその使い勝手の自由度には一定の制約が残ると予想できる。ブロックチェーン技術を基にした仮想

通貨の進展は、この伝統的な金融システムへの挑戦である。

　現代社会における「お金（マネー）」の本質に食い込んだ興味深い論者がいる。JP モルガンで働き、アリババの IPO などを手がけた K. セガール（Kabir Sehgal）である[32]。セガールは人類が貨幣を発明する前から「債務」の形で互いに交換経済を発達させていたことを突き止めた。「債務は硬貨が発明される何千年も前から存在していた。そうなると、お金はかならずしも有形の商品である必要はない。固有の価値を伴わなくても、象徴としての価値があれば取引は可能だ。」[33] すなわち、お金の出発点は通貨ではなく、無形の価値であった。しかし、時代が進み、その価値を何らかの物（有形物）に代替させるようになった。人の意識が通貨を登場させたのである。特に重宝がられたのが金属（銅・銀・金など）であり、その利便性から長らく通貨の代表として使用されるようになった。しかし、戦時など大量に通貨を発行する必要が生じた際に、金属との交換を約した書面（紙幣）を流通させるようになる。したがって、議論は通貨が有形の物であることを前提にして進められるようになり、ただし、その有形物が「金属」である必要があるのか「紙」でもよいのかという議論に集約されてゆくことになる。この議論は、例えば米国の南北戦争時にリンカーンが発行したグリーンバック紙幣の是非であるとか、20 世紀初頭に発生した世界大恐慌時における金本位制離脱の是非などの具体的個別の議論に集約する形で進められた[34]。結局、通貨価値の下落に伴う紙幣増刷の誘因から米国は 1971 年から 73 年にかけて金本位制を諦め、変動相場制を中核とする現在の通貨体制となった。セガールによれば「お金は金属の束縛から解放されると変動を始め、市場にさざ波を立てて漂いだした。投資家は市場の動向に目を凝らし、良いタイミングを見計らって通貨を交換しては利益を上げる。投資家によれば、いまや通貨はアセットクラス、すなわち株や不動産や貴金属のように独自の特性を備えた投資対象である。」[35] 今後、ネット社会がさらに進展すれば、お金・通貨が単なるデータとして処理される可能性が高くなる。すなわち、一定の「価値」を担保されたネット上の商品としての位置付けである。これは夢物語ではない。実際にネット取引においては金銭と同等かそれ以上の価値を持つ「評判」が重視される度合いが強くなっている[36]。セガールも強気の将来予測として「夢の展

開においては、評判だけでなく、思考、感情、経験、夢、アイデアなどメンタルな要素のすべてが通貨として機能する可能性が考えられる」と指摘している[37]。今後、法定通貨や既存の金融システムに対する規制は緩和される方向に進むと予想する。他方で、新しい金融秩序を模索する動きが始まると考えられる。新しい時代には新しい価値の創造とこれを律する一定の規範が必要となる。第1章第1節「貨幣の歴史」でも見たように、この通貨の価値をいずれに求めるかという議論（物品貨幣論・信用貨幣論・貨幣国定学説）はまだ確定しておら武通貨の電子化に当たっても争点になるだろう。

第4章 米国の通商政策と競争政策の変革

I 米国の通商政策

1. 米国の安全保障関連法（概論）

　米国は安全保障政策と経済政策とが強く結びついて成り立っている連邦国家である。米国が連邦国家として英国から独立（1776年）する以前に、欧州では既に世界大戦に匹敵する大戦争を経験していた。17世紀に起きた三十年戦争である（1618-1648年）。この大戦により、欧州では神聖ローマ帝国の時代が終わり、近代を象徴する主権国家と国際法秩序の誕生[1]をもたらした。米国は誕生時よりこの主権国家としての独立性を宣言し、自由、平等、幸福の追求という西洋文明の結実とも言うべき国家目標、さらにはこれらを侵す内外の敵を相手に戦う革命・抵抗思想を掲げて生まれた。当初は、米国は欧州諸国とは異なり積極的には植民地を開拓しなかったが、東側に大西洋を、西側に太平洋を臨む海洋国家としての性格は持っていた。ハワイ併合（1898年）と対外的な戦争である米西戦争（1898年）の結果により、グアムやフィリピン諸島を獲得してアジアへの足掛かりを得たのである。これはどちらかと言うと地域的な領土拡張への意欲というよりは、自由な海運の拠点を持つという意味が強かった。したがって、今日の米国も、他国領土に侵入する際には、その地域全体を面で支配することを好まず、特定の地域だけをピンポイントで管理下に置こうとする。そうして、さらにその先への足掛かりとする戦略を採るのが通常である。米国のこの生来的なアイデンティティが、今日の米国の安全保障政策の基本原理となっている。したがって、米国が安全保障上の脅威と感じるのは、（自国領土が狙われた時と同程度に）自由航行が妨げられた時やそれを担保する海外の重要拠点が奪われそうになった時である。また、米国はその誕生

が 18 世紀だったこともあり、内戦である南北戦争も含めて、戦争は全て近代戦によるものである。近代戦は物量と技術力がモノを言う。米国は時代が進み、戦争を経験する毎に軍事技術とこれを支える資金力に注力するようになった。米国は年間の安全保障費を 7,000 億ドル以上（日本円換算で約 80 兆円）[2]費やしている。これには海外駐留の米軍基地に対する外国政府からの援助金[3]は含まれていない。軍事費が急拡大していると言われている中国にしても、年間の安全保障費は未だ 1 兆 2,000 億元弱（日本円換算で約 20 兆円）[4]である。

20 世紀後半から 21 世紀初頭における米国の対アジア安全保障政策の中心は、1971 年にキッシンジャー[5]が決定付けた中国（中華人民共和国）を仲間に取り込む政策であった。これは英国や米国で伝統的に採られてきたバランス・オブ・パワー戦略[6]を実行に移したもので、当初は対ソ連との冷戦に勝ち抜くため、90 年代以降のポスト冷戦時代には日本との経済戦争に勝ち抜くために中国を台頭させることを柱とした戦略であった。バランス・オブ・パワーとは、強国になりそうな国を互いに競わせて、いずれも大国として君臨させないようにする外交・安全保障戦略である。これが破綻したことが外形的にも決定的になったのが、オバマ政権時に顕著になった中国の南シナ海への進出であり、次世代軍事関連技術の柱と目されている通信技術 5G への中国国内での集中投資とこれの囲い込みである。中国の技術革新は近年、急速に進み、習近平政権となってからはその野望を隠さず、中国製造 2025（2025 年までに中国はハイテク 10 分野において産業強国になるという計画）や中国 2049（中華人民共和国 100 周年となる 2049 年には、中国が世界の覇権国となるという構想）と呼ぶ政策を打ち出した。これは米国から見れば、世界の覇権を奪い取ろうとする挑戦に見えるし、他の先進諸国から見れば、自由民主主義の市場に入り込み、自らはそのルールを守らず果実だけを食い荒らす謀略に見える[7]。ソ連崩壊後の世界史的な流れから見れば、中国は 90 年代以降のグローバリゼーションの拡大に伴い、近代国家となる前に確実に果実だけを得ていった。しかし、他の先進諸国からすれば、未だ国内制度や法制度の未整備かつ近代法運用の未熟な国家である中国をそれなりに許容して来たのは、彼らがいずれは近代国家に成長し、自由民主主義陣営に入るだろうという楽観があったからである。ペンス演

説[8]）に代表される米国の強引とも見える米中戦争の開始の宣言が世界的には必ずしも鋭く批判されないのは、これまでの中国の振る舞いと国家的野望が、これまでの世界的コンセンサスであった自由、平等、相互主義、他国の主権尊重の原則を踏みにじっているように見えるからである。ペンスが共和党に所属しているから強硬なのではなく、例えば、民主党に所属しクリントン政権やオバマ政権で東アジア・太平洋地域担当の国務次官補を務めた外交専門家のK.キャンベルも「いかにして中国は米国の期待を裏切ったのか？（How Beijing Defied American Expectations?）」と題した論文を外交専門誌に掲載している[9]）。すなわち、対中国安全保障については米国でトランプ政権だけが突出しているのではなく、政党を超えた合意ができ上がっている。むしろ、トランプ政権では、中国を過度に挑発しないように注意しながら、対中関税の暫時積み増しや東南アジア諸国への働きかけ、北朝鮮への融和政策などを用いて外堀から攻める方策を採っている。

　ベトナム戦争の英雄であり、上院議員として米国民から尊敬もされていた故ジョン・マケインはトランプを嫌っていた。また、マケインは自分や党の利益を顧みず、原理・原則を重んじるタイプだと言われてきた。共和党の中で反トランプの急先鋒だったマケインが提出した法案が、まさに反中政策の柱であり、本稿の主題となる安全保障関連法を提案した。つまり、米中戦争はトランプ特有の政策ではなく、今や米国議会・政府で意見・価値観の一致するテーマなのである。マケインが提案し、2018年に連邦法として成立したのが国防権限法2019（NDAA2019：John S. McCain National Defense Authorization Act for Fiscal Year 2019）である。この法律は主に中国をターゲットにしたものであり、問題のある中国企業を列挙して取引や投資に注意を促すよう意図されている。すなわち、米国はトランプ政権が発足しようがしまいが、遅かれ早かれ中国を相手とした米中戦争を開始していたはずである。米国が特定国を名指しした安全保障関連法を策定するということは、米国の国益、とりわけ安全保障上の国益が毀損されることへの懸念が連邦議会の共和党・民主党双方においても共有されていることを示している。米国の対アジア戦略は大きく転換されたのである。

2. 国防権限法2019

　米国の国防権限法（NDAA: National Defense Authorization Act）とは、1961年に成立した米国安全保障の予算措置を決める連邦法である。同法では米国連邦議会が国防総省に対して特定の事業計画に対する年間予算とその支出を指定する内容となっている。年度毎に予算内容について決められ、2019会計年度（2018年10月に開始）の予算措置について決定されたものがNDAA2019（国防権限法2019）[10]である。特に注目されるのが、同法の889条[11]で、そこでは米国の政府調達を中国の特定企業から行うことを禁止すると明記されていることである。889条の(f)(2)では、規制の対象となる外国としては中華人民共和国を指し、また、(f)(3)で規制の対象となる電気通信機器およびビデオ機材の製造・販売企業は、ファーウェイ（華為技術）、ZTE（中興通訊）、ハイテラ（海能達通信）、ハイクビジョン（海康威視数字技術）、ダーファ（浙江大華技術）およびその関連会社であると明記している[12]。

原文では以下のように表記されている。（必要箇所のみを抜粋、太字は筆者。）

SEC. 889. Prohibition on Certain Telecommunications and Video Surveillance Services or Equipment.
　(a) Prohibition on Use or Procurement…
　(b) Prohibition on Loan and Grant Funds…
　(f) (2) …The term "covered foreign country" means **the People's Republic of China.**
　(f) (3) …The term "covered telecommunications equipment or services" means any of the following:
　(A) Telecommunications equipment produced by **Huawei** Technologies Company or **ZTE** Corporation…
　(B) …video surveillance and telecommunications equipment produced by **Hytera** Communications Corporation, Hangzhou **Hikvision** Digital Technology Company, or **Dahua** Technology Company…

　具体的な企業名まで挙げて政府調達を禁止するということは、米国政府と

しての並々ならぬ決意が読み取れる。政府調達が禁止されると、それに該当する企業の製品や部品を一部でも使用していると、多くの案件で排除されるので、リスクを避けるために結果的に多くの企業が取引をしなくなる。事実上、米国内では販売や使用が大幅に制限されることになる。

3．外国投資リスク審査現代化法

　国防権限法 2019 に盛り込まれた（第 XVII 編）のが対米投資の審査を強化した外国投資リスク審査現代化法（FIRRMA2018：Foreign Investment Risk Review Modernization Act of 2018）である。国防権限法 2019 の 1701 条から 1728 条までを構成する。対米投資を審査する対米投資委員会（CFIUS：Committee on Foreign Investment in the United States）[13]の権限を強化し、審査対象を広げて、先端技術だけでなく港湾などの重要インフラについても外国企業からの投資を厳格にするもの。

　これまでの米国が警戒していたのは外国企業（ロシアやベネズエラなど）が直接的に重要な米国企業を買収する案件であったが、近年問題となってきたのは、より巧妙な暫時買収とも言うべき中国の手法である。すなわち、最初は一見問題のない合法的な（安全保障上の）少額の資本投資が企業（それが外国企業である場合もあるし、表向きは米国企業の場合もある）によってなされても、徐々に買収の度合いが進み、気がついたら、事実上の外国企業の傘下に入れられていたというような場合である。中国資本が得意とする手法で、上手に米国の資本関係に入り込み、徐々に影響性を行使して行くのである。こういう巧妙な手法に対抗して対米投資規制を徹底して行うために制定したのが 2018 年成立の外国投資リスク審査現代化法（FIRRMA2018）である。

　日本の安全保障輸出管理を行っている CISTEC が同法の内容を分析して、これまでの対中政策とは具体的にどこが異なるかを具体的事案を提示しながら検討している[14]。特に変更点を抽出して抜き出すと、①支配株主で無くても、様々な観点から外国企業等からの投資については審査対象とする、②空港や港湾をはじめ、安全保障上関連のある土地等の取得も審査対象とする、③外国政

府の影響下にある投資家による重大インフラ・技術・個人情報等への投資については新たに事前審査を課す、④「特別懸念国」(中国が念頭にある) の関与について審査要素に加える、⑤米国に子会社・支店がない企業であっても、米国と取引関与のある企業を全て対象とする (すなわち、米国外での非米国企業間の取引でも原則として全ての取引が対象となる)、⑥後述の輸出管理改革法 (ECRA) で扱う技術が全て対象となる、⑦審査期間を大幅に長期化し、また審査要素も増やした、となる[15]。

4. 米国輸出管理改革法

国防権限法 2019 に盛り込まれた (第 XVII 編) もう一つの連邦法が米国からの輸出等を厳しく監視する輸出管理改革法 (ECRA：Export Control Reform Act)[16] である。国防権限法 2019 の 1741 条から 1774 条までを構成する。1996年に合意されたワッセナー・アレンジメント (Wassenaar Arrangement) を改定した、敵対国や準敵対国への輸出を規制する連邦法という位置付けになる。かつての共産圏への輸出規制を行った COCOME の現代版として読み取れるので「新ココム規制」とも呼ばれる。これにより、外国の企業が外国で行なった「再輸出」ないしは「みなし輸出」も米国法で規制されることになった。法的効果から見れば、法の域外適用問題や内政干渉問題にも抵触するような論点を包含する内容を持つ。

輸出管理改革法 (ECRA) で米国からの輸出が規制される技術で注目されるのは最先端技術および基盤技術 (emerging and foundational technologies)[17]である。このうち、最先端技術については 2018 年 11 月に米商務省がパブリックコメント[18] の募集を開始するのに併せて具体的な技術分野を提示した。そこでは 14 分野が対象とされ、具体的には (1) バイオテクノロジー、(2) AI および機械学習、(3) 測位技術 (Position, Navigation, and Timing (PNT) technology)、(4) マイクロプロセッサー技術、(5) 先進コンピューティング (Advanced computing technology)、(6) データ分析技術、(7) 量子情報技術および量子センサー

技術（Quantum information and sensing technology）、(8) ロジスティック技術（Logistics technology）[19]、(9) 付加製造技術（Additive manufacturing）[20]、(10) ロボット技術、(11) ブレイン・コンピュータ・インターフェイス技術（Brain-computer interfaces）[21]、(12) 極超音速技術（Hypersonics）、(13) 先端素材、(14) 先進監視技術（Advanced surveillance technologies）[22] が掲げられている。

　これらは例えば、日本であれば軍事技術とは切り離された（と一般には信じられている）民間の最先端技術と目される分野である。しかし、米国のように自国産業の盛衰が軍需産業と密接に関わりのある国から見れば、まさにこれらは軍事バランスを決定的にする軍事技術そのものに見えるはずである。21世紀の戦争はハイテク技術、サイバー技術、宇宙技術によって決すると言われていることから鑑みれば、先端技術開発の優劣が軍事バランスを決めると言っても過言ではない。米国の反応が過敏に過ぎるのではなく、むしろ日本の技術者の方が発想転換する時期に来ている。

5. 米国輸出管理規則

　米国商務省の産業・安全保障局（BIS: Bureau of Industrial and Security）が、米国輸出管理規則（EAR: Export Administration Regulations）に基づいて米国からの輸出および第三国経由の再輸出[23] に規制をかけている。商務省のBIS（以下「BIS」と言う。）による規制は、広くはワッセナー・アレンジメントの範疇に入る行政行為である。BISは対象企業をいくつかに類型分けしている。具体的には、① DPL（Denied Persons List）はEARの重大・悪質な違反を行なって輸出禁止とされた顧客リストのことで、このリストに掲載された者にはEARで対象とされた品目の輸出・再輸出が禁止される、② UL（Unverified List）は未検証の顧客リストのことで、このリストに掲載された者については出荷後の検証ができないので、不正転売や大量破壊兵器拡散のリスクの観点で警戒を要するという意味合いを持つ、③ EL（Entity List）は米国の国家安全保障政策または外交政策に反する顧客リストのことで、このリストに掲載された者には、原則としてEARで対象とされた品目の輸出・再輸出は禁止される、となる。①と③の違いは、

③はまだ具体的な EAR 違反行為はないが、安全保障や外交政策の観点から輸出が禁止されるという点にある。近年の例では、中国の ZTE や Huawei（ファーウェイ）などの中国企業が EL リストに掲載されたことが注目された[24]。

6．日本の法制度への影響

日本の法制度への影響についても若干、付言しておくと、日本では、主に外国為替及び外国貿易法（以下「外為法」と呼ぶ。）により、日本の安全保障に影響を及ぼす投資や輸出について規制されている。外為法は安全保障上の懸念がある対内直接投資について、27 条で外国人に対して財務大臣及び事業所管大臣に対する事前届出を義務づけている。

外為法 27 条（必要な箇所のみ筆者が抽出。）
 第 1 項　外国投資家は、対内直接投資等…審査が必要となる対内直接投資等に該当するおそれがあるものとして政令で定めるものを行おうとするときは、…あらかじめ、当該対内直接投資等について、事業目的、金額、実行の時期その他の政令で定める事項を財務大臣及び事業所管大臣に届け出なければならない。
 第 2 項　対内直接投資等について前項の規定による届出をした外国投資家は、財務大臣及び事業所管大臣が当該届出を受理した日から起算して三十日を経過する日までは、当該届出に係る対内直接投資等を行つてはならない。
 第 3 項　財務大臣及び事業所管大臣は、…審査する必要があると認めるときは、当該届出に係る対内直接投資等を行つてはならない期間を、…延長することができる。
　　一号　イ又はロに掲げるいずれかの事態を生ずるおそれがある対内直接投資等
　　　イ　国の安全を損ない、公の秩序の維持を妨げ、又は公衆の安全の保護に支障を来すことになること。
　　　ロ　我が国経済の円滑な運営に著しい悪影響を及ぼすことになること。

外為法 27 条の規定には第 3 項で投資しようとする外国人の所属する当該国で

も同等の権利を受けることができる場合であるとする相互主義も謳われている。

外為法 27 条第 3 項二号
　当該対内直接投資等が我が国との間に対内直接投資等に関し条約その他の国際約束がない国の外国投資家により行われるものであることにより、これに対する取扱いを我が国の投資家が当該国において行う直接投資資…に対する取扱いと実質的に同等なものとするため、その内容の変更又は中止をさせる必要があると認められる…

　また、投資する名義人（人・会社）以外の者が実質的なオーナーであっても、届出および審査ができる仕組みとなっている。

外為法 27 条 13 項
　外国投資家以外の者（法人その他の団体を含む。）が外国投資家のために当該外国投資家の名義によらないで行う対内直接投資等に相当するものについては、当該外国投資家以外の者を外国投資家とみなして、前各項及び第二十九条の規定を適用する。

　外為法は 2017 年に改正されて規制強化された。規制強化の具体的な内容は、輸出入禁止命令に対する別会社を使った制裁逃れに対応するため、輸出入禁止命令を受けた会社の役員や使用人等に対して、別会社の担当役員等への就任等の禁止を命令できる制度を創設したことと、外国投資家が他の外国投資家から非上場株式を取得する行為（特定取得）を、審査付事前届出制の規制対象に追加したことである[25]。また、対内直接投資に関する命令に基づく指定業種が提示された。その内訳は、①製造業（武器等・航空機・人工衛星・原子力用発電関連、これらの付属品・製造装置等）、②機械修理業・電気機械器具修理業、③①を使用するためのソフトウェア業、④核物質に関わる金属鉱業、⑤原子力発電所を保有する電気業、⑥輸出貿易管理令指定の貨物（ワッセナー・アレンジメントに基づく武器輸出規制に係る貨物）、⑦製造業・ソフトウェア業・自然科学研究所・機械設計業・商品や非破壊検査業・その他の技術サービス業、である[26]。

これらの改正は、米国で安全保障に関する輸出入や投資が厳格化されて来たのと歩調を合わせている。今年度（2019年9月）には改正告示によって、サイバーセキュリティ等の防御・安全性を高める方向で届出・審査を厳格化した[27]。次元は異なるが、日本版NSCとも呼ばれる国家安全保障会議の局長に、かつて警察庁公安部外事課に所属し、前職が内閣情報官であった北村滋氏を登用した[28]。日本のNSCに公安官僚であった人物を充てるということは、日本政府が対北朝鮮および対中国の情報戦がより激しくなることを意識していることの表れであると解釈することができる。日本の政府内では、対アジア戦略が転換しつつあることを示している。

7. 小括

米中戦争は米国トランプ大統領によって始められた貿易戦争だと主張する論者もあるが、これは間違いである。この問題の本質は単なる貿易問題でもなければ、トランプが大統領再選を目指すために採った自己完結型の事件でもないからである。米国は基本的には親中政権であった筈のオバマ政権の時代から既に対中国外交の変更を模索していた。これが法制度の整備という形で現実化したのが2018年にJ.マケインが提出した国防権限法2019（NDAA2019）法案である。先に述べたごとく、米中戦争は必ずしもトランプ大統領が主導したのではなく、今日では共和党議員であろうと民主党議員であろうと、長期にわたって米国の国益を守るためには中国の国家体制の変更が不可欠であるという共通認識を持っている。つまり、米中戦争は本質的には1970年代から米国のアジア外交戦略の要であったキッシンジャーの戦略、すなわち中国を米国のパートナーとしたアジア地域におけるバランス・オブ・パワー戦略の終焉を意味する。20世紀後半から21世紀の初頭までの米国のアジア戦略の背骨であったキッシンジャー理論が大きく転換されたのである。日本では論壇や報道でもこの点についての言及が少なく、東アジアから南アジアにかけての地政学的な力学が大きく変わろうとしていることに関する議論がまだ少ない。前述したペンス演説がその核心を突いている。ペンス演説では「これまで米国は中国が自由を享受

するパートナーとなることに助力してきた。しかし、中国にとっての自由はまだ実現しない夢である。米国の助力に対して中国は、関税、貿易の総量規制、為替操作、強制的技術供与、知的財産の搾取、対外投資に意図的に組み込ませる国有企業などの不公正な手段を使って米国の富を奪取し、その収益を米国の優位を侵食する剣を作ることに費やしている。この中国からの攻撃に対して米国は屈しない」[29]という決意が述べられた。つまり、中国はパートナーではなく敵であるとの宣言である。

　米中戦争を「新冷戦」と呼ぶ論者もあるが、これも若干、誤解を生みやすい表現である[30]。なぜなら、敵対国の国家体制を変更ないしは崩壊させる目的という意味では1991年に終結した対ソ冷戦と類似しているが、当時のソ連と西側諸国とは技術的なパートナーでもなければ、貿易相手国でもなかったのに対し、今日の中国は片方で自由貿易を通じた物品やサービスの輸出入で相互に深く結びついているし、他方で高度な工業技術品やその特許のやり取りや先進国の研究機関への資金および人材の拠出などを通じて深く浸透することも行われている。構造的には冷戦状態と言って差し支えないが、対ソ冷戦時のように、物品のやり取りを管理する税関審査の徹底や人材の入国・出国を厳しく管理すれば足りるという性質のものではないところに問題の複雑さがある。ここに米国および他の先進諸国の苦悩があるのであり、相互主義によって互いに複雑に入り組んだ関係を輸出管理改革法（ECRA）や外国投資リスク審査現代化法（FIRRMA）の個別案件の管理によってどこまで目的を達成できるのかは未知数である。おそらく、今後は資金提供に監視を強めるため金融面での管理を強化する（必要とあれば法制化する）必要があるだろうし、ヒューミント（Human Intelligence）の監視を強めるために研究機関（大学等の教育機関も含む）での人材登用面での管理強化の方向に進むと予想できる。米国では既にビザの発給制限を通じて大学等の研究機関への外国人の滞在を制限する方向に進んでいる。さらには、中国からの資金の提供と当該国の債務の拡大を通じた世界的な中国の植民地政策とも言うべき問題は、より深刻である。著名な例では、スリランカやギリシャへの資金の貸付とこれの焦げ付きを理由として、当該国の港湾を中国海軍の軍港として租借する手法が掲げられる。若干、事態は異なるが、

デンマークの所有するグリーンランドを米国が購入する意思があると報じられた[31]のも、背後には中国資本によるグリーンランドの事実上の買収を防御する必要から出た案である。

　米中戦争の背後には価値観の対立がある。G7を中心とする先進諸国は、17世紀より国際法を中心として作り上げて来た西欧主義的な世界観の中にいる。ここでは自由、平等、民主、平和をはじめとして、主権、人権、福祉など程度の差こそあれ、互いに共通の価値観が存在する。他方でこれらの価値観に反目するというよりも、むしろこれらを積極的に道具として利用して他国を取り込み、自国内は独自のルール（必ずしも法律ではない）によって防壁を作って進むというのが中国の採る戦略である。これは他国から見ると勢力の拡大に見える。論者によってはこれを中華思想の拡大と呼ぶ場合もあるが、中華思想の定義が定かではないので、ここでは広く中国的な発想の拡大という意味で使う。中国的発想の特徴は、法治ではなく人治、共存ではなく服従、約束ではなく力の強弱、信頼ではなく裏をかく戦術、あるいは努力よりも他者の操縦、などに価値を置くやり方・生き方である。米国が対中外交、すなわち対アジア戦略を大きく転換したのは、この中国的発想の中身を理解し、将来に渡ってパートナーとはなり得ないという結論に達したからである。18世紀以来、欧米には幻想があり、経済的に繁栄した国・地域には歴史の必然としての共通の文化が芽生える。それが自由、平等、民主を柱とした社会制度に昇華するという幻想である。18世紀に起きたフランス革命（1789年）の結果として採択された「フランス人権宣言」（Déclaration des Droits de l'Homme et du Citoyen）では、近代国家にとっては自由と平等、国民主権、三権分立、言論の自由が基本原則であると謳われている[32]。これが今日の近代国家を成立させる重要な柱であり、特に20世紀以後の歴史観は、いずれの発展途上国もやがて経済的に発展し、生活の自由を謳歌するようになると、西欧型の民主主義国になるのが必然であると信じられて来た。今日の中国的な国家像の躍進はこの定説を覆すものであり[33]、対ソ冷戦とは次元が異なることが分かる。米中戦争の遠因にはこの歴史的国家像をめぐる争い、国家の価値観をめぐる争いがあるので、互いにある程度妥協したからといって解決するような次元の問題ではない。

米国は国防権限法をさらに強化して、中国の頼みとする輸出品であるレアアースのシェアを低下させる方策を盛り込んだ国防権限法2020を策定した[34]。これによりモーターの磁石や半導体記憶装置などに使われるレアアースを中国から輸入しなくても済むように、米国内およびカナダやオーストラリアなどの鉱物資源に恵まれた同盟国への投資を促進する政策を採用した。ペンス演説でも触れられたように、産業スパイや投資・貿易を通じた技術流出の防御に止まらず、メディアにおける広告のあり方、歴史的事実の再確認、偏向教育の是正、大学を含めた研究機関における研究員の精査など、複雑で気の遠くなるような制度上の改変が必要だ。各分野における法制度も少しずつではあるが整備されて行くであろう。日本の民間企業は世界でも特筆される技術を持つ。例えば、NTT（日本電信電話株式会社）は光ファイバーによる超大容量・長距離光信号の伝送技術を持つし[35]、三菱重工（三菱重工業株式会社）は非接触型の微細レーザー加工技術を持つ[36]。また、日本電産（現ニデック株式会社）はEV車対応の超急速充電器の開発を進めている[37]。これらの技術が民間で使用されれば、日常生活への恩恵は計り知れないほど有用なものである。しかし、この技術は同時に安全保障や軍事技術とも密接な関わりを持つ。上記の技術を総合すると、次世代兵器であるレールガン（電磁誘導により超高速飛翔体を打ち出す電磁砲）やレーザー兵器（電気的指向性エネルギー兵器）の開発・飛躍的な進歩に役立つ。すなわち、今日では民間技術と軍事技術との境目は限りなく曖昧となり、戦後日本の思想的柱であった軍事と非軍事を区別し、後者のみを追求するという方便は成り立たなくなっている。今後は、日本の民間企業もこうした世界的潮流の変化を読み取る努力が必要となるであろう。どこで自社の技術が高度な軍事技術と結び付くか分からないので、需要と供給の論理だけで不用意に他国に輸出ないしは直接投資をすると思わぬ損失を被る可能性がある。米国とその同盟国は、自国産業の技術革新を祈りながらも[38]、世界秩序の変更を目論む中国の国家戦略に様々な局面で防御・対抗措置を採る必要があるだろう。

II 米国競争政策の変革

8. 米国競争政策の転換（概論）

　米国は独立当初から「独占」を嫌う国家的性質を持っている。当時は英国王や英国政府の信任による植民地貿易の独占権をめぐる問題が中心となり、宗主国たる英国の独占的な課税権によって自分達の富が収奪されていると考えた米大陸の指導者達は英国から独立を勝ち取った。その結果、米国は国民全ての平等を基盤として生命・自由・幸福追求を理念とする国を建国した。これがアメリカ合衆国である。しかし、農業国であった米国もやがて19世紀末には急速な工業化が進展し、鉄鋼、石油、電器、自動車、金融などの分野で産業の寡占化が起こり、企業は合併やトラストによって大規模化していった。古き良き米国を懐かしむ連邦議会の議員たちは、大企業の専横的な独占行為を抑制する必要を感じ、市場における独占を規制して競争行為を促すための反トラスト法を制定した。米国における「平等」とか「自由」の理念は建国理念とも重なる重要な国家的原則である。また、この理念の下で国民相互が互いに競い、自らの夢を実現するために「競争」するのは米国社会における血液の循環のようなものである。米国から競争がなくなり、自由がなくなり、人々が平等ではなくなると、それはもはや米国ではなくなってしまうくらい決定的に大切にされている原則である。したがって、米国の反トラスト法は、経済分野における特殊な法律ではなく、米国社会の基盤であり核となる法律と位置付けられている。この点が日本の法体系における独占禁止法[1]とは異なる。ところが、今や米国の産業は、新たに航空、金融、医療、製薬、通信、ITなどの先進的な分野でも寡占化が進み、大企業がさらに市場を独占する事態となっている。また、これらの産業の寡占化により米国の中産階級や労働者階級の仕事が激減し、「一生懸命働いて努力すれば夢が叶うアメリカ（いわゆるアメリカンドリーム）」を過去のものにしてしまった。反トラスト法や労働法制は米国民を守ってくれないのか。米国民が怒り、政府に不信を感じているのはこうした点が原因である[2]。

米国はこれまで極めて競争的な市場を持っており、これがアイデアや技術を生み出し、結果として多大な富を生み出すので、強国の地位を保っていると説明されてきた。また、政治的には民主主義を柱とする自由で大らかな国であると知られてきた。しかし、今やその地位が揺らいでいる。その原因は外部的な要因というよりも内部的な要因によるところが大きい。21世紀の初頭から20年以上も続いてきた企業合併の連続が米国市場を様変わりさせ、今や市場の独占化が問題となっているだけでなく、産業全体が寡占化された結果、多くの米国人が仕事を失う結果となった。しかも、数値に表れる完全失業ではなく、再就職ができたとしても不本意な職種であったり、賃金が過去に比べて低下したりと、内心の不満を誘発する形での産業構造の変化である。中間層および労働者階級を中心として今や米国人の多くが今日の米国社会に閉塞感や不平等感を持つに至っている。こうした状況下では歴史的に見ると、現状を打破するような極端なリベラル、つまり社会主義（革命）の範疇に入るような政治体制に走るか、あるいは偏向した思想を持つ極端なリーダー、つまりナショナリズムや全体主義を高揚させるようなリーダーが出現する可能性が高くなっている。反トラスト法に期待されるのは、こうした社会の偏向を防止する役目である。1980年代に新自由主義経済政策であるレーガノミクスを始動させ、当初のGDPが3.2兆ドル（レーガンが大統領となった1981年当時）であったものを、90年代以降はグローバリゼーションの波に乗って以後30年間でGDPを21.4兆ドル（直近の2020年はコロナ禍で若干低下し、20.9兆ドルであったが）[3]と実に6.6倍に押し上げたのである。表面的には米国ではGAFAに代表されるようなスタートアップ企業が次々に誕生して多大な技術革新が起き、「強いアメリカ」を演出してきたはずである。他方で、日本のGDPの推移を見ると、米国とは対照的な動きを見せる。1980年当初の日本のGDPは1.2兆ドルであったのが、バブル景気が始まった1985年からそれが収束した1991年までには1.4兆ドルから3.5兆ドルに上昇し（2.5倍の伸び）、バブルが崩壊してもGDP成長率自体は減速せずに1995年に5.4兆ドルに達した。しかし、その後の長期デフレ経済によって成長率がほぼ「0％（ゼロ）」となり、2020年のGDPは5.2兆ドルと25年前と同じ値で足踏みをしている[4]。つまり、米国は日本とは異なり

マクロ経済では成功した。しかしその反面、看過できないほどの社会的格差を生じさせてしまい、国民の不満が鬱積した国内分断の状態となっている。マクロ経済では成功したと言えるのに、なぜ社会は不測の事態を引き起こしかねないほど分断されてしまったのか。独立の理念と相まって米国社会はその建国の当初からプロテスタント主義（protestantism）の思想を基盤としてきた人工国家である。プロテスタント主義は、人はみな神の前で平等であるという平等原則を大切にする。個人の自立や自由を大切にする思想が醸成され、ここから資本主義を謳歌する今日の米国の基礎が築かれた。「生まれに関係なく、努力すれば成功して夢が叶う」といういわゆるアメリカン・ドリームはこの精神から生まれた。ところが、今日の社会情勢はこれとは反対の方向に向かって進んでいる。企業は大規模独占企業となり、中小企業を買収・合併して、そこで働いていた労働者を解雇するのを躊躇しなくなった。また、社会におけるエッセンシャルワーク（essential work）[5]を単純労働で価値の低い仕事とみなす高学歴エリート達は、その労働の対価として支払う賃金を低く抑えてきた。その結果、今日の社会的格差は個人の努力では挽回できないほどの差になってしまっている。人は絶対的貧困よりも相対的貧困の方を強く悲観すると言われる。米国の内なる敵はこの社会的格差である。この敵との闘いに敗けた場合、民主主義自体の崩壊に向かうのではないかとも推測されている。今日の米国は外からと内からの挑戦を受けている。外からは安全保障政策上の脅威（中国が覇権国たる地位を奪取しようと米国に挑戦）[6]に、内からは経済政策の転換の必要性（独占資本による資本主義の変質とこれに伴う民主主義の危機）によって挑戦を受けている。民主主義と資本主義は西欧型近代国家の両輪であり、どちらか一方が崩れると、他方も崩れるという関係にある。また、既存産業の大企業とは異なり、GAFA[7]に代表されるデジタル・プラットフォーム企業[8]の市場支配力は巨大で、「21世紀の資源」とも呼ばれる「情報」を支配し、人の考えや行動まで左右する力を得つつあるとの認識で一致している。米国の議会・政策立案者や政府、特にホワイトハウスや司法省、FTCはこうした事態を憂慮し、産業が寡占化されたままで放置すると、いずれは技術革新の力まで弱まってしまうことを理解している。米国ではGAFAに代表されるIT大企業のこ

とを「Big Tech」または「Giants」と呼ぶことが多い。本稿で「巨大テック企業」ないしは「テック企業」と言う場合にはこれを指している。今日ではこの巨大テック企業の解体が避けられない事態となっている。プラットフォームを構成することの何が問題なのか、また情報を支配することがなぜ問題とされるのかについて検討したい。

　かつて経済学者で思想家でもある西部邁は米国という国家の本質について「技術革新と民主主義だけの国」と評したことがある。自由主義は民主主義が背景にないと成り立たない。とすれば、米国が民主主義の意義を毀損され、かつ将来的には技術革新の力を失ってしまうとなれば、米国は米国でなくなり、国家存亡の危機に立つ[9]。西部は自由主義こそが実は技術革新を推進する上で重要な要素であることを指摘する。すなわち、進歩と革新を生み出すメカニズムを内包するのが自由主義的体制という位置付けである[10]。とすれば、産業が寡占化されて市場が独占化され、人々の自由がなくなった国では、もはや技術革新など起こりようがない。米国の有識者が懸念するのはこうした事態が予想できるからであろう。今日の民主主義には民主主義それ自体で問題がある。歴史的にはかつてはギリシャのアテネで採られたことが知られているが、これは欠点が露呈してすぐに廃れてしまった。現在の民主主義の基盤ができたのは、ずっと後の時代、英国では17世紀末の名誉革命（1688〜1689年）以後であり、フランスでは王制を倒した18世紀末の市民革命（1789〜1799年）以後のことである。英国の植民地であった新大陸13州が起こしたアメリカ独立革命（1775〜1783年）によって本格的な民主主義の時代を到来させた[11]。英国から独立した米国は民主主義による運営を成功させるため、さまざまな方策を試してみる。多数決によって少数者の意思を無視すると国家が分裂する危機となる一方で、圧倒的多数または全会一致の原則を導入して少数者に配慮し過ぎると政治が麻痺状態に陥るからである[12]。米国が編み出した多数決専制への是正方法は、司法が強い力で政治や立法に介入し、連邦裁判所による少数者の権利の範囲を拡大するという方法であった。これにより、圧倒的少数者に対しては、少数者を標的とした法律や強い公共的正当性のない法律で制限を課すことはできないという原則ができ、議会も公民権法を成立させるという方法でこれを補完した[13]。民主主

義の問題点についてはさらに詳細な分析が必要となるので、別の機会に改めて

> **コラム：民主主義と自由主義**
>
> 民主主義の起源は古く、古代ギリシアの都市国家の一つであるアテネの政治に見ることができる。しかし、シカゴ大学の E. ポズナーとマイクロソフト社リサーチャーの G. ワイルの共同研究によれば、このアテネ時代には既にこれの欠点も認識されており、多数決原則は危険だということも知っていた。アテネでは、大衆が無知であったり、情報が不十分なまま採決された結果、いくつかの重要な政治的決断で判断ミスを犯した。そこで多数決の原則を制限するための方策がいろいろ試されることになり、やがて何を決めるにも圧倒的多数を必要とする方法に行き着いた。しかし、常に圧倒的多数を必要とする採決は膠着状態に陥る。こうした欠点が露呈した民主主義は、その後長い間、顧みられることがなかったが、17世紀〜18世紀に再び試される時が来た。しかし、やはり多数決を基本原則とする民主主義には多くの批判も寄せられている。その主なものは、(a) 多数決では少数者である者の権利は守られない、(b) 民衆は移り気であり、その時の気分によって感情が変わる、(c) 民衆は扇動的な指導者の影響を受けやすい、(d) 多数者である貧しい者達には、豊かな者から貧しい者へと富を再配分させる破壊的な力がある、(e) 見識の高い者の意見が無視される、(f) 選択肢における選考はできるが、その選択肢に対する人々の要求や関心の強さの度合いは反映されない、(g) 一部の有権者の優れた知見や経験が反映されない、等である。次に自由主義であるが、これは歴史が新しく、17世紀に英国の哲学者ジョン・ロックが説いたのが始まりである。これが実際の政治に応用されたのが英国の名誉革命であり、18世紀に入ってからはアメリカ独立〜フランス革命へと続いた。西部邁によれば、自由主義と民主主義の間には大きな緊張があると言う。すなわち放っておくとこの両者は自然には結びつかない思想であるが、その緊張を微妙にコントロールすることで社会を保っている。民主主義とは突き詰めて言えば、多数決によって物事を決める方式であって、ポズナー＆ワイルも言及しているように、そこには少数者排除の原理が包含されている。他方で、自由主義とは少数者の権利を保証し、多数者と少数者との間の相互理解に道を開く。すなわち、民主主義による多数者の横暴を、多数者の承認を受けたエスタブリッシュメントに対する抵抗の自由という形で均衡をもたらして国家を平穏に保っているのである。そう考えると、現代社会というのはまことに微妙な力学の上に成り立っている状態であることが分かる。我々は普段はそれほど気にしていないが、実は民主主義と自由主義とを上手に使い分けることにより、かろうじて均衡を保った社会の中で暮らしているのである。

検討したい。本書では資本主義とこれの背景にある自由主義、およびその結果として必要になる競争政策に焦点を絞り論ずる。

　以下では、米国における経済秩序が何によって脅かされ、人々が何に対して不満を持っているのかを明らかにする。次節では米反トラスト法が制定された沿革と、これの運用に伴う理論的変遷、特にシカゴ学派の定立してきた理論が誤りであったことを述べる。第10節では既に2019年から米連邦下院議会でGAFAなどの巨大テック企業に対して競争上の問題点を洗い出す作業が進行しており、民主党バイデン政権が発足すると政府の要職にこれらを解体すべく反トラスト法適用の積極適用派を就けた理由を述べる。米国経済政策の大きな転換が予想されるにもかかわらず、この人事は日本での報道ではあまり大きく取り上げられなかった。政府ホワイトハウス、司法省反トラスト局、そして競争政策運用の先兵たるFTCのポストに明確な方向性を持った人材を就けるというのは、米政府の並々ならぬ熱意の表れである。彼らの思想について細かく見て行き、今後の展開を予想したい。第11節では今日の資本主義に対する懐疑の生じた背景とそこから浮かび上がる争点を明確にする。米国では競争政策と資本主義に対する認識は表裏一体のものであり、資本主義をどのようなものとして捉えるかが決定的に重要となるからである。最後の節では、資本主義自体を捨て去るべきという発想ではなく、どうすれば今後の世界と資本主義とを調和させることができるのかという観点から資本主義の改善策について論じることにしたい。

9. 反トラスト法の運用と米国の競争法秩序

（1）沿革

　米国の競争秩序は反トラスト法によって維持されている。反トラスト法（Antitrust Acts）は単一の法律ではなく、複数の立法の総称である。すなわち、シャーマン法（Sherman Antitrust Act: 15 USC §§1-38）、クレイトン法（Clayton Antitrust Act: 15 USC §§12-27）およびFTC法（Federal Trade Commission Act: 15 USC §§41-58）の3つの連邦法で構成され、これの運用を行うのが司

法省とFTCという構成である[14]。ただし、反トラスト違反で起訴する権限を持つのは司法省だけであり、FTCには起訴する権限は与えられていない[15]。米国の反トラスト法に代表される各国の競争法の起源は、英国の1624年「専売条例」であるとされている[16]。英国ではエリザベス1世からジェームズ1世に移った時期であり、国王の専横による特許状の濫発を抑えるために、「あらゆる場合にも独占は許されない」とする規則を制定して議会が国王の権力を制限したのが始まりである。これが遠因となり、当時は未だ英国の植民地であった新大陸アメリカの独立が達成されたとも説明されることがある[17]。すなわち、米国は建国の当初から「独占禁止」の法理を内在させながら社会を発展させてきた。

当初は、奴隷制による大規模プランテーション、すなわち大規模農業を中心とした各州の集合体に過ぎなかった米国が、南北戦争（1861～1865年）を経て、工業を飛躍的に発展させた。第二次産業革命（1865年～1900年）の結果として各国で企業の独占化と大資本化が進み、米国でも鉄工業界でUSスティール（U.S. Steel）、石油業界でスタンダード・オイル（Standard Oil Company）、電器業界でジェネラル・エレクトリック（GE Company）、自動車業界ではフォード・モーター（Ford Motor Company）などがパートナーシップやトラストを使って大規模化していった。米国が経済政策の柱としている自由競争の結果として独占資本が生まれるようになると、大企業を放任しておくことが、逆に自由競争そのものを阻害するという事態となった。いわば自由競争のパラドックスの状態である。この独占資本の活動を規制して自由競争そのものを保護する目的として生まれたのが、米上院議員であったジョン・シャーマン（John Sherman）が主導して1890年に成立したシャーマン法（Sherman Antitrust Act）である。

（2）シカゴ学派

米国の経済政策をめぐってはシカゴ学派とハーバード学派が競ってきた[18]。両者は産業組織論を中心に論戦を闘わせるが、その結果として、競争政策における力点が異なった。シカゴ学派は理念や政府の裁量的政策よりも、数学的に

厳密な理論を実践することが正しいと考える。すなわち、価格理論を柱として産業組織の分析を厳密に行えば、一見、集中度が高く、利潤率が偏った市場であっても、やがて企業は自然淘汰されて優れた大企業が生き残るのであり、こうして生まれた大企業こそが優れた効率性を実践できる企業であって市場には問題が起きないとする考え方である。これに対して、ハーバード学派は効率性や進歩性をはじめとする市場成果の尺度を市場の構造要因によって説明しようとする。すなわち、市場の成果に問題があるのは（例えば、競争阻害行為が起きるのは）個別の企業の行動に問題があるのではなく、市場構造そのものが競争的になっていないからであり、この市場構造を政府が規制しない限り問題は解決しないと考える。とりわけ、1980年代以降の米国が採った新自由主義的政策、すなわちレーガノミクスの理論的背景にあったのはシカゴ学派の考えであった。シカゴ学派の特徴は明確で、経済学が競争法の本質であり、配分効率の観点から考えた「消費者福祉」の保護にあるとした。おそらく、当時の政策担当者にはこの単純明快さが好まれ、また数学的に答えが出やすい考え方であったので、その後の競争政策の基本とされた。シカゴ学派の理論は反トラスト法を経済学の範疇に引き入れたと言われ評価された。しかし、後に分かったことであるが、このシカゴ学派の理論は、明確な経済用語で狭義に考えられた消費者福祉を唯一の調査対象に絞ったため、単純明快に答えは出る。すなわち、訴訟では有利に働くが、より視野の広い社会秩序で見た際の不公平さを見落とす結果となったと言われる。

　シカゴ学派による典型的な主張はボーク（Robert H. Bork）[19]とポズナー（Richard A. Posner）[20]に見られる。

　ボークの見解は、彼の著書の題名でもある「反トラスト法のパラドックス」によく表れているが、反トラスト法は競争行為を維持するために市場を規制するという自分自身と葛藤する政策であり、知的に支離滅裂なものであると見做していた。すなわち、反トラスト政策はある時は競争を維持し、ある時は競争を抑制するという矛盾以外の何ものでもない政策となる。つまり、ボークは反トラスト法自身が矛盾した内容の法律だと表現するために「パラドックス」と題目に銘打ったのである。したがって、彼の処方箋は、反トラスト法の運用を

知的に純粋な経済分析を用いることで、恣意的な運用を回避しようとした。単純明快で数学的に答えを出せる理論を求めた。

　ポズナーは、英米法に特有な作業である具体的な裁判ごとに法規制を選び出す比重を下げ、経済効率の観点からも、あらかじめ違反類型の具体例を行政府が適用しやすいように決めておくのが経済分析的にも最適であるとする理論を確立した。したがって、法制度を好ましいものに近づけるには、経済分析の手法を採り入れて法制定プロセスの形成を検討し、一定のモデルを示した。禁止事項の対象となる無実の活動に従事している者は、法的な危険を回避する手段としてその活動を中止することができるので、違法行為が行われる可能性を未然に下げることができる。ポズナーがアーリックと共著で提示したモデルは、法的プロセスを経済学を使って簡素化かつ明確化し、裁判における予測可能性を高めることによって、全体としての違法行為を減少させようと試みるものである。例えば、「完全に詳細かつ包括的な一連の法律（a perfectly detailed and comprehensive set of rules）は、社会的に望ましくない活動を抑制し、社会的に望ましい活動を奨励することで、社会を望ましい資源配分に近づけることができる」あるいは「社会的に望ましくない行為の減少は、ルールの正確さによって直接的にも、法執行費用の効率化を通じて間接的にももたらされるため、提訴される事件の総数が減り、その結果、法的紛争解決に費やされる資源の総量も減るはずである」[21]という合理性である。また、「法的紛争が発生した場合、訴訟になった場合の結果が、スタンダードではなくルールの適用によって決定されるという事実は、当事者にとって結果の予測を容易にするはずである」と、予測可能性を重視し、その理由は、「経済的なコストを考慮することが、法的プロセスを形成する上で重要な役割を果たしてきた」[22]からであるとする。このポズナー＝アーリックの主眼とするところは、「裁判官の作る判例ではなく、法制度を法令によって規律する方が法的サービスを効率化できる」[23]という主張でも分かるように、裁判の結果予測可能性を下げるのは判例に依拠するからであって、予め詳細な法律によって結果が判断できるようにしておけば、裁判の数も減るし、また違法行為自体が減少すると考えている。これは「具体的な禁止事項を設けることによって、自らが違法行為の責任を負う可能性があ

ると警告されると、違法行為の対象となりそうな活動に従事している者は、法的な危険を回避する手段として、その活動を中止することができる」[24]との表現からも分かる。このポズナー＝アーリックの主張が示すように、シカゴ学派の特徴は、その分かりやすさ、予測可能性、経済合理性を重視していることである。

（3）ポスト・シカゴ学派

　経済学の分野でいわゆるゲーム理論[25]が支持を得たのが1980年代である。ゲーム理論はそれまでの経済学が想定していた考え方、すなわち、人は合理的な判断や行動をし、その結果として経済活動は合理的に説明できるとしていた考え方を覆したことに意義がある。経済を合理性だけでは語ることはできない。ゲーム理論の起源については諸説あるが、1950年代から一定の研究者が分析に用いていたと言われている。このゲーム理論を経済学に持ち込んで、既存の合理的に行動する個人という設定を、刻々と変化する環境に合わせて行動を変えて行く存在に変えたのがノーベル経済学賞を受賞したジョン・ナッシュ（John F. Nash Jr.）である。彼の分析により、ナッシュ均衡と呼ばれる解が見つけ出された。これは、非協力ゲームにおいて、どのプレーヤーも自分の戦略を変更することによってより高い利得を得ることができない戦略の均衡点が存在し、その均衡点では、どのプレーヤーも戦略を変更する誘因を持たない状態となるとする理論である。逆に、ナッシュ均衡がなければ、人は刻々と生じる事態の変化に合わせて、合理または非合理を交えた判断を変えて行くことになる。ゲーム理論の導入によって、それまでの経済学の前提が崩れ、人は合理的には行動しないのが通常である、とする考え方が主流となった。これが経済学の広い分野に応用され、国際関係、産業組織論、労働経済学、金融などで大きな進展をもたらした。

　このゲーム理論を競争政策の運用理論に取り入れたのがポスト・シカゴ学派である。すなわち、人も企業も必ずしも初めから合理的な行動を計画しているのではなく、自己の行動によって競争相手の行動や地位に選択の制約が加わることを利用する。例えば、不完全競争の市場では、場合によっ

ては相手が自己への依存関係が発生し、相手の競争的行動に制約をかけることができる。あるいは、寡占化された市場では、相手が市場に参入しようとしても、その都度、相手に合わせた様々な制約をかけることによって参入を阻止することができると想定する。これを理論化した学派を「第三の潮流」、「新産業組織論」または「ポスト・シカゴ学派（Post-Chicagoans/Post-Chicago School）」と呼んでいる。以下では「ポスト・シカゴ学派」と呼ぶ[26]。

シカゴ学派による市場の捉え方は、市場にはもともと効率化の傾向があり、市場の不完全性は一過性のものである、したがって、反トラスト法による執行は、消費者の福利を促進することを抑制しないように、慎重に進めるべきだと考えている。一方、ポスト・シカゴ学派は市場の捉え方が異なる。つまり、市場の失敗は必ずしも自己修正されず、企業は情報格差や競合他社の埋没費用（sunk cost）などの不完全性を利用して、表向きは競争市場に見えても、実際には非効率な結果をもたらすことがあると考えている[27]。元々、シカゴ学派の方がハーバード学派よりも裁判所や政府当局に受け入れられやすかったのは、研究方法と政策的結論の両方に秀でていたからである。すなわち、単純明快に答えが出せるシカゴ学派と、理念が入り組み、答えの見いだしにくいハーバード学派では、実務家はシカゴ学派の考え方の方を選択しやすい。ハーバード学派は理念的先入観が強く、大企業に対する偏見からくる知的厳密さの欠如により、大企業は中小企業よりも効率的に運営されておらず、大企業の提示する契約には市場を独占する意図があるのだと誤った結論を下す傾向にあると見做されていた。市場の評価や反競争的行為を理念的に捉え過ぎると、法の運用が恣意的かつ曖昧さを増大させる結果となり、逆に効率性を抑制してしまう場合があるので、反トラスト法の運用には不適切であると考えられたのだ。したがって、シカゴ学派の提示するモデルの明快さが評価され、シカゴ学派は裁判官や政策立案者に対し、ほとんどの者が簡単に理解できる方法で提示することができたのだと評価されていた[28]。ところが、1980年代に入り、ゲーム理論の導入によって経済学における産業組織論の考え方そのものが変わった。

すなわち、産業組織論でも、それまでの産業構造、行動、業績を対象とした研究から、不完全競争市場における企業の戦略的行動に関する新しい理論の研究と開発に目が向けられた。実務家からすれば、予測可能性、経済合理性が損なわれたポスト・シカゴ学派の考え方は使いにくい。例えば、予測可能性については、それまでのシカゴ学派が採っていた立場、つまり市場が完全に機能するという考えを捨て、ポスト・シカゴ学派の相互に依存する競争相手同士が互いに利益最大化の戦略行動を採るというゲーム理論に基づく市場分析に依拠すると、複雑な計算が必要となる。また、条件によって答えが異なり、事前予測が困難となる。すなわち、利潤や市場シェアが小さい企業であっても、情報に秀でた企業はそれまでの常識とは異なり逆に優位性を持つ可能性がある。具体的には、市場に情報の非対称性がある場合には、（その企業規模のいかんを問わず）情報に精通する企業は、情報に乏しい競合相手を利用して競争条件を悪化させる可能性が高いと分析する[29]。情報に秀でているか否かを判断するには外見では区別がつきにくい。また、反競争的行為である略奪的価格設定においても、シカゴ学派とポスト・シカゴ学派では考えが異なる。

　シカゴ学派の考えでは、多くの場合、略奪的な価格設定は略奪者（predator）にとって経済的に非合理であると見做していた。ところが、ポスト・シカゴ学派は、また、市場構造のいかんにかかわらず、情報格差によって価格破壊が収益性の高い戦略となり、非合理的な行為に対する捕食者の評価が収益性の高いものとなる場合があると考える[30]。これも外見では違法か適法かの判断がつきにくい。すなわち、ポスト・シカゴ学派の理論に依拠すれば、予測可能性や経済合理性で判断することが難しくなるのである。つまり、ポスト・シカゴ学派が行ったことは、シカゴ学派の理論を進展させたのではなく、逆に、反トラスト法の運用を単純明快な数学的な問題解決にしたと考えていたシカゴ学派の理論を否定する結果となった。こうして、かつては全盛を極めたシカゴ学派の理論が時代遅れのものとなり、かつてのハーバード学派、中でもブランダイス主義とも通ずる理論が注目されるようになってきたのである。

10. 競争政策の転換

（1）バイデン政権による競争政策の転換

　2021年1月に米国では共和党トランプ政権から民主党バイデン政権に交代した。今や大企業群となったGAFAであるが、大統領選開始直後の2019年初頭から民主党ではアマゾン、グーグル、フェイスブックの分割案を表明する候補が立候補するなど、民主党が政権を取れば、巨大テック企業に対する競争政策の転換が予想される事態となっていた。米下院では2019年1月から彼らの力の源泉を探るべく複数回に渡る公聴会が開かれ、第1回目の公聴会では"Online Platforms and Market Power, Part 1：The Free and Diverse Press"[31]と題して、オンライン・プラットフォームを構成する企業が市場を支配する力を持っていることを認識していた。その後、何度か公聴会を開き、翌年の2020年7月に開催された第6回目の公聴会では"Online Platforms and Market Power, Part 6: Examining the Dominance of Amazon, Apple, Facebook, and Google"[32]と題して、GAFA各企業の名前を具体的に掲げて検討した。この一連の公聴会で巨大テック企業が競争を阻害していると認定し、小委員会は反トラスト法の厳格化は避けられないと結論付けた。同年10月の公聴会"Proposals to Strengthen the Antitrust Laws and Restore Competition Online"[33]で、テック企業の巧妙な戦略が明るみにされ、競争秩序を取り戻すためには反トラスト法の改正およびその運用を厳格化しなければいけないことや、司法省やFTCへの予算増額などが提案された。米下院では同年10月6日に、この複数回に渡る公聴会の成果を450ページにも及ぶ報告書"Investigation of Competition in Digital Markets"（邦訳：デジタル市場における競争状況の調査）[34]にまとめて公表した。この報告書ではオンライン・プラットフォームを構成するテック企業がその門番（gatekeeper）たる地位を利用して市場を支配している実態が詳述されている。450ページの報告書の中に「gatekeeper」という用語が30回以上登場するほど、このgatekeeper（門番）の役割に注目していることが分かる。報告書では、いわゆるネット企業に限らず、今や米国経済全体の多くの企業が、ユーザーや市場へのアクセスをこれらの門番に依存している（a large swath of businesses across the U.S. economy now depend on these gatekeepers to access users and markets）と指摘し[35]、多くの企業が自ら経済的損失を被ることが分かるような条件を飲んだり彼らに譲歩したりせざるを得ないのは、プラットフォームを運営する門番たる地位にある彼らに逆らうという選択肢がないからだ、すなわち「ビジネスを行うためのコスト」だと認識して彼らに（門番に）従っている（according to these companies, these types of concessions and demands carry significant economic harm but are "the cost of doing business" given the lack of options）と指摘している[36]。多くの米企業は今や巨大テック企業にその命運を握られてしまったことに気づいており、支配的なプラットフォーム企業によるちょっとした行為や決定が、自社のビジネスを破壊しかねない（many companies reiterated the general concern that a single act or decision by one of the dominant platforms could wreck their businesses）との認識を持っていることを鋭く指摘している[37]。

　こうした議会の動きに歩調を合わせて、バイデン大統領は、2021年6月には後述するリナ・カーンのFTC委員長任命を行い、7月には米司法省反トラスト局の次官補に反トラスト訴訟を専門にする弁護士でIT企業に厳しく反トラスト法を適用すべきだと主張してきたジョナサン・カンターを指名した。後述するティム・ウーの大統領特別補佐官任命とも併せて、行政府はホワイトハウス、司法省、FTCに反トラスト法厳格化のスタッフを集め、米競争政策の転換を行うという意思を示したことになる。今や米経済全体を支配する力を持つに至った巨大テック企業を反トラスト法に従わせるんだ、という強い意思を持ったスタッフを揃えたことにより、米国の競争政策が大きく転換される可能性が出てきた。

（2）ティム・ウーの大統領特別補佐官就任

　2021年3月に米バイデン大統領は、大統領特別補佐官（国家経済会議のテクノロジー・競争政策担当）にコロンビア大学教授で、巨大テック企業の市場支配を問題にした著書『The Curse of Bigness』（邦訳：巨大企業の呪い）[38]を著したティム・ウー（Timothy Shiou-Ming Wu）を任命した。競争政策担当の

補佐官に強硬派のティム・ウーが指名されたことで、民主党バイデン政権の経済政策は米巨大企業に厳しいものになるとして報道では刺激的な見出しでこの人事が伝えられた。例えば、ニューヨーク・タイムズ紙は「A Leading Critic of Big Tech will Join the White House」（邦訳：巨大テック企業批判の第一人者がホワイトハウスに参加予定）[39]、ロイター社は「Biden adds Big Tech critic Tim Wu to his economic staff」（邦訳：バイデン氏、巨大テック企業批判者のティム・ウー氏を経済スタッフに）[40]、日本でも日経新聞が「バイデン氏、ウー氏を特別補佐官に　IT規制強化の布石か」[41]といった見出しだ。

ティム・ウーの思想とはどういったものかを、その著書から探ってみよう。

(A) 独占企業による産業の寡占化が民主主義を衰退させる

ウーが目指しているのは、巨大企業の解体を求めた伝統の復活だ。30年間も続いたグローバリゼーション時代に大幅な規制緩和が行われ、産業の寡占化による巨大な独占企業を生み出してしまった。また、このグローバリゼーションの仕組みを上手く利用した先制国家（中国を念頭に）を生み出してしまい、その先制国家がその富を使って米国に対抗してくるという事態となっている。過剰な権力を得た巨大企業が民主主義と個人の自由を脅かしつつある。歴史を紐解いた思想的な特徴からすれば、共産主義者も全体主義者も過激な資本主義者も、いずれも市場を独占することを好み、自由競争ではなく計画を何より重んじていた事実がある。大資本家のロックフェラーやJ.P.モルガンも市場競争を時代遅れだと見做し、独占の達成こそが勝利だと信じていた。そういう意味では、レーニンの求めた計画経済も独占産業の模倣に過ぎなかった。冷戦が終わりグローバリゼーションの時代に入ってから30年が過ぎた。この間の歴史は世界中で新自由主義による経済政策が採られ、世界中の国々が規模と力に勝る巨大企業を規制する手を緩めてきた歴史である。90年代にグローバリゼーションが開始された頃、これによって貿易障壁が取り除かれ、世界規模のサプライチェーンが出現すれば、世界中の人々に富が行き渡ると約束された。しかし、実際の結果は、産業界を牛耳る過度の独占と過度の寡占が起き、GAFAという巨大プラットフォーマーが途方もない力を手に入れた。彼らは人々の生

活を支配し、あらゆる人間について誰よりも多くの情報を握るようになった。世界中の富も平等に分配されるどころか、彼らの思うままに操られている。我々は資本主義における基本的な問題について検討することを忘れていたのである。また、グローバリゼーションによって巨大企業に富と権力が集中するようになったことが、世界中の政治のあり方を変え、人々は過激なナショナリズムに訴えかけるようになっている。このまま中流階級が衰退して行けば、民主主義自体が成り立たなくなり、経済的な繁栄を失うばかりか、自由民主主義それ自体にも極めて深刻な脅威をもたらすだろう[42]。

(B) 独占が否定された歴史的経緯

1624年英国「専売条例」（Statute of Monopolies）は次のように言う。すなわち「あらゆる独占は…国法に完全に反くものであり、それゆえに有効性は全く認められず、法的な効力はなく、決して享受したり、締結したりしてはならない。」と[43]。この専売条例はあらゆる独占禁止法の雛形である[44]。独占禁止法（競争法）には二つの重要な教訓がある。①独占に対する異議申し立て、国民や知識人が反対の声をあげることを受け入れられる文化があることが必要、②独占に抵抗する手段があることが大切、すなわち、裁判所、議会など独占行為を防ぐために介入できる権力分立の仕組みがあること。これが米国建国の精神に受け継がれ、独占とはある種の虐待行為で、自由にかけられた呪いであると同時に、人が生まれながらにして持つ権利を侵害するものだという発想である[45]。

(C) ルイス・ブランダイスの思想

ティム・ウーが依拠するブランダイス主義とは、弁護士であるルイス・ブランダイス（Louis Dembitz Brandeis）の思想を尊重する経済民主主義のことだ。その思想の中心は、才能と忍耐次第で自分の夢を実現でき、大企業が市場を支配する社会ではなく、農家や商店、専門職の事務所など、小規模な事業に従事するものが多く集うようなコミュニティ中心の社会を尊重することにある。ブランダイスの生きた時代は、米国経済がトラストの結成により大規模な独占企業に集約されて行く時代で、それまで健全に経営してきた小規模会社の経営者

が、規模に劣る会社や従来型の企業は産業界では生き残れないのが当たり前と言わんばかりに大企業に次々と飲み込まれて行った。こうした状況下で、ブランダイスは企業独占化の結果として社会は次のような欠点を負うという結論に達した。①企業の過剰な巨大化によって、むしろ、生産性と分配の効率性は、これ以上ないほど損なわれる場合も珍しくない、②経済が効率化を極めているか否かにかかわらず、自由を願う者にとって、あまりに巨大化した企業は耐え難い存在になる、ということである。また、ブランダイスは企業が大規模化すると、その地位に安住して先進的な技術を生み出す努力をしなくなることも見抜いていた。彼にとって、大企業が生まれることはその弊害ばかりで、経済が効率化されることはなく、逆に労働者は困窮し、社会正義も疎かにされる事態になるだけだと見えていた。彼は「みんなの法律家」(the people's lawyer) として、庶民に味方して独占企業や大銀行家に立ち向かっていった。今でもブランダイスを尊敬し、彼の思想を現代に生き返らせようとする者達がいる。彼らをブランダイス派と呼ぶこともあるが、明確な定義があるわけではない。彼の思想から演繹的に導き出せることは、経済構造と民主主義とは相関関係にあり、経済構造が独占化されると民主主義が壊れるという関係になっているという事実である[46]。ウーの思想の根底にはこのブランダイス主義がある。

(D) 米国がハイテク市場の覇者になれた理由

　米国はこれまでも IBM、AT&T などの自国巨大企業に分割要求をすることはあっても、これに支援や育成、助力を与える方法は採らなかった。このことが米国で PC やインターネットの分野でのイノベーションを促してきた。これと対照的なのが日本の産業構造であり、かつてはソニー、NEC、富士通、NTT などの大手企業が高度な技術を開発して世界のトップに躍り出る勢いを持っていた。しかし、日本政府は企業育成に軸足を置き、これら大企業が産業界に与える弊害を野放しにした。すなわち、独占企業をそのまま放置する政策を採った。これが日本の「失われた30年」をもたらした最大の原因である。日本では独占企業に産業を支配されたままになっているので、新たな価値を創造するスタートアップ企業が育ちにくい状態と

なっている。もちろん日本がハイテク競争に敗れた理由はこの一つの事実だけでは説明できない。しかし、新しいアイデアが成熟し、これから繁栄の時代を迎えるとき、米国がハイテク市場の覇者に返り咲く上で、IBM と AT&T の分割が重要な役割を果たしたと断言できる[47]。イノベーション創出の条件については日本を他山の石とし、巨大企業を野放しにしたり、政府が育成しようとしてはいけない。競争的な市場こそがイノベーションを創出する。

(E) GAFA の危険性

米国でトラストが盛んに結成されていた時代のように、時間が経過するにつれ、IT 業界にも企業集中を自己正当化する考えが浸透している。未だにスタートアップ企業の中にはかつてのインターネットの理念である開放性が残っていると信じている企業もあり、機会があれば、小が大を飲み込むことができると信じている者もいるが、巨大テック企業にとってはそれは既に過去のものであり、今や市場が集中化ないしは寡占化されて行くことは自然の摂理であるとさえ考えている。自分達のような独占企業が機会に恵まれることこそ、全人類に良い結果がもたらされると信じているのである。

米国の巨大テック企業は、中国との闘いが行われている中で米国政府が我々を痛めつければ、米国の優位が崩れてしまうぞと脅す。しかし、米国政府がGAFA のような企業を擁護することには、極めて重大なリスクが潜んでいる。例えば、GAFA のうちの二社、例えばフェイスブックとグーグルが合併したと仮定すると、これだけでこれまで存在したあらゆる組織や企業よりも、もっと多くの個人情報を所有することになり、選挙の結果を左右することができるほどの社会的影響力を持つことができるようになる。独占的な地位に永久にとどまろうとしている組織にこのような力を授けてしまえば、憂慮すべき結果を招くだろう。テクノロジーを使って国家を支援することこそ自分達 IT 企業に課された義務という一見すると災いとは無縁な動機から始まる無邪気な発想が、ハイエクの言葉を借りれば、まさに「隷従への道」(the road to serfdom)[48]と繋がるだろう。そもそも、米国と中国の独占企業を比べた場合、どちらがよ

り安全で、どちらがより危険なのかという基本原則などない[49]。

(F) ティム・ウーの思想まとめ

30年間も続いたグローバリゼーションの時代は、世界的に産業の寡占化を容認し、独占企業を育ててしまった。企業が独占化して市場から競争が失われれば、歴史が示す通り米国はイノベーションを生み出す力を失う。かつて、米国では巨大なハイテク企業であったIBMとAT&Tを分割させた経験を持つ。その結果、インターネットの世界で米国が覇権を握ることができ、次々とスタートアップ企業を生み出すことに成功した。90年代にグローバリゼーションが開始された頃、これによって貿易障壁が取り除かれ、世界規模のサプライチェーンが出現すれば、世界中の人々に富が行き渡ると約束された。しかし、実際の結果は、産業界で蔓延る過度の独占と過度の寡占が起き、GAFAという巨大プラットフォーマーが途方もない力を手に入れた。企業の独占化は中産階級の没落を招き、今や過剰な権力を得た巨大企業が民主主義と個人の自由を脅かしつつある。我々は資本主義における基本的な問題について検討することを忘れていた。企業は巨大化して市場を独占すると、競争を止めて安住し、やがてイノベーションなど創出しなくなる。また、経済構造と民主主義とは相関関係にあり、経済構造が独占化されると自由主義が衰退し、やがて民主主義自体が壊れるという関係になっていることに気付くべきである。したがって、今、必要なのは巨大企業の解体を求めた伝統を復活させることである。このウーの主張は本人も言及している通り、かつてのブランダイスの思想が根底にある。ウーは「古き良きアメリカ」の復活を希求している。

(3) リナ・カーンのFTC委員長就任

2021年6月に米コロンビア大学の32歳の女性准教授リナ・カーン（Lina Khan）が反トラスト法を運用するFTC（連邦取引委員会）の委員長に史上最年少で抜擢された。これは世界的に大きなニュースとなり、バイデン政権が競争政策を転換するとのメッセージとして受け取られた。カーンはイェール大の大学院生であった2017年に「Amazon's Antitrust Paradox」（邦訳：アマゾン

社の反トラスト法上のパラドックス)と題する論文を執筆[50]しており、巨大テック企業の反トラスト違反追求には適任だったわけである。しかし、アマゾンはこれに異を唱える25ページにも及ぶ嘆願書を米政府に提出して反対した[51]。アマゾン曰く「カーン氏をFTC委員長に就けることは公平(impartial)ではない。カーン氏はこれまでアマゾンのビジネス慣行を違法であると繰り返し述べており、そのような姿勢から公平さを保てるとは言い難い」と委員長就任に激しく抵抗した。これを退けて委員長に任命したのであるから、そこには強いバイデン政権の意気込みが感じ取れる。

　上記カーン論文の要点は、次の項目に集約できる。

①アマゾンは21世紀における商業界の巨人であり(Amazon is the titan of twenty-first century commerce)、小売・金融・運送・出版・映像・アパレル・クラウドサービスなど様々な分野における主要なプレーヤーとなっている。

②アマゾンは驚異的な成長を遂げているにもかかわらず、利益は小さい。これが同社の業界拡張路線の戦略であり、その結果、各業界における支配力を高め、他社が同社に依存するインフラのような存在となっている。

③このような特異な戦略により、アマゾンは既存の反トラスト法適用の枠組みから外れてきた。既存の反トラスト法の理論である消費者福祉(consumer welfare)を柱とした略奪的価格設定や企業合併の法理では、アマゾンの違法行為を捕捉することはできない。

④アマゾンのようなオンライン・プラットフォームを担う企業は、利益よりも成長を希求する戦略を採っており、これを投資家も歓迎するので、それが市場支配力を高め、ますます反競争的な状態を生み出している。

⑤アマゾンのようなオンライン・プラットフォームを担う企業は、様々な業種の企業のゲートキーパー(gatekeeper)を務めているので、潜在的には競合しているはずの他社のインフラをコントロールする力を持つ。

⑥米国の反トラスト法適用の法理は、1960年代までと1970年代以降とで大きく異なる。1960年代までは市場構造(economic structuralism)を問題にしていたのに、1970年代以降はシカゴ学派が提唱した価格理論(price theory)によって合法/違法が決定されるようになった。このシカゴ学派の価格理論を是正す

る必要がある。

　すなわち、アマゾンのような巨大テック企業を規制するには、既存の反トラスト法の枠組みでは不十分であり、特に、これまで反トラスト法が念頭においてきた価格競争を通じた消費者福祉を実現するというような観点からではアマゾンを規律することはできないとの主張である。テック企業が往々にして採っている企業戦略としての市場寡占化、つまり利益よりも成長することを最優先にしてプラットフォームを押さえてしまう行為そのものを争点にしている。この戦略により他社のインフラを支配し、潜在的競争相手を依存させてしまうのである。こうした狡猾な市場支配行為を規律しないと競争秩序自体が骨抜きになることを指摘した論文だった。もう少し詳しく内容を見ていこう。

（A）アマゾンは 21 世紀の巨人か

　アマゾンは 2015 年には 1,070 億ドルの収益を上げ、2013 年の時点でオンライン競合 12 社の合計売上高を上回っていた。また、現在では、アマゾンはオンラインショッピング業界のシェア 46％ を占めており、そのシェアは年々急速に拡大している。アマゾンは驚異的な成長を遂げており、売上高は毎年 2 桁の伸びを記録している。間違いなくアマゾンは 21 世紀商業界の巨人として成長した[52]。同社は、小売業に加えて、マーケティング・プラットフォーム、配送・物流ネットワーク、決済サービス、信用貸し、オークションハウス、書籍出版社、テレビや映画のプロデューサー、ファッションデザイナー、ハードウェアメーカー、クラウドサーバースペースやコンピューティングパワーの大手プロバイダーなど、さまざまな事業を展開する。こうした複数の関連事業に関わるということは、アマゾンのライバルがそのままアマゾンの顧客であるということだ。同社はネット上の重要インフラを、新規参入者が模倣したり競争したりするのが難しい方法でコントロールしている。これが、アマゾンの競合他社に対する優位性につながっている[53]。

（B）成長か利益か

　アマゾンがオンライン・プラットフォーマーとしての優位性を確立したのは、

「利益を犠牲にしても損失を維持し、積極的に投資する姿勢」という戦略と「複数の事業を統合する」という2つの事業戦略を採ったことによる。この2つの戦略は、それぞれ独立しているが密接に関連する。短期的な利益を犠牲にして市場シェアを追求するという戦略は、経済学が想定する合理的な利益を追求する市場関係者とは異なる発想である。反トラスト法の適用を免れてきた大きな原因は経済学が意図しなかったこの表面上、非合理と見える行為を続けたことにある。また、もう一つの戦略、すなわち、同社が分野を超えて他社を統合してゆくという選択は、その分野ごとの価値で企業を評価する従来の方法からは計れない総合的な企業力を見落とすことに繋がった。今日のビジネスの多くがいずれの方法にせよ、デジタル技術またはオンラインを利用したビジネス形態で行われている。したがって、プラットフォームを運営する企業（アマゾン）が複数の事業を統合してプラットフォーム上で優位性を持つと、どの分野でどんなビジネスを展開しようが、結果的に当該プラットフォーマー（アマゾン）に依存せざるを得なくなる。つまり、アマゾンの力を計るには、統合された企業としての全体を把握しなければいけない。同社がプラットフォーマーでありかつ様々な分野を統合して運営している企業である点を見逃すと、ある分野で得た優位性を他の分野での事業を強化するために活用する姿、すなわちアマゾンの支配の真の姿を捉えることができなくなる。巨大テック企業の強みはこの統合された総合力であり、個別の事業における価格で評価すると全体像が見えなくなるという特徴がある[54]。

（C）シカゴ学派が重視した価格理論

1960年代までは、いわゆる経済構造主義に基づく考え方、すなわち、集中した市場構造が反競争的な形態の行為を促進するという考え方が主流であった。この考え方は、ごく少数の大企業が支配する市場は多くの中小企業が存在する市場よりも競争力が低下する可能性が高いと判断するというものである。この市場構造に基づく競争の理解は、1960年代までの独占禁止法の思想と政策の基盤となっていた。それまでは裁判所は、反競争的な市場構造をもたらすと判断した合併を阻止していた。ところが、シカゴ学

派はこの構造主義的な考え方を否定し続け、経済学的合理性、すなわち価格理論によって合法か違法かを判断する数学的予見可能性に固執した。シカゴ学派が提示した唯一の規範目的は「消費者福祉」を最大化することであった。裁判所はシカゴ学派の理論を反トラスト訴訟の理論として採用し、経済合理性や予測可能性を重視した判断を行い続けた[55]。

(D) 反トラスト法制定の理念

米連邦議会は、19世紀後半に出現した大規模なビジネス組織である産業トラストを抑制するために反トラスト法の一つであるシャーマン法を成立させた。シャーマン法は多様性および市場へのアクセスを容易にするため、すなわち独占と権力の濫用に対抗するという目的を持って制定された。米国の社会基盤は「自由」であり、少数の者が圧倒的な富を築くと、経済力の集中が反民主的な政治的圧力を生じさせる。競争政策の目的の一つは、大企業が独占利益という形で生産者や消費者から富を奪うのを防ぐことである。もう一つは、新しいビジネスや起業家が公平に参入できるように開かれた市場を維持することである。したがって、シカゴ学派がこの反トラスト法制定時の立法趣旨を忘れ、反トラスト法の唯一の正当な目的は消費者福祉であり（the only legitimate goal of antitrust is consumer welfare）、経済効率を高めること（enhancing economic efficiency）によってそれが促進されると結論づけたのは間違いであった[56]。

(E) 消費者福祉を重視する弊害

消費者福祉を目標にして経済効率を重視すると、長期的には消費者の利益までも損なうことが分かったので、競争政策の転換が提言された。すなわち、競争を理解するためには、競争のプロセスと市場構造に焦点を当てることが決定的に重要で、構造の役割を認識せずに競争を評価しようとする考えは見当違いであるとの見解だ。競争の最良の保護者は競争のプロセスそのものであり、市場が競争的か否かは、その市場がどのように構造化されているのかということと密接に関連している（the best guardian of competition is a competitive process, and whether a market is competitive is inextricably linked to… how that market is structured) という理解が正しい[57]。アマゾンのビジネス戦略であるオンライン・プラットフォームを支配し、利益よりも成長を優先するという戦略の下では、裁判所は略奪者とされる企業が（すなわちアマゾンが）価格を引き上げて損失を回収できるということを証明できないため、略奪的価格面でのアマゾンの違法性を認定することが困難である。また、垂直統合を違法とする理論によっても、オンライン・プラットフォーム上に展開される個別の事業が一見バラバラに存在するだけなので、支配的な企業が支配力を利用して別企業に対する反競争的な利益相反を引き起こしていると認定するのも困難である[58]。

（F）アマゾンの特異性

アマゾンはオンライン・プラットフォームにおけるゲートキーパー（gatekeeper）の役割を果たす。アマゾンが特異な企業であることは、その創業者および投資家のいずれにも見て取れる。アマゾンの創業者の一人であるジェフ・ベゾス（Jeffrey Preston Bezos）は、同社が他の企業とは異なる意思決定やトレードオフを行う可能性があると述べ、投資家も同社が利益を生み出さないばかりか赤字となっても、そのことを意に介さない姿勢を採ってきた。これは例えば、アマゾン・プライム[59]のようなサービスに代表されるように、利益よりも事業拡大を優先するビジネスモデルがある。カーンは、「アマゾンが成長のために利益を犠牲にすることを厭わないという事実は、企業が成長よりも利益を優先させるからこそ略奪行為は不合理であるとする現代の略奪的価格設定法（反トラスト法で違法とされている略奪的価格設定の認否）の中心的な前提を覆すものである」と厳しく指摘している[60]。アマゾンの企業戦略はこの「利益より成長」という発想から出ているが、ネット企業の特徴として、オンライン・プラットフォームをコントロールできると、本来の競争相手であるライバル企業の重要なインフラもコントロールできるようになり、結果的にその企業を競争相手として弱体化できるようになる。

（G）リナ・カーンの思想まとめ

　カーンは論文の結びとして、アマゾンだけが問題だと言うのではなく、アマゾンに代表されるような巨大企業が米国経済を牛耳る事態を懸念していると述べている。現状を放置すれば、米国経済全体における競争の低下が生じ、新興企業の成長率の低下や経済的不平等の拡大など、消費者福祉への悪影響という問題よりもさらに大きな弊害が米国経済に生じるであろうと指摘する。そのために、反トラスト法の理論と執行を改定し、インターネット経済において支配的な企業が権力を獲得・行使する実態を適切に把握する必要があること、およびそのテック企業がどのような形態を採り、どのような力を行使すれば競争阻害行為となるのかを新たに検討すべきであると結論している[61]。

11. 資本主義に対する疑い

　30年間も続いた新自由主義の結果として、米国社会全体に不満が渦巻いているとする見解が米国で展開されている。その論客は、アメリカン大学のジョナサン・ベイカー（Jonathan B. Baker）[62]、ワシントン大学セントルイス校のジョン・ドローバック（John N. Drobak）[63] あるいはシカゴ大学のエリック・ポズナー（Eric Andrew Posner）とマイクロソフト研究所でエコノミスト兼研究者を務めるグレン・ワイル（Eric Glen Weyl）[64] らである。このうちでベイカーとドローバックは現在の混乱の原因は競争政策が有効に機能してこなかったことにあると指摘し、反トラスト法の改正、運用・裁判の見直しも必要であるとする。ポズナーとワイルは、ハイテク技術の進展に伴い米国では成長率の減速と格差の拡大が同時に進む「スタグネクオリティ」（stagnequality）の状態に陥っていると警告する。また、現在の資本主義社会の将来を憂う見解も米国で展開されている。現在の資本主義の問題点を提示しながら、巨大テック企業による社会の支配は次元の異なる社会を創出させ、それが壮大な監視社会へと繋がるというテーマを提示した問題の書『監視資本主義』（原題：The Age of Surveillance Capitalism）[65] を著したハーバード大学のショシャナ・ズボフ（Shoshana Zuboff）や、所得の不均衡と気候変動による環境の悪化が今日の資

本主義を破壊する可能性があり、これらの問題を資本主義社会のあり方自体を考え直す契機とすべきだと説く実務派ビジネススクール教授のレベッカ・ヘンダーソン（Rebecca M. Henderson）[66]である。

（１）ベイカーの主張
　ベイカーは最高裁をはじめとする裁判所がもう少し現状認識を改める必要があり、現状は市民が社会主義に走りそうなくらい深刻な事態となっていることを警告する。
（Ａ）米国民は我慢の限界に来ている
　今や米国では、航空産業、銀行、医療、製薬、通信、ハイテク、農業の分野まで一握りの巨大企業が支配力を強め、その業界の競争力を弱めている。また、あらゆる分野の企業がITに投資しているが、他方でIT経済は、その成長に伴って競争上の問題点を数多く提起した。情報技術は多くの産業を良い方向に変えても来たが、その副作用として企業の競争を制限し、市場権力を行使する新たな方法を編み出した。テック企業は、新たな競争相手が市場で敵対するようになる前に、その潜在的な競争相手を買収することによって新たな挑戦を未然に防いできた。目を司法に転じると、かつては競争を保護するのに十分だと考えられていた反トラスト法の理論と執行が実は不十分であることが判明した。米国社会にとってこの問題を解決することは急務であるが、もし、政治家がこの改革に失敗すれば、米国民はより強硬な解決法を望むようになる。例えば、大企業の私営を止めて、公営企業にしてしまえと望むかも知れない[67]。それはもう改革では無理で社会主義を導入しろと望むことに等しい。もし、米国で社会主義を取り入れたら、経済効率は劇的に悪化してしまうことになる。逆に、大企業の活動をこのままの野放しにすれば、企業が政府に取って代わり、自分達が誰からも監視を受けずに自由放任主義的な活動ができるようにしてしまうだろう。いずれにせよ、現状放任という選択はあり得ない状況になっている。

(B) 裁判所の責任

ここで注目すべきは、これまでの賢明でない司法判断による弊害が大企業の反競争的な行為を容認してきたということだ。そろそろ最高裁と下級裁判所は既存の理論を疑い、大企業の市場支配力が拡大し、有害となっていることを認識しなければいけない[68]。企業が独占化して産業が寡占化されると、消費者にとっての価格、生産量、品質に影響を与えるという身近な問題だけでなく、イノベーションに対する競争的環境上の弊害が生ずる。米国では情報技術の発達に伴って競争的環境が衰退の一途を辿っており、これが経済成長を鈍化させ、社会格差の拡大を加速させている。

(2) ドローバックの主張
(A) 大きな政府を望むのは社会主義か

政府による規制が必要だと主張すると、すぐにそれは社会主義であるというレッテルを貼る者がいる。これは大きな政府を恐れる反動として市場を優先することしか頭にない者であり、社会的な問題であれ、経済的な問題であれ、人々が政府に頼らないことがすなわち良いことであると信じているに過ぎない。しかし、実際には今世紀に入って既存の米国企業の集中化が進んだ結果、新規参入が減少して競争が著しく減退し、独占企業の利益が増大していることが指摘されている。つまり、1980年代以降の新自由主義政策により、少数の企業の市場支配力と集中力が高まり、コストに比べて価格が上昇してきた。その結果、労働者の賃金が下がると共に彼らの生活水準も下がった。すなわち、既存企業が市場支配力を増大させ、様々な産業分野において生産性の伸びが鈍化した結果、米国の経済全体が停滞し、それと共に格差の拡大が広がったという順である[69]。

(B) 合併自体が一つのビジネスになっている

これまでは合併によって企業活動が効率化され、消費者には多大な恩恵があると説明されてきた。しかし、企業が独占化するM&Aでは、特定の者が特に利益を得ることが知られている。つまり、投資顧問・アドバイザー、投資銀

行、弁護士を初めとして合併する企業の上級管理職も企業合併の成功によって多額の報酬が得られる[70]。他方で、株主が利益を得られるかどうかはケース毎に異なるし、そこで働いていた労働者は多大な被害を被る。合併の結果として労働者は賃金が減るか、場合によっては失業する。企業合併はそこで働いていた労働者を敗者にする可能性が高いというマイナスの効果に配慮する必要があるだろう。労働者は同時にその地域で暮らす消費者でもある。今や労働者や地域社会への悪影響を考慮して合併規制を行う必要が生じている[71]。合併によって企業集中度が高まると、賃金への下降圧力が高まり、賃金が1~3割も下がると言われている。

　ポズナー＝ワイルも合併の弊害事例を掲げる。例えば、石炭鉱山を運営する二つの会社が合併する場合、労働者にとって何が起きるか。二つの鉱山の運営会社は合併したいと考えている。二つの鉱山を合わせても米国の石炭生産の1%に満たないので、今のところ反トラスト当局が問題にすることはない。逆に、こうした場合は「労働コストを下げる」として前向きな姿勢すら採ってもおかしくない。しかし、この二つの鉱山の運営会社は、石炭を生産するために使う資源の量を減らして労働コストを下げるのではなく、鉱山が新しく手に入れた労働市場支配力を使って賃金を人為的に抑制し、失業を増やすという方法で労働コストを下げる可能性が最も高い。二つの会社で競争が行われていた際には、労働者をめぐる競争原理が働き賃金が押し上げられていたが、競争がなくなり市場が寡占化された後は企業の労働市場支配力が強まり、結果として賃金抑圧ないしは失業が始まることが多い[72]。

　2008年のリーマンショック以降、多くの企業はたとえ利益を上げていても、需要の停滞を懸念して自社への投資を控えるようになった。その結果、企業行動は蓄えた現金を使って設備投資するのではなく、他の企業を買収することに使っている。M&Aの数そのものが増えるだけでなく、合併に関わる企業の規模自体も大きくなっている[73]。すなわち、米国ではM&A自体がビジネスの目的ともなっている。産業集中度が高まると労働者による仕事の選択肢が減り、米国全体の賃金を最大で30%程度も引き下げる影響があったと言われている。現在の司法省やFTCの行っている合併審査基準には、製品市場の集中度や消

費者福祉ばかりが重視され、将来的に起きるであろう労働市場への影響がほとんど考慮されていない。労働者にとって賃金低下は大きな問題であるが、さらに深刻なのは失業であり、企業合併によって「雇用の喪失」(the loss of jobs from mergers) が起きると認識すべきである[74]。

(C) 消えた労働者 (missing workers)

　企業買収を行う者やPEファンドの運営者は、企業を買収し、企業の解体、部門の売却、従業員の解雇など、企業から富を搾り取るためにあらゆる手段を講じることが仕事であるが、今日の多くの投資家にとっては別段、問題のある行動には映らない。株主や経営者がどんどん豊かになることを好ましいことだと考える風潮があるからだ。また、投資会社や機関投資家あるいは年金基金のように、大量の株式を持ち、経営陣に大きな影響力を発揮できる立場の投資家も存在する。彼らの多くは、自らの仕事のリターン（つまり投資によるリターン）を最大化しようとするため、結果として労働者への悪影響を考えずに高いリターンを求めてしまう。また、ビジネススクール（経営学大学院の修士課程）では利益を最大化する経営者が優れた経営者であると教える。マスメディアも連日、株式市場の動向を使えることで、一般市民にも株価が上昇することは良いことであるという価値観が刷り込まれる。その結果、昇給を要求したり、より良い仕事に就くために必要なスキル、知識、時間を持たない不幸な敗者を生み出す一方で、一握りの勝者のできる限り高い価値を引き出すことが経営方針となる。人員整理を行って株価を上げても、その是非どころか、そうした事実も広くは知られることもなく、それを行った経営者が賞賛される[75]。世の中を善意で見ている者達は、問題の大きさを理解しなかったために、労働者の被害を見過ごしてきた[76]。政府は旧来の失業とは異なる合併やアウトソーシングによる実際の雇用喪失を記録していない。そのため問題の大きさの見積もりが食い違ってくる。また、経済学は労働力を他の生産要素と同様に扱い、失業した労働者は新たに仕事のあるところに移動すると仮定した理論を構築してきた。その結果、現実に起きていることが見えなくなる。実際には、ここ20年間に起きた雇用喪失の数・量は、大恐慌以来で最大のものとなっているのが現

実なのにである[77]。さらに、雇用統計の取り方にも問題がある。例えば、米国の失業率はリーマンショック後には10%近くになっていたものが、その後2019年には3.6%にまで改善した。数値だけ見れば何も問題がないように見えるが、その実態は、製造業で働いていた労働者が工場閉鎖に伴って解雇された後に、その地域にはもはや製造業では働く場がないために、仕方なく不本意なサービス業種、例えば、病院、刑務所、配送センターなどでの職に就いた場合も多い。そうなると、彼らはもはや失業者にはカウントされない[78]。数字的には失業率が下がり、政策的には成功したことになる。しかも、それが賃金低下や劣悪な職場環境に落ち込むということがあっても、それはもはや失業の問題でもなく、合併やアウトソーシングの問題でもなく、単に彼らの個人的な問題として忘れられてしまう。以前は中産階級に属していた者達が、今世紀に入ってからは低賃金の所得しか得られなくなったか、あるいは仕事そのものを探す意欲もなくなり失業者にも数えられなくなっている現実がある。これこそが世の中で実際に起きている事実である。ドローバックはこれを「消えた労働者」(missing workers) と呼んだ[79]。

(D) なぜ左派のバーニー・サンダースに学生の支持が集まったのか

米国の2016年大統領選挙は特筆に値する。この選挙での注目点はドナルド・トランプでありバーニー・サンダースであった。ヒラリー・クリントンをエリートの代表とするなら、トランプには（報道では、学歴のない労働者層が支持層だと喧伝されてきたが、実際にはエリートほどではないが比較的）高学歴の労働者層の支持が厚く、サンダースには学生達の支持が集まった。政治の専門家から見れば、トランプはポピュリスト運動のリーダーであるし、サンダースは民主党左派の社会主義者である。この両氏に米国民の支持が集まるのは、米国社会が分裂に向かっていることを示している。20世紀の経験から見れば、不満を持った労働者はナショナリズムやファシズム（全体主義）の運動に傾倒する。また、米国の高学歴労働者層や学生達という米国社会の中間層が本来の政治を専門としているエリート政治家ではなく、トランプやサンダースを支持したのは、トップ・エリート層に対する根強い不信感があるからである。これまでの政府の指導

者は、何十年もの間、労働者階級および中産階級の問題を軽視してきた。彼らは多くの労働者や中間層を、自分達の仲間、すなわちボストン、ワシントンDC、シリコンバレー、ハリウッドなどに住む富裕層のような仲間あるいは同胞ではなく生活や価値観の違う者達と見下すようになっている。その原因は政治エリートたちの政治姿勢や心情にあり、彼らは同性婚や差別、移民問題などの社会問題ばかりに関心を持ち、経済問題、特に失われた仕事に対して冷淡であるか関心そのものがない。その結果、米国では深刻な社会分裂の危機に直面している。

　これを回避するためには、労働の価値に対する考え方を改める必要がある[80]。米国は労働の価値に対する考え方を改めることはできるだろうか。労働に対する根本的な考え方を変えるためには、米国は今こそ欧州を見習わなければいけないだろう。欧州は労働者を過剰に保護し過ぎて非効率になっていると指摘されることも多いが、それでもドイツを初めとする欧州諸国は労働者問題では成功している国が多い。かつて、共産主義が終焉に向かい冷戦が終わった際に言われた言葉がある。「政治体制を変えるには6カ月、経済体制を変えるには6年、人々の心を変えるには60年かかる（it takes six months to change a political system, six years to change an economic system, and sixty years to change the hearts and minds of the people）」と。米国では1980年代にレーガン大統領が登場して、新自由主義、つまり、規制や税金を最小限まで減少させる小さな政府が「善」であるという考え方を流布してしまった。規制から解き放たれた企業は、それ以後、巨大化して米国の産業が集約化され、結果として労働者の生活を破壊してしまった。米国全体のGDPは上昇しても彼らの賃金は減少し、しばしば失業状態に陥る例が増えた[81]。ドローバックは労働力を守るためには市場に任せておいてはダメだと言う。例えば、政府が定期的に解雇を記録し、M&Aやアウトソーシングなどの原因を示す必要があると考えている。また、企業には離職者に支給する失業手当の額を大幅に増やすように義務づけるなどの策を用いて、離職者を出す場合のコストを増やし、離職を経済的に阻害する要因を作ることも必要だと提言している。また、ドイツに倣って取締役会に労働者の代表を置かせたり、合併やアウトソーシングによって生じる利害関係を真剣に検証する必要性を説く[82]。すなわち、米国の法制度を労働者保護の方向に大きく転換する必要がある

と主張している。

（E）政府の規制が必要な理由

ドローバックによれば、純粋に自由放任の経済（a purely laissez-faire economy）というものは存在しない。政府の干渉を受けない純粋な自由放任主義経済へのリバタリアン（自由至上主義者）の憧れは空想である。現代の市場システムは、人の手を介さない非同時交換、複雑な多人数取引、難解な資金調達方法などを備えており、政府の関与が必要である。ここで問題となるのは、政府対市場ではなく、政府が市場をどの程度規制すべきか、あるいは市場に干渉すべきかということである。何らかの規制は必要であり、議論の本質は政府の規制の程度である[83]という。このドローバックの主張の背景には、現実世界を正面から捉えていない経済理論そのものへの疑いがあり、またその理論を使って物事をルール化している法律の作り方にも疑問を持っている。間違った前提の上に理論を構築し、それをルール化しても、現実には何も良くならないからである。また、単に労働者や中間層の利益というだけではなく、米国経済の集中化により、米国の競争力そのものが低下していることも指摘している。リーマンショック以後に特にその動きが更に激しくなった海外へのアウトソーシングや企業合併が、結果として何百万人もの米国人労働者の失業を生じさせた。また、これは経済的損失だけではなく精神的損失、つまり失業や賃金低下によって自尊心を喪失し、うつ病を発症し、現実逃避から薬物使用などに走る者を増やした。つまり、経済政策の失敗や法律の不備は、単に経済問題に止まらず、社会問題を引き起こすとの警告が含まれている。

（3）ポズナー＝ワイルの提起するスタグネクオリティ（stagnequality）とは

（A）新自由主義がスタグネクオリティを引き起こした

かつて新自由主義経済学は、格差と引き換えに経済の活力が高まると約束した。ところが、実際には、格差が広がるだけで活力が低下している。現在起きているのは成長率の減速と格差の拡大が同時に進行する「スタグ

ネクオリティ」(stagnequality)[84]であると主張するのがポズナーとワイルである。今や米国でも欧州でも数値に表われない実質的な失業率が上昇している。今日の経済で十分に活用されていないのは労働力だけではなく、それを活用できるはずの企業や都市に資本が有効に投下されていない。例えば、具体的な比較として、1940年に生まれた米国人の子供の90%は生活水準が親世代を上回るが、1980年に生まれた子供の場合には、それが50%に過ぎないことが報告されている。しかも、これはたまたま米国でそうなったというだけではなく、他の豊かな国でも同じ現象が起きているはずだと結ばれている[85]。

(B) 自由主義由来の二つの潮流

　第二次世界大戦以後には米国をはじめとする先進諸国が未曾有の経済発展を遂げ、自由主義が大成功を収めた。後にこの自由主義論者は二つに分かれる。一方が現在の政治的右派と呼ばれる者達で、平等よりも自由市場と効率性を優先させるリバタリアン（Libertarian、欧州では「新自由主義者」と呼ばれる）である。彼らは小さな政府を希求し、政府の介入と闘うだけでなく、財市場や資本市場の国際開放を推し進めた。他方は現在の政治的左派と呼ばれる者達で、国内での平等化とそれまで市場から排除されていた少数者と女性への市場の開放を推進するグループとなったリベラル（Liberal、欧州では「社会民主主義者」と呼ばれる）であり、このグループが公民権運動やフェミニズム運動を推進した。特に右派の勝利が現在の経済秩序の基礎を作った。彼らの主張にしたがって各国は国有産業を売却し、規制緩和を行い、貿易を開放して国際取引を進展させた。これにより国際社会における国相互の格差は縮まり、国内における支配層とマイノリティとの既存の格差は減少する一方で、豊かな国の中における新たな格差が広がることになった。これがスタグネクオリティを引き起こしたのである。国有産業の売却および規制緩和によって一部の資本家は大きな富を手に入れ、これをさらに国境を越える経済活動によって増大させる。国際資本家エリートが巨大な富を手にする一方で、賃金低下や失業に苦しむ労働者階級にはナショナリズム的な反発を呼び起こすこととなった。国内で内部分裂を起

こし、スタグネクオリティに陥ったのは、経済と人口動態の変化という自然の要因ではなく、思想と政策の失敗というまさに人為的な失敗によるものだとポズナー＝ワイルは指摘している[86]。

（C）デジタル分野で容易に合併が認められてきた理由

ポズナー＝ワイルは反トラスト法の執行が甘くなりやすいのが特にデジタル分野であると言う。なぜなら、他の分野とは異なり、この分野では新しい企業や商品が市場に参入することで、既存の商品の改良版や廉価版が生み出されるのではなく、市場そのものの性質が変わるからであると。それによって著名なテック企業はベンチャー企業を次々と買収・合併することでますます独占化しているが、司法省やFTCは、これまで定義が明確で測定が容易な既存の市場での競争を警戒してきたので、デジタルの分野で支配的なテクノロジー企業と破壊者になる可能性を秘めている新興企業との合併がほとんど認められている[87]。この点でティム・ウーやリナ・カーンの主張とも一致する。

（4）ズボフの指摘する監視資本主義

ズボフによれば、今や多くの研究者が世界的な「民主主義の後退」、あるいは長く堅牢と見なされてきた西洋民主主義の「解体」を指摘している[88]。例えば、政治学者のピッパ・ノリス（Pippa Norris）は「Is Western Democracy Backsliding?」（邦訳：西洋の民主主義は後退しているのか？）[89]と題する論文の中で次のように言う。文化的には、圧倒的多数の人々が民主主義こそが最良の政府形態であると信じているにもかかわらず、いくつかの原因で世界的な民主主義の後退という憂慮すべき兆候が生じている[90]と。この傾向は世代間で差があり、また米国と欧州では異なる点もあるが、民主主義国家の統合が薄れており、このまま行くと最悪の場合、崩壊の危険性もあると述べる。これが生じた原因はいくつかあり、90年代以降に多発したテロ事件が国民の不安を煽ったことが背景にある。また、難民問題も国民の不安を煽る要素が強く、この結果、既存の政治指導者を信用できなくなり、各地でポピュリズム[91]が盛んになりつつある。すなわち、今日の民主主義の衰退を招いている原因の一つが、

政治的、文化的、経済的な権力を握っている特権階級（いわゆる「持てる者」）に対する不信感の反映である[92]と指摘している。米国をはじめとする民主主義国の中産階級や労働者階級は、こうした特権階級の間違った政治や経済政策のせいで自分達が負け組に追いやられ、賃金低下や失業などに苦しめられていると感じている。裁判所も既得権者を擁護し、市民の味方になってくれないように感じている。

　ズボフは、現在の資本主義社会が人に関する情報を無限に収集し、これを無料で使用することによって逆に人々の行動を予測・監視し、社会を全体主義化（道具主義化）しつつあると警告する。テクノロジーの発展に伴って、無線交通システム、セキュリティ・センサー、モバイル電話ネットワークなどによって得られた情報を蓄積し、個々の行動を観察して人の需要と反応を（プログラムに）記述できるシステムを開発すれば、すなわち、人の意思決定を予測する理論と人の動機メカニズム設計ができれば、人を自発的に（と本人は考えている）安全と安定と効率が保証された結果へと（本人が自ら選択した行動だと思っている結果へと）向かわせることができる。つまり、人を一定の方向に向けて行動させることができるようになると言う。ズボフの著書には何度も「ビッグ・アザー（Big Other）」という言葉が登場するが、これは有名なジョージ・オーウェルの著書『1984』で用いられた「ビッグ・ブラザー（Big Brother）」（日本語に意訳すれば「偉大なる同志」という意味になる）が念頭にある。当時、オーウェルは共産主義の本質が全体主義であり、中央の強大な力によって統制された社会であることを見抜いていた。オーウェルは作品中で"Big Brother is watching you"という表現を用いて、全体主義社会においては、人々は職場でも家庭でもプライベートな時でもいつも監視されるようになるということを、この言葉を使って効果的に表現した。ズボフはこれを援用し、これからの社会は、共産主義のような中央に巨大な権力が存在するビッグ・ブラザー、すなわち特定の誰かにではなく、システム全体で人々のプライバシーを含めた全生活が監視されるビッグ・アザーによって監視される社会、すなわちデジタル版の全体主義（ズボフはこれを「道具主義」（instrumentarianism）と定義する）が到来することを予測している[93]。ズボフの提示したこれからの資本主義のあり方につ

いては第6章で分析する。ここではテック企業の支配する社会が民主主義ではなく、全体主義・道具主義と高い親和性を持つことを指摘するだけに留めておきたい。

(5) ヘンダーソンは資本主義者だからこそ資本主義の危機を説く

　ヘンダーソンは、今日の企業家が社会的責任よりも収益を優先させるのは当然のことであって、投資家の要望に応えることを第一優先にする必要があることをいずれの大学のビジネススクールでも教えているのだと言う。しかし、そもそもヘンダーソンが実務家を辞めてビジネススクールで教えることになったのは、こうした当たり前の発想、つまり社会道徳や環境破壊や格差拡大の問題を軽視するビジネス界の流れを変えたかったからであるとも述べる。つまり、今の経営環境のまま放置すれば、個々の経営者が頭ではマズいと気がついたとしても、直近の利益を取りに行く企業行動は変えられない、これを変えるには、背景にある企業文化を変えないといけないとの主張である。しかし、言うのは容易いが実現するのは難しい。企業経営者はこれに賛同しないからだ。ヘンダーソンも指摘しているが、「多くの企業リーダーは、本気で共有価値（社会問題や環境問題を重視すること）に取り組むのは気が進まないだろう」と語る。「投資家の期待に応えつつ、株式を虎視眈々と狙うアクティビストの脅威を回避しなければならないので、真の企業目的に適う長期プロジェクトに投資することができないからだ」と[94]。

　この問題に対する一つの解決策のヒントをヘンダーソンは公認会計士との対話で得た。現在の財務諸表（損益計算書・貸借対照表・キャッシュフロー計算書）は企業を評価するのに不可欠だが、会計士から見れば、実際のビジネスの業績は目に見えない些細な物事によって左右されているはずだから、それらを全て計測し、財務諸表に掲載できているわけではないことをよく知っている。つまり、本来は例えばビジネスには企業文化といったものが大切で、それが背景にあって順調な収益を上げているかも知れないのに、財務諸表にはそれについての言及はないし、会計士がそれを肌で感じることはあっても、それを測る尺度がない。したがって、実は投資家にはその企業に投資すべきか否かの重要

な情報が欠けていることになる。しかし、投資家も企業文化が長期的な強みの源泉になり、従業員を大切にする企業は生産性が大幅に高そうだということは漠然と認識はしている。この点を考慮して生まれたのが「ESG 指数」である。これは Environment（環境）・Society（社会）・Governance（企業統治）の頭文字を取ったもので、この３つの観点から企業を評価し、長期的に持続可能なビジネスを営んでいるか否かを指数化したものである。ESG 指数の他にも、企業の調査データや年次報告書、各種の公的データを集めて分析する方法や、あるいは AI（人工知能）を使って当該企業に関するネット上の情報を集めて分析する方法などが試されている[95]。そうなると、たとえ自社ではなく取引先のサプライヤー企業が人権侵害を行って部品を作っていたり、奴隷労働のような劣悪な労働環境の下で原材料を調達しているような場合であっても、当該企業の責任が問われることになり、長期的には投資価値の無い企業として公知されるようになるだろう。これこそが先に述べた企業行動を変えることに繋がるのであり、長い目で見ると企業文化までも変えることができるだろう。資本主義を今日とは異なる姿に変えようという試みは始まったばかりであるが、ヘンダーソンの提示する新しい資本主義の形が経営者や投資家を変えることができれば、結果としてそこで働く者も社会的な労働価値を感じて充実した人生を送ることができるはずである。

（6）小活

いずれの論客も使用する言葉は異なるが、共通するのは資本主義がこのままで良いとは考えていないことだ。また、それは資本主義そのものに根源的欠点があって、これを遺棄せよ、とまで言っているわけではない。今日の資本主義に綻びが出てきたのは、一方に 80 年代以降に隆盛となった新自由主義が原因としてあり、他方にデジタル技術の発展、特に社会全体がインターネットやその上で展開されるプラットフォーム事業なしでは成り立たなくなっていることに原因がある。インターネットは既に今日の社会においては不可欠なインフラとなっており、それを私企業の恣意的な行為によって思うままに左右できる事態に憂慮していることが分かる。また、これは教育の問題でもあるのだが、創

意工夫や独創的な発想ばかりが評価されて、いわゆる通常業務や日常生活に欠かせない単純労働の価値が不当に引き下げられてきたことも大きな原因として掲げられる。人はアイデアだけで生きているのではなく、それを実現するためには目に見えない多くの労働に支えられて成り立っているのだという労働価値の見直しが不可欠となっている。これは社会道徳の問題でもある。通常の労働に敬意を払い、社会が効率的で安全に保たれている意義を再確認する必要があるだろう。

12. 米国競争政策の転換（一応の結論）

　以上見てきたように米国の競争政策とその背景にある資本主義社会への認識は転換の時を迎えている。これは一方で、シカゴ学派の提示した反競争的行為の定義とそれを抑制するための理論が社会の進展と共に役に立たなくなってきたことを示しているし、他方では現代の資本主義自体がデジタル技術の進展と共に変質してきていることの結果でもある。米国社会は今や多くの国民に不満が渦巻いている。政府、議会、裁判所がこの国民の動きに対処できないと、米国の将来自体が危ういほどである。本書では、多くの研究者や知識人が現状を看過できないと感じて何らかの措置を取ろうとしていることを指摘してきた。これまで検討してきたように、今後は米国で競争政策の転換が図られる可能性が高い。立法府（連邦下院議会の報告書）および行政府（ホワイトハウス・司法省・FTCの人事）が大きく政策転換していることが分かった。あとは、司法（裁判所、特に連邦最高裁）が根拠としている理論を転換し、判例変更することが大切である。資金力に物を言わせて、巨大テック企業は訴訟で徹底的に対抗してくると見られるが、これは単に競争政策の是非だけの問題ではなく、米国の存亡がかかっていると言っても過言ではない。歴史的必然として巨大テック企業の解体は必至であろう。テック企業だけでなく、米国では過度に大企業化が進み、産業全体が歪な形になっている。これでは社会の中心にいるはずの中間層は生活が成り立たなくなる。産業構造を変えるには、競争政策の変化のみに任せておいてもダメで、できることから始める必要がある。

まず、株主資本主義を改める必要がある。これが現代の緊急の問題であろう。これは法制度、特に税制を改めれば変えることができるだろう。また、エッセンシャルワークなどの通常労働の価値を再確認する必要がある。人はアイデアやテクノロジーだけで生きているのではない。今日の教育が知財優先の教育内容に傾いている反動で、既存の労働の価値が不当に下げられている。本来、「essential work」とは、直訳すると「必要不可欠な労働」で、社会基盤を支えるために必要不可欠な仕事のことである。金銭的な価値だけで労働の価値を決めていると、社会基盤にとって必要な労働をする者がいなくなる。AI（人工知能）が発達すれば、人はエッセンシャルワークから「解放される」と吹聴されるが、これに騙されてはいけない。人は身体の機能だけでできているのではなく、精神的な動物であると共に社会的動物でもある。教育で社会道徳や労働の価値を軽視してきた結果が今日の状況である。これを見直す必要がある。テクノロジーの進展、つまり技術革新自体を止めることはできない。しかし、問題はテクノロジーそのものではなく、これを運用する側の問題である。これまでは①消費者の利益を優先→企業の収益が上がる→株価が上がるので投資家もそれを望む、という循環であったが、これを②従業員を含むステークホルダーの利益を優先→消費者の購買力が上がる→企業の収益が上がる→社会が健全となる→長期的には投資家の利益になる、という循環になるように法制度や社会制度を変えて行く必要がある。ただし、②の「従業員を含むステークホルダーの利益を優先」は賃金の上昇だけに頼る単純な発想ではなく、働き甲斐や社会的意義を感じさせる精神的な満足の工夫が決定的に重要となる。要するに、働く者が自己肯定感を感じられるような社会を目指す努力が重要である。これは一見、抽象的で単なる理想論に見えるが、まさに今、欧米や日本を中心とした民主主義および自由主義を標榜する国に求められている発想であろう。20世紀には世界の人口が2倍になる間に世界のGDPは5倍になったと言われる。18世紀から何度か産業革命が起きているが、その都度、技術の進歩が加速度的に速くなっているとも言われる。今は第四次産業革命の時代であると言われるが、技術革新が起きる度に社会問題が深刻となり、その結果、人が不幸になるのでは何のための技術革新か分からなくなる。

最後に、もう少し視野を広げて、20世紀～21世紀を通じて社会全体を支配してきた価値観にも触れておきたい。米ハーバード大の白熱教室で知られるマイケル・サンデル（Michael J. Sandel）が著した『The Tyranny of Merit：What's Become of the Common Good?』（日本語版：実力も運のうち　能力主義は正義か）はベストセラーになっており、現代社会を覆う能力主義社会の欺瞞性を暴いている。原題の「the tyranny of merit」を直訳すれば「功績の専横」となり、能力主義の問題点に鋭く切り込む題名となっている。つまり、機会の平等が与えられた能力主義・功績主義（meritocracy）こそが出自や性別、生まれた地に左右されない誰にでも公平な社会制度だと20世紀には信じられてきたが、実はこれこそが今日の格差社会の原因ではないのかと指摘する。近代以降には多くの国で封建制を脱し、生まれに関係なく教育を受け、就きたい職業につき、努力すれば誰でも成功できると教えられてきた。特に米国は土着の貴族階級が存在しない移民国家であるので、努力次第で誰でも成功できるといういわゆるアメリカン・ドリームを実現できる国であると信じられてきた。ところが、現実にはどうであろうか。全米大学進学適性試験であるSAT（SAT Reasoning Test/SAT Subject Tests）の点数は親の持つ富に比例し、東部名門大学やスタンフォード大学に入学できる学生の3分の2は上位5分の1（つまり上位20%）の裕福な家庭出身者だということだ。いずれの名門大学でも最下層の貧困家庭出身の学生が3%に満たないのが現実であり、大学進学を通じた社会的移動が極端に少ないことを表している。米国ではMBA（経営学修士号）や各専門の博士号を取得しないと成功者になれないが、大学に進学して学位を取るには、どういった家庭に生まれるかで既に差がついてしまっていることが分かってきた。米国は今や「努力すれば成功できる」国ではなくなってしまったのである。現状を放置すれば、おそらく近い将来、米国の衰退が始まるであろう。それまでに、米国のリーダーたちは有効な手を打つことができるだろうか。今日の動きを見ていると、これを行おうという気概は感じる。かつて、哲学者で思想家のホセ・オルテガ・イ・ガセット（Jose Ortega y Gasset）が外見は優しい言葉だが内実は手厳しい社会批判をした。「大衆化した人間は自分が完全だと思っている」、「しかし問題は大衆化した人間が愚かだということでは

ない。むしろその反対に、現代の大衆は利口であり、他のいかなる時代の大衆よりも知的潜在能力を持っている。だがその潜在能力は彼にとって何の役にも立たない。…彼はたまたま自分の内部に溜まった一連の決まり文句、偏見、観念の切れっ端、あるいは意味のない語彙を後生大事に神棚に祀ったあと、天真爛漫としか説明しようのない大胆さをもってそれらを相手かまわず押し付けている。…凡俗な人間がその凡俗さの権利を、あるいは権利としての凡俗さを宣言し、他に押し付けようとしている点がそれである」と[96]。ここでオルテガの言う「大衆」とは一般市民のことではなく自分達のことをいわゆるエリートだと思っている知識人や専門家のことを指している。

　このオルテガの論をさらに進めて、序論で言及した西部邁も現代社会に対して鋭く抉る。つまり、「情報社会とか知識社会とかいった豊かな社会の別称も、…事態をうまく表現していない。それらの呼称においては、人間が情報や知識を主体的に操作しているものとみなすという、人間に関する大して根拠のない楽観主義がただよっている。情報や知識の生産・消費のされ方…操作の主体性など見せかけにすぎない。…人間は言葉をはじめとする様々の記号によって生産され消費される客体となる」、「その実用性のゆえに大衆社会から歓迎されている専門的知識の多くは、それ自体が大衆社会の産物である」と[97]。彼らの洞察力から見えて来るのは、情報や知識を自分たちが（人が）使いこなしていると信じ込んでいるが、実は主体と客体が逆であって、自分達がそれら（情報や知識）に使われ消費されている現代社会の滑稽な姿である。投資家は自分の資産が増えると思い込んで企業に短期的利益を強要する。しかし、その実は、自らの住んでいる社会の根底を壊しつつあることに気がつかない。専門家はその専門的な知識を使って経済を語り、優れたビジネスモデルを生み出したつもりになっているが、実は逆にそれが経済そのものの根幹を痛めつけ、民衆を資本主義を否定する過激な活動に追い込む。自由な競争から生まれたはずの既存の硬直した秩序を改変した英雄のつもりになっているテック企業が、実は人々を情報を無料で得るための道具あるいは資源に落とし込み、その人々から自由思想を奪って特定の方向性に偏った思想を植え付ける全体主義的リー

ダーになりつつある。こうした事態が起きていることに気がつき真摯に向き合えば、本書で指摘してきた問題点、特に**第11節資本主義に対する疑い**で検討した問題点が何を指し示し、今日の経済秩序が何によって脅かされているのかが明確になる。おそらく、米国で起きていることは早晩、他国でも起きるはずである。したがって、これは他山の石ではなく、自らの問題として考える必要がある。80年代末に冷戦が終わり、「資本主義が勝ち、思想で対立した時代が終わった」と言われた[98]。しかし、実際にはその後の30年間で今度は資本主義自体が自壊する危機に見舞われている。しかも、資本主義の自壊は必然的に民主主義の破壊を意味することに人々は気がつき始めている。米国は巨大テック企業の本拠地であるだけに、その問題点にいち早く気がついたと説明するのが正しいだろう。

▍コラム：新しい民主主義の方法

多数者の意見が優先される民主主義であるが、残された少数者はどうやったら自分たちの意見を通すことができるのか？ これは古くて新しい問題である。これについて、本文に掲げた E. ポズナーと G. ワイルが興味深い提案をしている。すなわち、現在の民主主義の中で残された大きな問題は、今の投票システムでは、提案に賛成か / 反対かしか分からず、有権者がその結果をどれくらい選考しているのかの深度が分からない。これを解決するための一つの方策として「二次投票（Quadratic Voting）」という手法が提案されている。これは既存の1人1票という発想から抜け出し、自分の投票権を次回の投票のために貯めておくことができるというシステムである。どちらに決まっても良い、つまり選考に強い執着心を持たない事柄の時には投票を控えておき（投票せずに貯金し）、いずれ自分にとって選考の強い投票機会が到来したら、その時には投票権の貯金（クレジット）を使って、複数の投票権を入手するのである。これにより次の二つの重要なことが可能になるとされる。まず、熱心な少数者が、無関心な多数者に投票で勝てるようになる。次に、投票の結果は、ある小集団の幸福を別の小集団を犠牲にして最大化するのではなく、集団全体の幸福を最大化することが可能となる。ただし、投票権を貯めると（クレジットすると）言っても、単純に投票権を足し算して貯めるのか、平方根を用いてクレジットするのか、様々な方法が考えられるだろうが。興味深い説ではある。

第5章　日本経済の現状とアベノミクス

1　日本の経済成長率とデフレの推移

（1）GDP 成長率

　日本の国内総生産（GDP）の推移を見てみる。内閣府の経済社会総合研究所が 1955 年から今日までの GDP の値を公表しているが、1955 年から 5 年ごとに GDP の数値（名目 GDP）を見てみると、1955 年が約 8.3 兆円だったのが 1960 年には 16 兆円となり 1.9 倍の伸び率、その後、1965 年には 33 兆円となり伸び率が 2.1 倍、1970 年には 73 兆円となり伸び率 2.2 倍に、1975 年には 148 兆円となって伸び率が 2 倍、1980 年に 239 兆円となり伸び率 1.6 倍、1985 年に 321 兆円となり伸び率 1.3 倍、1990 年に 437 兆円と順調に伸びて伸び率が 1.4 倍となる。しかし、バブル崩壊した 90 年以降は急激にその伸びが鈍化し、1995 年に 494 兆円、2000 年に 503 兆円と 500 兆円代に乗った後は 2012 年まではほぼ横ばいで伸び率が 1.0 倍前後。2013 年からは GDP の値が名目および実質共に少しずつ伸び、2013 年から 2019 年までの GDP の伸び率は名目で 1.09 倍、実質で 1.05

図 - 1　日本の GDP の推移（1955 年〜 2020 年）
　　　出所：内閣府・経済社会総合研究所・国民経済計算（GDP 統計）より

となっている。(2019年のGDPはそれぞれ名目で約560兆円、実質で約556兆円となっている。)2020年は新型コロナウィルスの蔓延が原因でGDPが名目・実質共に前年比4~5%にまで落ちている。

GDPの推移から見ると、1960年代は5年ごとに経済規模が約2倍に成長するという高度経済成長期であったことが分かるし、1970年代に入り、第1次オイルショック（73~74年）があったにもかかわらず前半は60年代とほぼ同じ5年で2倍という速度で成長したことが分かる。第2次オイルショック(79~80年)の起きた70年代後半には5年で1.6倍程度の成長速度に落ちた。1980年代に入ると、前半の5年間で1.3倍、急激な円高をもたらしたプラザ合意（1985年）以後の後半5年間にも1.4倍で成長した。平成の時代（1989年が平成元年）が悪性のデフレ経済に陥ったので、80年代後半を「バブル経済」と呼んで忌み嫌う傾向があるが、1980年に名目GDPが約240兆円、1985年に約320兆円、1990年に430兆円であり、インフレ率もそれほど高くなかったことから鑑みると、この80年代の中度の経済成長があったからこそ、後のデフレ経済にも耐えられたと言える。バブルが崩壊した90年頃から経済成長が急減速して、年率1%成長、場合によってはマイナス成長となる年もあった。

GDP（国内総生産）には名目と実質があるが、名目GDPは単純な価格を合算したものであり、実質GDPは物価変動を考慮した数字に修正したものである。これが日常の生活実感にどう影響するのかと言えば、例えば、物価が下がり売上が減ってしまうと（デフレになると）、販売した個数は増えて営業成績が良くても、会社の営業利益は減ってしまうし、従業員に支払われる給与も増える方向よりも減る方向に向く。この場合には名目GDPは下がっている。しかし、物価が下がると、その分、物自体は多く売れているので、物価の下落（デフレ）を差し引き、元の価格で計算すると、数値的には会社の営業利益は増えていることになる。社会全体としては数値的には成長していると算出される。つまり、実質GDPは上がることになる。一般に、デフレの時期には生活実感に近いのが名目GDPの方で、実質GDPの方が架空の数字ということになる。逆に、インフレの際には実質GDPの方が生活実感に近く、名目GDPの方が架空の数字ということになる。下記に名目GDPと実質GDPとの間にどの程

度の差が生まれるかをグラフ（図 -2）（図 -3）で示してみよう。

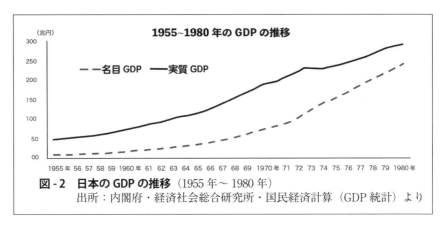

図 - 2　日本の GDP の推移（1955 年～ 1980 年）
　　　　出所：内閣府・経済社会総合研究所・国民経済計算（GDP 統計）より

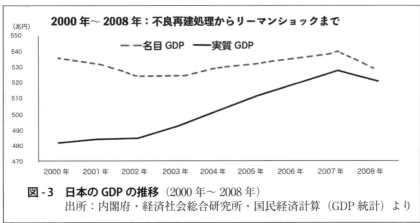

図 - 3　日本の GDP の推移（2000 年～ 2008 年）
　　　　出所：内閣府・経済社会総合研究所・国民経済計算（GDP 統計）より

　1955 年から 1980 年までのインフレ期には実質 GDP の方が上にあり、逆にデフレ期の 2000 年から 2008 年までは名目 GDP の方が数値が上回っていることが分かる。つまり、先の説明（インフレの際には実質 GDP の方が生活実感に近く、デフレの時期には生活実感に近いのが名目 GDP の方である）から応用すれば、1980 年代までは実際よりも生活が豊かになっている感じがするが、2000 年代以降のデフレ期には（物価安が起きているが）生活が悪くなる感じ

がするという結果になるだろう。
　ところで、次に海外に目を向けて、IMFのデータを見てみる。(図4) は日本がデフレに陥った1995年を起点とした米国・英国・ドイツ・フランス・日本のGDP成長率をグラフ化したものである。

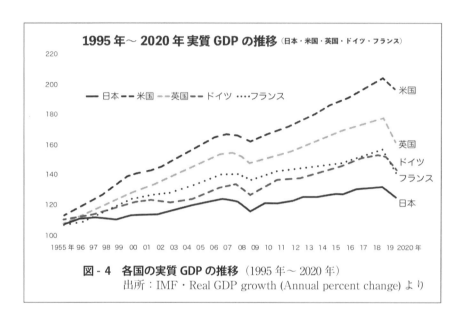

図-4　各国の実質GDPの推移 (1995年～2020年)
出所：IMF・Real GDP growth (Annual percent change) より

　2020年には世界で新型コロナウィルスが猛威を振るったので、各国ともGDPが下がっているが、その前年の2019年の時点で、米国は95年比で約2倍、英国が約1.8倍、ドイツとフランスが約1.5倍とGDPが伸びている。その間、日本はほぼ横ばいで、他国との差が開いていることが分かる。

(2) 消費者物価の推移

　戦後の日本経済は何度かの急激な物価高を経験している。終戦は1945年だが、政府統計で分かるのは1947年から2020年までの値なので、これをグラフ化してみると (図5) のようになる。数値には消費者物価総合 (CPI) を使った。このグラフから重要な注目点が分かる。1950年から5年ごとの消費者物価指

数の上昇率を見てみると、1950年から55年までが1.39倍（39%上昇）、55年から60年までが1.08倍（8%上昇）、60年から65年までが1.33倍（33%上昇）、65年から70年までが1.31倍（31%上昇）、70年から75年までが1.72倍（72%上昇）、75年から80年までが1.37倍（37%上昇）、80年から85年までが1.14倍（14%上昇）、85年から90年までが1.06倍（6%上昇）、90年から95年までが1.06倍（6%上昇）となり、その後はグラフを見れば一目瞭然だが、2013年までほとんど横ばいで変化なし。第2次安倍政権下で開始されたいわゆるアベノミクスにより2013年から直近の2020年までが1.07倍（7%上昇）とやっと若干の上昇率を記録した。

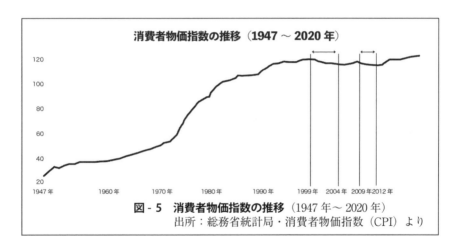

図-5　消費者物価指数の推移（1947年～2020年）
出所：総務省統計局・消費者物価指数（CPI）より

　高度成長期であった1960年代よりもその後の1970年代の方が物価上昇率が高いのは、第1次（73～74年）、第2次（79～80年）と続いた石油ショックが主な原因であろう。注目点はバブル期に「狂乱物価」とまで言われた1980年代であるが、前半の5年間で14%上昇、後半の5年間でも6%上昇しかないので、実は「狂乱」どころか物価は比較的落ち着いていたことが分かる。80年代には不動産価格と株価が急上昇したので、物価全体が急上昇したように感じていただけで、数字で見ると経済全体では緩やかに物価が上昇していた通常の経済成長期であったと言える。これを狂乱物価であると誤認したこ

とが、その後のバブル後遺症と長いデフレ期を招来する結果となった。IMFによるデフレの定義が2年連続の物価下落であるから、1995年～96年の2年間、1999年～2005年の7年間、2009年から2012年の4年間は明らかなデフレであり、その間もマイナスとはならずもほとんど物価上昇が見られないことから、実に1995年から2012年までの18年間もデフレ経済状態であったと言える。2013年に第2次安倍政権下でいわゆるアベノミクスが開始され、上昇率は少ないながらも2013年から2020年までの間に平均すると毎年1％前後の物価上昇が見られて、同時に失業率の低下、コロナ対策補正予算などが組まれ、弱いながらもデフレからは脱却できた。ただし、後に比較するGDPギャップから見ると、まだ完全にはデフレから脱したと安心するのは早い。おそらく長いデフレ期間を経て、日本の人々の心理が冷え切ってしまったので、まだ成長期待はできない。いわゆるデフレマインドが根強く残っていると見る方がよい。

（3）金利の変動

　金利には大きく分けると市中で銀行が貸し出す際の短期金利と長期金利とがある。また、今日の日銀のゼロ金利政策のように、貸出金利の変動だけでなく、量的緩和に伴う金利操作としての国債金利の高低でも金利が分かれる。まず、銀行貸出の市中金利の方であるが、短期金利については予め日本のメガバンクが決め、この金利で資金を融通し合うことが多い。他の銀行の事情によっては必ずしも当該の金利そのままで資金のやり取りがされるかどうかは分からないが、多くの場合、メガバンクの定めた短期金利がそのまま市場での短期金利となる。日銀はこれを「短期プライムレート」と呼んで、不定期で調査している。長期金利はこうした短期金利の積み重ねと長期的な推移予測を加味して市場で決まるので、人工的に操作することが難しい。しかし、日銀は国債やETFなどの購入を通じて通貨発行量を調整し、市中の長期金利の誘導も試みている。日銀は長期金利のことを「長期プライムレート」と呼んで、これも不定期に調査して統計を取っている。

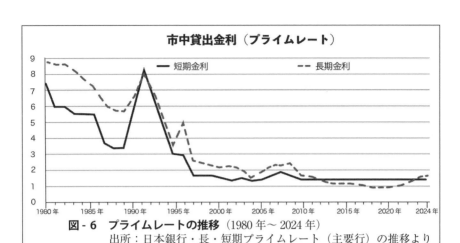

図-6 プライムレートの推移（1980年〜2024年）
出所：日本銀行・長・短期プライムレート（主要行）の推移より

　（図-6）を見ると、長期金利は80年代後半から90年代初頭にかけて激しく上下動し、その後は2000年にかけて一気に2%付近まで下降して行ったことが分かる。リーマンショック後の2009年からは1%台となり、2016年前後からは1%を切ることもあった。コロナ禍の2020年頃からは徐々に上向き、現在では1.6%程度にまで戻っている。日銀による誘導が「ゼロ金利」または「マイナス金利」と言われるが、銀行貸出の市中金利がマイナスになったことはない。

　次に、長期国債、特に10年国債の金利についてであるが、90年代初頭にはまだ金利が6〜7%もあったが、2000年代にかけてこれが緩やかに1%台に向けて下降して行った。（図-7）で大まかに1990年〜2024年までの10年国債の利率の推移を見て、次に（図-8）で2000年以降、特に2013年に開始されたアベノミクスによって長期国債の利率がどうなったかを見てみよう。

図 - 7　日本国債 10 年利率の推移（1990 年〜 2024 年）
出所：財務省・国債・過去の金利情報より

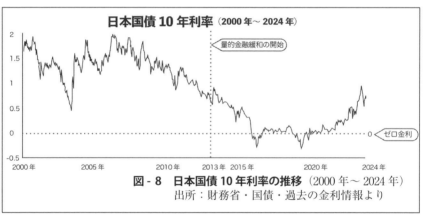

図 - 8　日本国債 10 年利率の推移（2000 年〜 2024 年）
出所：財務省・国債・過去の金利情報より

　2013 年より日銀がアベノミクスの下で国債の買い入れを行う量的緩和に踏み切ると、国債の利率も急速に下落し、2016 年頃にはほぼゼロ金利となった。その後はマイナス金利となったが、グラフでは 2017 年〜 2019 年まではゼロより上の水準にあり、マイナス金利とはなっていないことが分かる。これは当時の黒田東彦日銀総裁が長短金利操作であるいわゆるイールドカーブ・コントロール（YCC：Yield Curve Control）を採り入れたためである。これは短期金利をマイナス金利に抑え込むと同時に、長期金利がゼロ付近になるように長

期国債の買い入れ増減を微調整して行く方法である。微調整の結果、国債の買い入れが少しずつ減り、市場に国債買い入れの減少を宣言しないまま事実上の買入額減少になったので、これが「隠れテーパリング」あるいは「ステルス・テーパリング」（tapering の本来の意味は「先細り」だが、金融用語としては中央銀行が量的緩和から抜け出すことを言う）として揶揄された。2020 年には新型コロナの蔓延に対処するため、補正予算を組んで財政出動したので、再び国債の買い入れが増えて、グラフではマイナス金利となったことが分かる。現在では長期金利（長期国債の利率）は 0.7% 前後の利率となっている。

2　物価上昇率と失業率（フィリップス曲線）

（1）名目賃金の動きと消費者物価指数の推移

　アベノミクスでは金融緩和を第一の矢にしたが、金融緩和によって利下げや通貨増刷をすれば、通貨価値が下がってインフレ率が上昇し、すなわち物価が上昇して生活が苦しくなると考えるのがそれまでの常識であった。しかし、なぜアベノミクスでは生活が苦しくなるかも知れない金融緩和に踏み切ったのであろうか。その解は経済理論の一つを表すフィリップス曲線にある。フィリップス曲線とは、ニュージーランド生まれで長く英国で過ごした経済学者のアルバン・フィリップス（Alban W.H. Phillips）が提唱したものである。フィリップスはLSE（ロンドン・スクール・オブ・エコノミクス）在職時に、英国において失業率が高い時には賃金変化率は変わらないか下降する、逆に失業率が低くなると賃金変化率が上昇することを実際の数値で示した。後に、これを他国における普遍的な理論とし、かつ賃金上昇率よりも景気に敏感に反応する物価上昇率の方が、より失業率との相関が強いことが分かったので、縦軸に物価上昇率、横軸に失業率としたグラフに直した。これが後にフィリップス曲線と呼ばれるようになるグラフである。

　一般に経済成長率が高くなることを「景気が良くなる」と表現し、この局面で物価は上昇する傾向にある。また、その逆に経済成長率が低くなることを「景

気が悪くなる」と表現し、この局面では物価は下落する傾向にある。物価上昇をインフレ（インフレーション）、物価下落をデフレ（デフレーション）と呼ぶ。ただし、稀に景気が悪いのに物価だけが上昇する場合がある。これはスタグフレーション（停滞・stagnation とインフレ・inflation を一緒にした造語＝stagflation）と呼ばれ、紛争や災害などの社会的な災禍が起きた際に供給側に問題が生じた際に起きる現象である。また、原材料費、特にエネルギーや不可欠的に重要な部品・サービスなどのコストの上昇が原因で企業が価格を引き上げた場合に生じるインフレをコストプッシュインフレと呼ぶ。この後者の変則的な物価上昇に注意しながら、緩やかな物価上昇を試みると、一般的には景気は良くなる。21世紀の初頭に米国を中心にして IT 革命が進み、社会が高効率化した際には「インフレなき経済成長」をしたと賞賛されたが、これはデジタル技術の応用、コンピュータの各種産業への導入が進み、それまでコストとされていた非効率部門が取り払われたことによる一時的なものである。

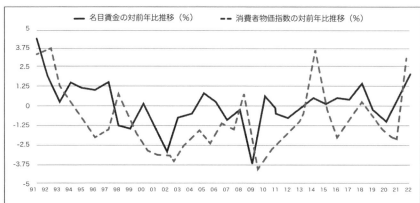

図-9　名目賃金の対前年比推移と消費者物価指数の対前年比推移（1991年〜2022年）
出所：名目賃金は、厚生労働省・毎月勤労統計調査・名目賃金指数（事業所規模5人以上）より、消費者物価指数は、総務省統計局・2020年基準「消費者物価指数」2023年平均より

（図-9）のグラフは1991年から2022年までの名目賃金の対前年度比の推移と消費者物価指数の対前年度比の推移を重ねたものである。これを見ると分か

るが、名目賃金の上昇・下降にやや遅れて（半年～1年）消費者物価が上昇・下降する。しかも、賃金の振幅よりも物価変動の振幅の方が大きくなる傾向にある。次に失業率であるが、総務省統計局が労働力調査を行ってまとめた様々な要素別の失業率は分かっているので、その中から標準的な完全失業率（15歳以上男女計）年平均値を示すと下記の数値になる。

表-1　完全失業率の推移（1971年～2023年）

1971年	1972年	1973年	1974年	1975年	1976年	1977年	1978年	1979年	1980年
1.2	1.4	1.3	1.4	1.9	2.0	2.0	2.2	2.1	2.0

1981年	1982年	1983年	1984年	1985年	1986年	1987年	1988年	1989年	1990年
2.2	2.4	2.6	2.7	2.6	2.8	2.8	2.5	2.3	2.1

1991年	1992年	1993年	1994年	1995年	1996年	1997年	1998年	1999年	2000年
2.1	2.2	2.5	2.9	3.2	3.4	3.4	4.1	4.7	4.7

2001年	2002年	2003年	2004年	2005年	2006年	2007年	2008年	2009年	2010年
5.0	5.4	5.3	4.7	4.4	4.1	3.9	4.0	5.1	5.1

2011年	2012年	2013年	2014年	2015年	2016年	2017年	2018年	2019年	2020年
4.6	4.3	4.0	3.6	3.4	3.1	2.8	2.4	2.4	2.8

2021年	2022年	2023年
2.8	2.6	2.6

（2）フィリップス曲線

ここで示された失業率を元に、ここから前年比の変化率を算出して横軸にすれば、フィリップス曲線ができる。まず、名目賃金の変化率を縦軸に取ったフィリップス曲線を描くと、（図-10）のようになる。

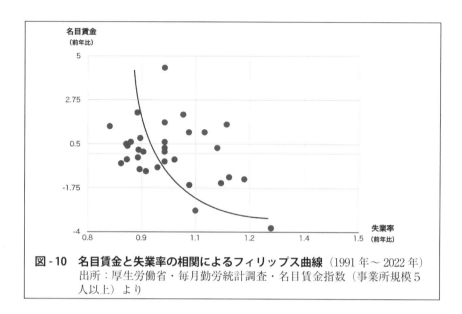

図 - 10　名目賃金と失業率の相関によるフィリップス曲線（1991 年〜 2022 年）
出所：厚生労働省・毎月勤労統計調査・名目賃金指数（事業所規模5人以上）より

　同じようなグラフだが、物価の変動率を縦軸に取ったフィリップス曲線を描くと、(図 -11) のようになる。

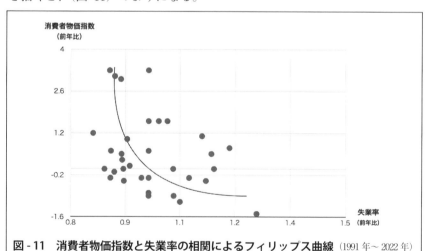

図 - 11　消費者物価指数と失業率の相関によるフィリップス曲線（1991 年〜 2022 年）
出所：総務省統計局・2020 年基準「消費者物価指数」2023 年平均より

いずれも似通ったような曲線が描けるが、物価変動との相関で見た方が、その傾向がより顕著に出ることが分かる。

(3) 物価上昇率と GDP ギャップの差異

なお、ここで忘れてはいけないのは、物価上昇率とインフレ率との相違である。一般にインフレ率は消費者物価指数の変化で見るのではなく、GDP ギャップによって判断している。GDP ギャップの詳細はコラム欄に譲るとして、単純に言えば、GDP ギャップは国の経済全体の総需要と供給力の乖離を数学的な計算式を用いて算出したものである[1]。

> **コラム：GDP とは？**
>
> GDP には、大きく分けると名目 GDP、実質 GDP、潜在 GDP の3種類がある。このうち、名目 GDP が最も単純で、国内で実際に取引されているモノやサービスの価格を合算して算出される数値である。実質 GDP はこれに物価変動分を加味して推計される数字で、基準年を定めて（現在発表されている数値の基準年は 2015 年）価格変動要因を取り除いて計算し直してある。GDP の取りまとめは内閣府の管轄であり、四半期ごとに GDP の数値が発表されている。この名目 GDP を実質 GDP で割り算した数値を GDP デフレーターと呼び、GDP デフレーターの増加率がプラスになっていればインフレ、マイナスになっていればデフレとする判断材料に使っている。潜在 GDP は実際の数字を集計したものではなく、数式によって算出された経済全体の供給力を示す推計値である。この計算に用いられる要素は、現存の経済構造のもとで資本や労働などの生産要素が最大限に投入された場合に、あるいは生産要素が過去の平均的な水準まで投入された場合に実現可能な一国の供給力を表す数字である。この潜在 GDP には重要な役割があり、需給ギャップ（経済全体の総需要と潜在的な供給力の乖離率：IMF ではこれを Output Gap と言い、日本では一般に GDP ギャップと呼んでいる）や潜在成長率の推計をするために使われる。

いずれもインフレ率の増減を表すので、GDP ギャップと消費者物価指数（コア CPI）の動きは似ているが、その振幅の幅と時期に若干のズレがある。

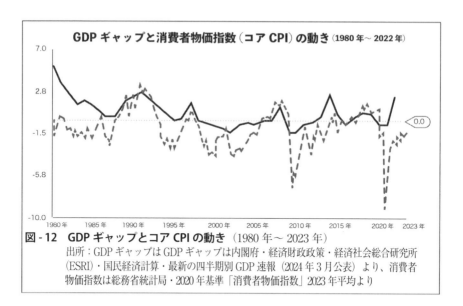

図 - 12　GDP ギャップとコア CPI の動き（1980 年〜 2023 年）
　　出所：GDP ギャップは GDP ギャップは内閣府・経済財政政策・経済社会総合研究所（ESRI）・国民経済計算・最新の四半期別 GDP 速報（2024 年 3 月公表）より、消費者物価指数は総務省統計局・2020 年基準「消費者物価指数」2023 年平均より

（図 -12）のグラフを見れば分かるが、GDP ギャップの方が不況時に落ち込みが大きく、かつ回復の時期が若干、後ろにズレる傾向にある。より詳細に、

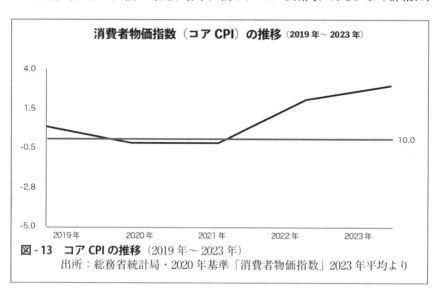

図 - 13　コア CPI の推移（2019 年〜 2023 年）
　　出所：総務省統計局・2020 年基準「消費者物価指数」2023 年平均より

コロナ前の 2019 年からコロナ後の 2023 年までの両者の推移を見ると、CPI は 2020 年から 21 年にかけてはマイナス圏であったが、2021 年にはプラスに転じて、2023 年には +3.1 にまで上昇している。(図-13)のグラフで消費者物価指数(コア CPI)の推移を見る。

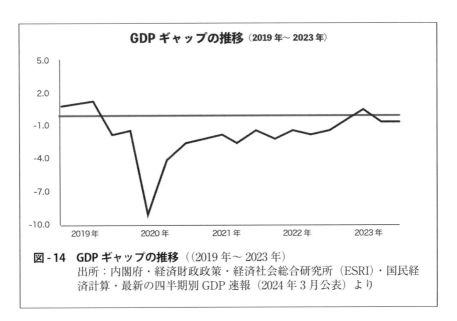

図 - 14　GDP ギャップの推移（(2019 年〜 2023 年)
出所：内閣府・経済財政政策・経済社会総合研究所（ESRI）・国民経済計算・最新の四半期別 GDP 速報（2024 年 3 月公表）より

これに対し、GDP ギャップの推移を示した（図-14）のグラフでは、2020 年に深く落ち込んだまま、今日までほとんどプラス圏には浮上していないことが分かる。2023 年の年平均がマイナス (-) 0.2 で、第 4 四半期ではマイナス (-) 0.7 まで落ちている。したがって、消費者物価指数（コア CPI）で見ると、既にデフレからは脱していることになるが、GDP ギャップで見ると、未だにデフレからは脱していないという結論になる。

3. マネーストックの増加による金融緩和

アベノミクスでは金融緩和を第一の矢にし、世の中のお金（マネー）を増や

そうと試みた。金融緩和には大きく分けて二つあり、一つは金利の操作、二つ目におカネの量の増減である。金利については先の「1. 日本の経済成長率とデフレの推移」中の「（3）金利の変動」の項で述べた。現在では市中金利こそ1.5%前後の金利が付いているが、長期国債利率が示すように実際の金利は1%以下というほぼゼロ金利となっていることが分かった。したがって、現在の金融政策では二つ目のお金（マネー）の量の増減をめぐる政策が中心になる。世の中に出回るおカネの量を調整するのは中央銀行の仕事である。このおカネの量のことをマネーストックと言う[2]。このマネーストックは、金融機関から経済全般へ供給されている通貨の総量のことで、会社などの法人や個人、地方公共団体などが保有する現金通貨や預金通貨の残高を算出して集計する。簡単に言えば、「通貨残高」のことである。これは日銀の統計で公表されているが、その内容に応じて「M1」、「M2」、「M3」、「広義流動性」の4つに分けて統計が取られている。日銀はM2を重視するが、世界的にはM3が標準的な通貨の指標で、日銀も2008年から呼称を変えると同時に各指標に含まれる金融商品の範囲や通貨保有主体の範囲にも変更を加えた。最大の変更点は、M1の対象金融機関にゆうちょ銀行（郵政民営化関連6法により2006年に郵便局が民営化されて株式会社として誕生）を加えたことである。

M1、M2、M3に含まれる内容は（図-15）のようになる。

- M1：現金通貨＋預金通貨
- M2：現金通貨＋預金通貨＋準通貨(ゆうちょ銀行以外の定期預金や外貨預金など)＋CD
  (譲渡性預金)
- M3：M2＋ゆうちょ銀行の定期性貯金や外銀の定期預金を含めた全準通貨
- 広義流動性：M3＋金銭の信託＋投資信託(公募・私募)＋金融債＋銀行発行普通社債
  ＋金融機関発行CP＋国債＋外債

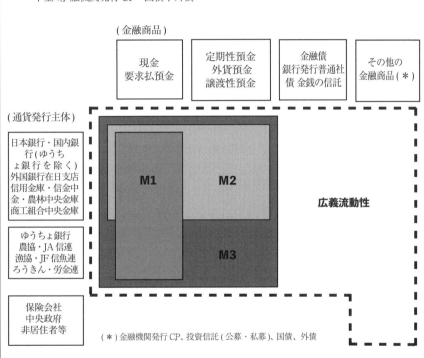

図-15 M1~M3および広義流動性の範囲
出所：日銀調査統計局「マネーストック統計の解説」より

言葉の意味
* 準通貨：定期預金は、解約して現金通貨ないし預金通貨に替えれば決済手段になる金融商品
  であり、預金通貨に準じた性格を持つという意味で準通貨と呼ぶ。
* 広義流動性は、相当広範囲の金融商品を含むため、金融商品間の振り替え(例えば、投資信
  託を解約して預金に振り替える)が生じた場合であっても、比較的安定的に推
  移する性質がある。
* 通貨発行主体：金融商品を提供している主体を「通貨発行主体」と呼ぶ。例えば、M3対象
  金融商品を取り扱っている通貨発行主体は、日本銀行および預金取扱機関である。

通貨供給量の推移を見る場合のマネーストック統計についてであるが、これは日本銀行調査統計局が 2023 年に公表した「マネーストック統計の解説」[3]に詳しいので、これを元に解説すると下記のようになる。

わが国の通貨統計は、1940 年代後半までは、貨幣流通量を含めた現金発行高が中心となっていた。1949 年に「預金通貨および現金通貨」統計が作成され、通貨の範囲はやや拡張されたが、預金通貨は当座預金に限られるなどその範囲はごく狭いものとなっていた。預金通貨に要求払預金全体を含めて、今日のマネーストックの原型ともいえる体系ができ上がったのは、「通貨増減要因分析」統計の公表が開始された 1955 年のことである。当時、このように統計が見直された背景としては、経済規模の拡大とともに、預金通貨が取引の決済手段として飛躍的な増大を示したこと、また、<u>通貨理論上も、「いつでも流動化できる要求払預金は、通貨に含めるのが適当である」</u>という考え方が支配的になってきたことの 2 点を指摘できる。（途中省略）その後、IMF を中心に、<u>定期性預金についても通貨の代替物(substitutes of money)または準通貨(quasi-money)と呼んで通貨概念に含める</u>方向で、通貨統計の国際的統一を図ることが試みられた。こうした動きは、「定期性預金は、現金通貨や預金通貨のように主として取引動機に基づいて保有されるというより、予備的動機あるいは資産動機によって保有されることの多い金融資産という色彩が強いが、預入者がもし得べかりし利益を放棄するならばいつでも解約して流動化できることから、通貨概念の外に置くことは適当ではない」という考え方に基づいている。実際、わが国でも、企業の流動性水準の高まりと個人の金融資産蓄積が進むにつれて金利選好が強まり、要求払預金から定期性預金へのシフトがみられるようになったことから、通貨量を測るためには定期性預金を含めてみる必要性が高まってきていた。こうした経緯に鑑み、1967 年に定期性預金（準通貨）を含めた「マネーサプライおよび関連指標」統計の作成が開始された。その後、現金通貨と預金通貨の合計を M1、さらに準通貨を加えたものを M2 と呼称するようになった。欧米主要国では、この頃から<u>通貨量と実体経済活動や物価との関係を解明しようとする研究が進められ</u>、マネーサプライ統計が一段と重視されるようになったことから、種々のマネーサプライ指標が作成、公表されるようになった。

わが国でも、1977年8月分以降、M2に郵便貯金、農協貯金、信託元本等を加えた指標をM3として作成、公表した。（途中省略）もっとも、1980年代後半になると、金融自由化の進展に伴い、M2＋CD平残は、対象外金融資産との間の資金シフトによって、その動きが攪乱されるケースが増加したため、1989年にこうした影響を除いた実勢をみるための指標として、広範な金融資産を含む広義流動性が導入された。こうして、M1、M2＋CD、M3＋CD、広義流動性の4指標からなる指標体系が確立した。」（アンダーラインは筆者が加えた。）

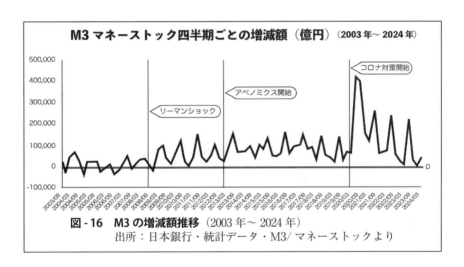

図-16　M3の増減額推移（2003年～2024年）
出所：日本銀行・統計データ・M3/マネーストックより

（図-16）のグラフは2003年から四半期ごとのマネーストックM3の増減額を示したものである。これを見ると、リーマンショックの発生が2008年9月であるが、それまでの日銀の政策として90年代からずっとゼロ金利政策を採っていたはずであるが、実際にはM3の伸びがほとんどない。明らかにM3が増えるようになったのは2013年のアベノミクスとそれに伴う日銀の量的金融緩和が開始されてからである。また、2020年初頭から起きたコロナ禍への対応策で補正予算を組み始めてからは、M3が急激に増えたことが分かる。

コラム：世の中にある「おカネ」とは？

一般の人が「おカネ」と言う場合には、これは多くの場合、目にみえる現金のことを言っている。例えば、金本位制を採っていた時代であれば基本的には、おカネ＝金（Gold）何グラムと表示できるように具体的なモノとして存在していた。また、金と交換できる金属として銀や銅も併用して使用していたし、例え紙幣を使っていても、それは金・銀・銅の代用品と考えられていた。そういう意味でのおカネを表す用語が今日でもないわけではない。これがマネタリーベースである。マネタリーベースとは、日銀が世の中に直接的に供給するおカネであり、日銀の定義でも、マネタリーベース＝「日本銀行券発行高」＋「貨幣流通高」＋「日銀当座預金」となっている。しかし、今日、世の中に出回るおカネがこの日銀の供給だけだと、明らかに少ない。例えば、日本のGDPは2023年末で591兆円あるが、日銀券の発行残高は2023年末で124兆6,000億円しかなく、日銀券のみで経済が回っているとすると、明らかな通貨不足に陥る。実は、今日のおカネの多くは数字でのみ動いており、この数字を作り出している主体は民間の金融機関となっている。例えば、銀行は企業に資金を提供する場合に、わざわざ日銀から預かった日銀券を融通しているのではなく、銀行口座に数字を打ち込むだけで資金を貸し出す。これを信用創造と言って、この信用創造こそが今日のおカネの正体である。これは銀行でなくてもやっていることで、例えばクレジットカード会社は顧客（個人・法人）にカードを使用させることによって、その顧客が使用時点で実際におカネを持っているかどうかを問わない。つまり、信用創造によっておカネを使わせている。今日の中央銀行の役割は以前とは異なり、マネー（おカネ）の供給そのものに責任を持つ機関と言うよりも、金融政策を実行する機関としての役割の方に力点が置かれている。つまり、「おカネを増やす速度」（その反対に「おカネを減らす速度」）であるとか、その際の金利の動向を調整する役割を果たして、経済を安定的に成長させる役割を担うことが重視されるようになっている。

4．経済成長率と失業率は逆相関する（オークンの法則）

アベノミクスでは金融緩和をしてデフレから脱却し、経済成長率を上げることを目標にしたが、何のために経済成長を狙ったのか？という問いが出てくる。これには経済学で言うオークンの法則（Okun's law）が関係している。1962年に米国の経済学者アーサー・オークンが見つけた失業率と産出量との経験則上の負の

相関のことであるが、オークンは当時の米国では、GDP が潜在産出量よりも 1% 小さくなる毎に、失業率が 0.55% 前後上がることを発見した。つまり、GDP が上がれば（経済成長率が上がれば）、失業率は下がる（雇用が増える）ことになる。経済成長して失業率が下がれば、自然に実質賃金も上昇するはずである。

内閣府の統計を使って日本の 1981 年から 2020 年までの経済成長率（実質 GDP 成長率）を表にすると、（表 -2）のようになる。

表 - 2 経済成長率の推移（1981 年〜 2020 年）

年	1981	1982	1983	1984	1985	1986	1987	1988	1989
GDP成長率	3.3	2.6	2.5	3.9	4.6	2.4	4.5	6.1	5.2

1990	1991	1992	1993	1994	1995	1996	1997	1998	1999
5.2	4.1	1.1	0.0	0.9	2.6	3.1	1	-1.3	-0.3

2000	2001	2002	2003	2004	2005	2006	2007	2008	2009
2.8	0.4	0	1.5	2.2	1.8	1.4	1.5	-1.2	-5.7

2010	2011	2012	2013	2014	2015	2016	2017	2018	2019	2020
4.1	0	1.4	2	0.3	1.6	0.8	1.7	0.6	0.3	-4.8

総務省統計局がまとめた失業率の推移から 1981 年〜 2020 年までの完全失業率（年平均値）を抜粋して表にすると、（表 -3）のようになる。

表 - 3 完全失業率の推移（1981 年〜 2020 年）

年	1981	1982	1983	1984	1985	1986	1987	1988	1989
完全失業率	2.2	2.4	2.7	2.7	2.6	2.8	2.9	2.5	2.3

1990	1991	1992	1993	1994	1995	1996	1997	1998	1999
2.1	2.1	2.2	2.5	2.9	3.2	3.4	3.4	4.1	4.7

2000	2001	2002	2003	2004	2005	2006	2007	2008	2009
4.7	5	5.4	5.2	4.7	4.4	4.1	3.8	4	5.1

2010	2011	2012	2013	2014	2015	2016	2017	2018	2019	2020
5.1	4.6	4.3	4	3.6	3.4	3.1	2.8	2.4	2.4	2.8

縦軸に失業率（失業率の前期比）と横軸に経済成長率をとって散布図でグラフ化すると、（図-17）のグラフの点になる。これを近似曲線で表したのがグラフの実線である。グラフでも分かる通り、経済成長率が高くなると失業率（の前期比）は低下する。つまり、経済成長率と失業率とは負の相関関係（逆相関の関係）にあると分かる。

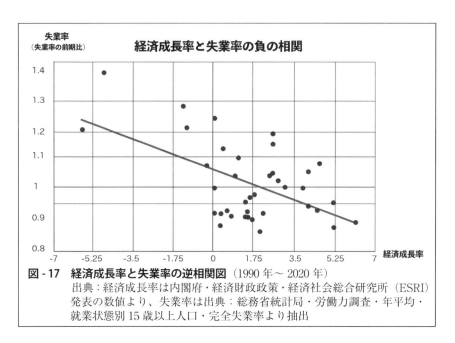

図-17　経済成長率と失業率の逆相関図（1990年～2020年）
　　出典：経済成長率は内閣府・経済財政政策・経済社会総合研究所（ESRI）
　　発表の数値より、失業率は出典：総務省統計局・労働力調査・年平均・
　　就業状態別15歳以上人口・完全失業率より抽出

　表の数値から見ると、80～90年代には、GDPの値が1%下がると、失業率が0.3%前後増え、2000年代にはGDPの値が1%下がると、失業率が0.2%前後増えていることが分かる。つまり、日本でもオークンの法則は通用する。しかし、日本では正社員を中心にした雇用であり、リストラや賃下げが容易に起らない企業風土があるので、若干、その相関度（逆相関度）は弱いということになる。しかし、アベノミクスは失業率の低下、つまり雇用者数の増加を狙って打った政策だということが分かる。

5．第二の矢＝財政支出は行ったのか？

　アベノミクスでは金融緩和を第一の矢とし、その後に第二の矢として大幅な財政支出を行う計画であった。しかし、第二次安倍政権（2012年12月〜2020年8月）中のほとんどの期間は事実上の緊縮財政であり、大きな財政支出ができたのは、世界的にコロナ・ウィルスが猛威を奮い、あらゆる産業分野の活動が止まった2020年以降であった[4]。新型コロナウイルス感染症への緊急経済対策として、安倍政権末期の2020年4月に約26兆円の補正を組み、続く5月に第二次補正として約32兆円の予算を組んだ。9月からは菅政権となり、2021年までの補正予算で合計約100兆円の財政支出が行われることになった[5]。コロナ禍であった2020年から2021年にかけて大幅な財政支出を行なったおかげで、日本経済は大きな不況に見舞われることなく、今日に至っている。しかし、このコロナ対策費をめぐる財政支出100兆円については、財務省や経済学者、マスメディアなどからの批判が強い。新規財政支出の多くを国債発行で賄ったからである。日本の借金を賄う国債の発行額は現在では1,068兆円と言われ[6]、日本の財政は多額の借金で首が回らない状態になっているとされる。経済学者からも「3次の補正で110兆円も積み上げた国債発行額はすぐに減らせるわけでもなく、政府の財政再建スケジュールは大幅修正が必要だ。それは2021年度予算編成時に明らかだったが、安倍・菅両内閣は修正せず、できもしないことを掲げ続けている。（途中省略）こうして日本の財政構造は今後、短期債の発行と償還を半ば永久に繰り返さねばならないという著しく不安定な状態に追いこまれた。まさに『自転車操業』である。」という鋭い指摘である[7]。また、財務省の現職の事務次官であった矢野康治氏が民間紙（文藝春秋）に寄稿したいわゆる矢野論文[8]でも、「誰が総理になっても1166兆円の"借金"からは逃げられない。コロナ対策は大事だが人気取りのバラマキが続けばこの国は沈む」、「日本は衝突直前のタイタニック号」、「国庫は無尽蔵ではない」などの表題が並び、危機感を募らせた内容となっている。この矢野論文に掲げられ、また財務省の広報資料にも掲載されたことがある「ワニの口」というグラフ（図-18）がある。先の矢野論文でも「歳出と歳入（税収）の推移を示した2つの

折れ線グラフは、私が平成10年ごろに"ワニのくち"と省内で俗称したのが始まりですが、その後、四半世紀ほど経ってもなお、開いた口が塞がらない」状態が延々と続いています」[9]と表現されているように、下顎である税収はほとんど上向かないのに、上顎である一般会計歳出の方はどんどん増えていく（すなわち、ワニの口が開いていく）ことを比喩的に表現したグラフのことである。

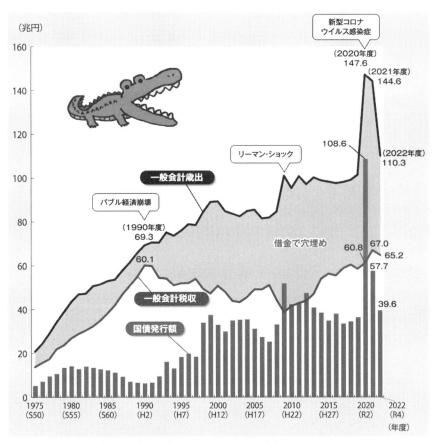

図-18 歳出・税収・国債発行額（1975年～2022年）
出所：財務省「これからの日本のために財政を考える」（令和4年10月版）3頁　（https://www.mof.go.jp/policy/budget/fiscal_condition/related_data/202210_kanryaku.pdf）。

ここに掲げられた数字はウソではなく、実際に国債の発行額が増え、いわゆる日本の借金が増えていることは事実である。2023年度予算においても計114.4兆円のうち、公債費によって35.6兆円が賄われている。すなわち予算の約3割が借金で賄われている。2023年度末の普通国債発行額は実に1,068兆円になると試算されており、これは日本の年間予算の約10倍、日本のGDPの約260％に当たる。

コラム：いわゆる「ワニの口」は開きつつあるのか？

財務省のホームページには財政関係の広報用書類が掲載されており、一般社会人向けの「これからの日本のために財政を考える」や小中学生を中心にした子ども向けの【財政学習教材】日本の「財政」を考えよう」などがある。これらは毎年、更新されており、最新版は令和5年版であるが、この令和5年版にはいわゆる「ワニの口」のイラストは掲載されてない。令和4年版にはいずれもワニの口のイラストが掲載されており、巷では話題となった。このワニの口とは、すなわち上顎の財政支出ばかりが増え、下顎の税収は増えないことを示したグラフがワニの口を開けたように見えることから名付けられたものである。その中で「日本の債務残高はGDPの2倍を超えており、主要先進国の中で最も高い水準にあります。…日本では、歳出と歳入の乖離が広がり借金が膨らんでおり、受益と負担の均衡がとれていない状況です。 現在の世代が自分たちのために財政支出を行えば、これは将来世代に負担を先送りすることになります。」として、ワニの口が開き続け、将来世代への負債のツケを回すこと、災害時などに素早く財政出動できなくなるリスクを説いている。

6．IMFが公表した各国の貸借対照表によると

（1）IMFによる各国の公的債務増加への懸念

　IMFが担っている主な役割は、加盟国の経済と金融政策をモニタリングし、政策助言をすることである。この活動はある意味、サーベイランス（政策監視）としての機能を持ち、世界経済の秩序形成に役立っている。その役割を果たすために、各国のデータを集めて統計結果として公表している。政策の

策定と研究に役立つよう、IMF は加盟国と協力して、例えば 4 条協議として知られる国別の政策助言を行なっている。今日では、先進国のみならず、発展途上国においてもインフレターゲットを政策に取り入れて景気変動を調整して物価の安定化を目指す[10]とされ、金融政策の重要性が説かれている。世界各国の金融部門だけでなく、国としての財政状況もモニタリングする必要から、さまざまなデータを集め、それの分析が行われている。また、IMF の報告書に基づく研究員の意見（IMF BLOG）も公表されている[11]。ここでも公的債務の問題が取り上げられ、過去 20 年分のデータを元に懸案のある国が特定される。このリポートでは米国と中国を念頭におき、「先進国では、歳入を増やすよりも支出を削減する方が債務比率の低下につながる可能性が高い。成長を促す構造改革や強力な制度的枠組みによって財政健全化を補強する場合にも、成功の確率が高まる」と指摘する。さらに「約半数の事例で財政健全化だけでは債務比率の低下に至らなかったのには、3 つの重要な要因がある。第一に、財政健全化は GDP 成長を減速させる傾向がある（からであり）、第二に、為替レートの変動と、国有企業に対する補助金や偶発債務によって、債務削減の取り組みが相殺される可能性がある」からだとする。

つまり、IMF は公的債務が増えて懸案の出そうな国に対してはモニタリングおよびサーベーランスを行って特定し、どうすれば債務削減できるかを分析した上で提言までする機能を持つ。ところが、不思議なことに、日本に関しては IMF のリポートの中にこの種の分析や提言が見当たらないのである。（正確に言えば、4 条協議終了の声明では「財政負担を抑え…歳入を増やす手段を伴うべき」と語られるが、それ以上の分析がない。）日本国については、債務超過が指摘されることも財政健全化が特に急がれるという特別な提言もされてない。他方で、日本国内では公的債務（借金）が 1,000 兆円も積み上がり、国民一人当たりで割り算すると一人 900 万円にもなるくらいの借金国であると言われ、元財務事務次官が「日本は衝突直前のタイタニック号」のようであるとまで指摘している。この差はどこから来るのであろうか。以下の節では、IMF の公表している各国の財務状況を比較して、日本の現状を分析してみたい。

（2）Public Sector Balance Sheet とは？

IMF が公表している統計の中に Public Sector Balance Sheet（PSBS：公的部門の貸借対照表）[12] があり、2008 年より公表されている。国によっては全

コラム：特殊法人

特殊法人は、法律により直接に設立された法人または特別の法律により特別の設立行為をもって設立された法人であって、総務省設置法の適用を受ける。その設立の意図は、営利目的の市場原理による実施では不可能かそれに近いような事業の実施を目的としており、たとえ不採算事業であっても独自の判断では撤退ができないなどの制約がある反面、法人税や固定資産税などの納税は免除されている。現在では 34 の特殊法人が存在する。戦後すぐには日本経済がまだ成長途上にあり、民間の資本だけでは産業が発達しないという意図があって特殊法人の設立を促進したのであろうが、今日になっても未だ様々な分野に特殊法人が存在しており、不採算の上に民業を圧迫するとか、これが官僚のいわゆる天下りの温床になっているとの批判がある。こうした批判に応えるため、2006 年に特殊法人の統廃合を行ったはずであるが、現在でも主要な特殊法人は生き残っている。これを見ると、日本の経済は自由主義と言うより社会主義に近い体制になっていると言われても反対できない状態にあるだろう。経済政策を語る際に「大きな政府／小さな政府」のいずれを選ぶかという議論があるが、日本の政府がこれだけ多くの特殊法人を所管して手放さない（民営化しない）という姿を見ると、大きな政府どころか「大き過ぎる政府」と揶揄されるのではないだろうか。所管別の 34 法人は次の通り。・内閣府：沖縄振興開発金融公庫、沖縄科学技術大学院大学学園、・復興庁：福島国際研究教育機構、総務省：日本電信電話株式会社、東日本電信電話株式会社、西日本電信電話株式会社、日本放送協会、日本郵政株式会社、日本郵便株式会社、・財務省：日本たばこ産業株式会社、株式会社日本政策金融公庫、株式会社日本政策投資銀行、輸出入・港湾関連情報処理センター株式会社、株式会社国際協力銀行、・文部科学省：日本私立学校振興・共済事業団、放送大学学園、・厚生労働省：日本年金機構、・農林水産省：日本中央競馬会、・経済産業省：日本アルコール産業株式会社、株式会社商工組合中央金庫、株式会社日本貿易保険、・国土交通省：新関西国際空港株式会社、北海道旅客鉄道株式会社、四国旅客鉄道株式会社、日本貨物鉄道株式会社、東京地下鉄株式会社、成田国際空港株式会社、東日本高速道路株式会社、中日本高速道路株式会社、西日本高速道路株式会社、首都高速道路株式会社、阪神高速道路株式会社、本州四国連絡高速道路株式会社、・環境省：中間貯蔵・環境安全事業株式会社。以上、さまざまな分野に存在していることが分かるだろう。

部門ではなく一部だけのところもあり、また年によっては報告のある／なしにバラツキはあるが、少なくとも現在では54〜75カ国が公的部門に関しての貸借対照表の報告をしている。問題はこのPublic Sector（公的部門）の範囲である。IMFでは項目として「Central Government」（中央政府）、「General Government」（一般政府）、「Non-Financial Public Corporations」（公的非金融機関）、「Financial Public Corporations」（公的金融機関）を分けており、これらをすべて合算したものを公的部門の連結B/L（Consolidated Public Sector Balance Sheet）と表記する。中央政府（Central Government）は文字通り、地方自治体や年金基金などの公的部門を除いた国家機関を指す。一般政府（General Government）には地方自治体や年金基金を含め、中央銀行は含めない。公的金融機関（Financial Public Corps）は日銀（Central Bank）や日本政策投資銀行、日本政策金融公庫、商工組合中央金庫、住宅金融支援機構が入る。公的非金融機関（Non-Financial Public Corps）には、いわゆる特殊法人が該当し、日本電信電話株式会社、日本放送協会、日本たばこ産業株式会社、日本中央競馬会、東京地下鉄株式会社、首都高速道路株式会社、中間貯蔵・環境安全事業株式会社などが入る。日本にはこの省庁所管の特殊法人が多く、総務省がまとめた報告書によると現在では34法人も存在している[13]。日本国は政治的には民主主義を採用し、経済的には資本主義・自由主義経済となっているはずである。ところが、IMFの統計から見えてくるのは、日本国の特異な姿である。

（3）貸借対照表では日本は優等生

　日本政府がIMFに報告しているデータには中央政府（Central Government）の項目の貸借対照表はない。しかし、一般政府（General Government）の項目はあるので、これから見ていきたい。前節で述べた通り一般政府には日銀は含まれないが、地方自治体は含まれている。比較する国は、米国、英国、カナダ、ドイツ、イタリアである。この一般政府の項目には、総資産（Total Assets）と純資産（Net Worth）の両方の項目がある。

　まず、総資産（Total Assets）から、

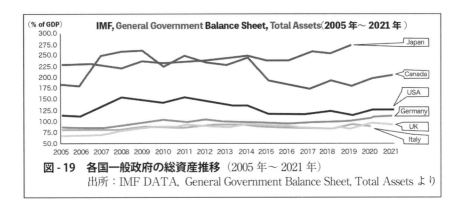

図-19　各国一般政府の総資産推移（2005年～2021年）
出所：IMF DATA, General Government Balance Sheet, Total Assets より

（図-19）を見ると分かるが、日本は他国と比べて総資産が圧倒的に多い。２位のカナダは石油・ガス・鉱物などの天然資源が豊富で、その分、政府

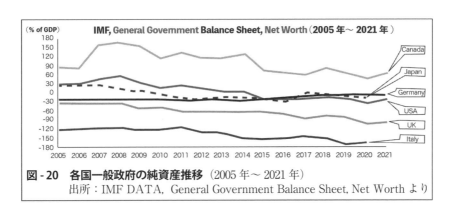

図-20　各国一般政府の純資産推移（2005年～2021年）
出所：IMF DATA, General Government Balance Sheet, Net Worth より

の資産も多いが、それよりも多い。2019年の値ではカナダ政府（一般政府）の資産よりも日本政府（一般政府）の資産は1.5倍もある。しかし、それは総資産だけを比べるからで、負債を差し引いた純資産で見ると、日本は借金大国なので、純資産がマイナスになるはずだという疑念が湧いてくる。そこで、次に純資産（Net Worth）（図-20）を見ると、

GDP比でマイナス10〜20％前後であるが、他国と比べて格段に純資産で見劣りするわけでもない。各国の数字が出揃っている2020年の値で見ると、最も純資産が高いのがカナダで対GDP比約プラス50％、2位がドイツで約マイナス6％、3位が日本で約マイナス16％、4位が米国で約マイナス34％、5位が英国の約マイナス101％、6位がイタリアの約マイナス168％となる。つまり、日本国内で言われている「借金大国」あるいは「GDP比200％の借金がある」という言説とは異なり、他国と比較しても日本の一般政府の純資産は悪くないことが分かる。

次に、公的金融機関（Financial Public Corporations）であるが、この公的金融機関のうちで中央銀行だけ抽出した値が公表されているので、それを見る。中央銀行の項目では純資産の報告はなく、総資産（Total Assets）だけの報告がある。この項目では英国の報告はないので、英国を除く国の数値でグラフ化すると、（図-21）のようになる。

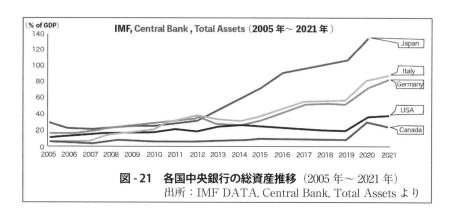

図-21　各国中央銀行の総資産推移（2005年〜2021年）
出所：IMF DATA, Central Bank, Total Assets より

（図-21）を見ると、国債の買い入れを行っている日銀の総資産は多く、2020年の値で対GDP比136％である。2012年まではドイツの方が多く、2013年から日本が1位となっている。これはアベノミクスの量的金融緩和の結果であろう。

次に日本で特殊法人が該当する公的非金融機関（Non-Financial Public Corps）

の項目を見る。予想として、日本には特殊法人が多いので、他国よりも数値が高く出るはずであるが、そもそも、米国と英国にはこの項目の報告がなく、自由主義の度合いが強い国柄として、この両国には非金融部門では報告すべき団体がほとんど存在しないと考えられる。この項目も純資産は公表されておらず、総資産だけなので、（図-22）のようになる。

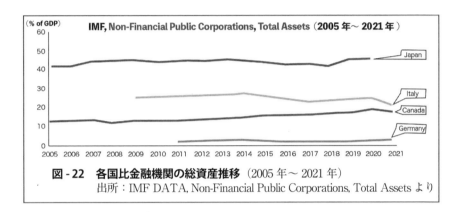

図-22　各国比金融機関の総資産推移（2005年～2021年）
　　　出所：IMF DATA, Non-Financial Public Corporations, Total Assets より

予想通りであるが、日本における非金融部門の公的法人が多く、イタリアの1.8倍、カナダの2.4倍も総資産があり、ドイツに比べると20倍もある。メディアなどはしばしば日本経済とドイツ経済との比較をすることが多いので、この

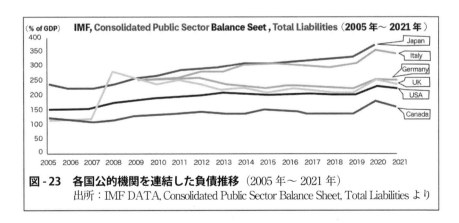

図-23　各国公的機関を連結した負債推移（2005年～2021年）
　　　出所：IMF DATA, Consolidated Public Sector Balance Sheet, Total Liabilities より

分野での日本の飛び抜けた特徴を報道する必要があるのではないだろうか。しかも、不思議なことに日本国内では批判を受けて 2006 年に特殊法人の統廃合を実施したはずであるが、法人の数が減っただけで、特殊法人の持つ資産にはほとんど変化がなかったことが分かる。

次は負債（Liabilities）の部である。

（図-23）を見ると、負債に関しては日本とイタリアが多く、特に日本は一時期を除き、ほぼ全ての期間で 1 位である。2020 年には GDP 比 370% の負債がある。

いよいよ最後に、地方政府も特殊法人も中央銀行（日銀）も全て含めた、公的部門全ての連結決算における貸借対照表（Consolidated Public Sector Balance Sheet）であるが、以下のようになる。

まず、総資産（Total Assets）の項目、

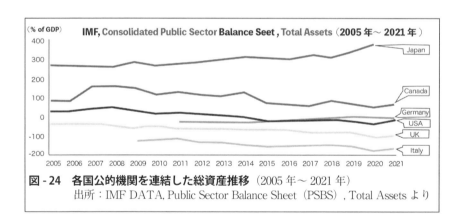

図 - 24 各国公的機関を連結した総資産推移（2005 年～ 2021 年）
出所：IMF DATA, Public Sector Balance Sheet（PSBS）, Total Assets より

総資産のグラフ（図-24）を見ると、2005 年から現在まで日本がずっと 1 位である。これまでのグラフでさまざまな項目を見て分かるように、総資産に関しては一般政府、中央銀行、非金融機関のいずれの部門においても他国に比べて資産が多い。それの合算となるので、日本の公的部門における資産の多さは圧倒的である。しかし、他方で、確かに負債も多いので、これらの差し引きの結果がどうなっているかである。

（図-25）のグラフは、公的部門全ての貸借対照表の純資産（Net Worth）の結果がどうなっているかを示している。

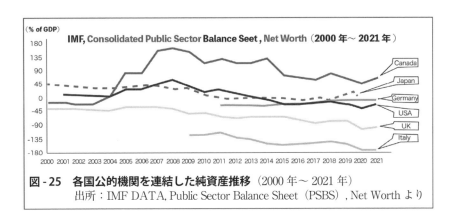

図-25　各国公的機関を連結した純資産推移（2000年～2021年）
　　　　出所：IMF DATA, Public Sector Balance Sheet（PSBS）, Net Worth より

（図-25）を見ると、日本の公的機関全体では債務超過とはなっておらず、むしろ健全な財政状況であることを示している。先にも述べたがカナダがエネルギーと鉱物の豊富な資源国であることを考慮すると、先進国の中では日本は財政的には優等生であることが分かる。と言うことは、日本国内で喧伝されている、国家財政は「自転車操業」であるとか「日本は衝突直前のタイタニック号」という表現は、負債にのみ着目した言説であって、すなわち「200％の借金」あるいは「1,000兆円の借金」というのは数字自体はウソではないが、これは貸借対照表の資産の部との差引をする前の数字を掲げているだけであり、他国と比べて圧倒的に多い資産との差引の結果は、むしろ財政的には問題のない国であることを示している。IMFはデータからそれが分かっているので、日本を特に公的債務問題を解決しなければいけない国には指定しないことは分かる。

今回、IMFのデータを分析してみて分かったことは、日本国の歪な姿である。公的部門が多大な資産を持ち、さまざまな分野において各省庁が特殊法人を所管している現状から見れば、これは自由主義経済と言うよりはむしろ社会主義体制に近く、これが民業を圧迫して、国民から活力を奪っているのではないか

という疑念につながる。今後の日本において早急にすべきことは、借金の返済（負債の減少）ではなく、公的部門の（見せかけではない）本当の意味での構造改革である。

7．おわりに

　日本がデフレ状態に陥った1995年以来、米国や英国の経済成長が約2倍、ドイツとフランスが約1.5倍と伸びたにもかかわらず、日本のGDPだけがほぼ横ばいで、どんどん他国との差が開いた。当初はバブル崩壊の結果として不良債権の問題が顕在化し、それが不況を招いているとの説明であった。しかし、2000年代に入っても日本では長期金利が1.5%前後と低迷し、経済も成長しないままであった。それどころか逆に、2008年リーマンショックとその後の世界的金融危機の発生により景気がさらに悪化して、長期金利は1%前後まで低下、2014年頃には金利はもう一段低下して0.5%以下となり、2016年には事実上のマイナス金利の状態になった。日本の当局はアベノミクス第一の矢で消費者物価を上げ、その効果として失業率の低下させるため量的金融緩和に踏み切った。量的金融緩和とは、日銀が通貨の供給を増やすことを意味しており、そのために市中から継続的に国債の買い入れを行うようになる。

　アベノミクスの実施期間である2013年から2019年までの失業率の推移を見ると、2013年には4.0%であったものが2019年には2.4%まで下がっている。2.3〜2.4%前後が日本の自然失業率と言われているので、働く意思がある者はほぼ全てが就業できる状態を達成したと評価できる。次に、持続的な経済成長を促すためには経済成長を遂げなければならない。経済成長することにより、失業率を下げたまま実質賃金を上げることができるからである。そこで、アベノミクス第二の矢として財政出動を行おうとしたが、アベノミクス期間には財政出動はできなかった。日本には多額の借金があるとして財務省を中心に財政出動どころか緊縮財政を求める声が強かったからである。ところが、2020年初頭になると突如、後に世界で猛威を振るうことになる新型コロナウィルスへの対策が問題となった。安倍政権では4月には素早く第一次補正予算を組んで約

26兆円の財政出動を決め、その1ヵ月後には第二次補正予算として約32兆円の財政出動を決めることができた。2020年夏に安倍政権自体は終わりを迎えるが、政策の継続を掲げてこれを継いだ次の菅政権でも約40兆円の財政出動をしたので、結局、合計約100兆円の財政出動をしたことになる。これが今日の好景気に繋がっている。

　しかし、これに対し、財務省は我慢の限界とばかりに、国民に対する猛烈なアピールを始める。まず、現役の事務次官が「ここまま放置すれば、やがて沈みゆくタイタニック号と同じ運命になる」として日本の財政危機を訴え、子供向けおよび大人向けの広報パンフレットに「財政を考える」と題して、「日本の一般会計予算では24％が借金で賄われている」、「借金が1,000兆円を超えている」、「日本の債務残高はGDPの2倍を超える」、「借金を子や孫の代まで先送りしている」と厳しい言葉で日本の危機を訴えている。ところが、これら国内向けの言説とは異なり、国際的な経済金融秩序の安定を目的とするIMFのレポートには、日本の債務危機を特別に論ずるものはない。IMFの統計データで見ると、先進国の中でも日本の財政状態は優良な国家として位置付けられることが分かり、逆に、その統計データからすれば日本国の姿は、他国に比べても飛び抜けて多い資産を持つ国であるというのが現実である。すなわち、貸借対照表の右側（負債）が多いのは、左側（資産）も多いからであることが分かる。例えば、中小企業よりも大企業の方が負債は大きいが、これをすぐに倒産しかかっている企業であると認識する者はなく、中小企業の資産よりも大企業の資産の方が大きいので問題はないことくらいは誰でも予想がつくのと同じだ。つまり、今後の日本で必要なのはアベノミクスでやり残した第三の矢「構造改革」だったのだ。すなわち民間企業や個人が真の実力を発揮できる社会にするために、規制緩和を伴う構造改革を行うということである。ここで注意が必要なのは「個人」や「規制緩和」という単語が新自由主義的な発想と結びつき、自由放任な英米型の経済を夢想しないことだ。英米型の新自由主義は大きな格差を生み出して内政を混乱させた。しかし、逆に日本の現状は新自由主義とはほど遠く、むしろ社会主義型あるいは行政国家型の国家、つまり戦後経済体制をそのまま引きずっていると認識するべきである。

しばしば日本は資源を輸入に頼っており、また少子化の進行が経済成長を鈍化させていると論評されるが、この現実認識が間違えている。日本には必要な資源や人口が少ないのではなく、公的な分野に偏っており、その資源や人口を活用すべき民間の力を奪っていることが問題なのだ。日本の問題は持っている資源や人口を十分に活用できていない点にある。結論として、問題は借金の額ではなく、それを作り出している社会構造の方であると留意しておくことが必要であろう。

第6章　デジタル化された資本主義社会

1. リーマンショックとコロナ禍による法定通貨の大量発行

　リーマンショックによる世界的金融危機（2008年）と新型コロナウィルスの世界的蔓延（2020年）の共通項は何か？　ここでは政治的または外交的な問題は本題ではないので触れず、もっぱら金融的な面だけで見ると、その答えは中央銀行による量的緩和政策の実施ということになる。リーマンショック発生時の米国FRB議長がベン・バーナンキであったことが幸いして、金融危機が世界大恐慌にまで派生することを防げた功績は大きい。バーナンキは本人も述べているごとく過去の恐慌について何度も研究したマクロ経済学者で、昭和恐慌なども研究したようである。この時、バーナンキが採った政策が量的緩和政策（QE：Quantitative Easing）である。これは平常時の金融政策が政策金利の上げ／下げによって行われるのに対して（緊急時には金利をゼロにまで引き下げてしまうので金利政策が効かず）、金融危機発生時に、中央銀行が世の中に出回っている国債、社債、株式などの金融商品を大量に買い上げる政策のことだ。FRBは2008年〜2014年までQEを続け、住宅ローン担保証券（MBS）や長期国債を銀行から買い上げて、計35兆ドル（当時のレート換算で約3,600兆円）もの米ドルを市場に放出した。欧州中央銀行のECBもこれに従い、日本の日銀はアベノミクスまで対処が遅れるが2013年には量的緩和を始め、現在ではこれが多くの国に金融危機への対処法として知れ渡った。2020年初頭から発生した新型コロナウィルスによる疾病の蔓延で世界経済危機に陥った時には、米国で総額4兆ドル（当時のレート換算で440兆円）、欧州EUで総額3兆1,000億ユーロ（当時のレート換算で378兆円）、日本で総額108兆円の財政支出を行った。この量的緩和とは、単純化して言えば中央銀行による法定通貨発行のことであるから、世界危機が起きる度に法定通貨が市場で増えること

になる。長い目で見れば、ドルであれ、ユーロであれ、円であれ、法定通貨全体の価値が下がって行く。（全体が下がって行くので）為替レート自体の変化はないが、間接的にはインフレとなり、不動産、株式、金、石油、仮想通貨などの金融商品または金融代替品の価格が上がることに繋がる。これが今日の世界的インフレの背景にある。

2．ウクライナ戦争下での金融措置が逆に米ドル支配を弱めた？

　ウクライナ戦争の開始は 2022 年初頭で、国際法を破ってロシアが 2 月 24 日に一方的にウクライナに攻め込んだことで開戦となった。国連安保理常任理事国（いわゆる五大国）の一つが国際法を破ったことで、欧州だけでなく、世界的に不穏な風潮となる。米国をはじめとする G7 諸国はロシアを非難すると共に経済封鎖を行い、同時に国際決済システムである SWIFT からロシアの銀行を閉め出して国際通貨での決済をできなくした。

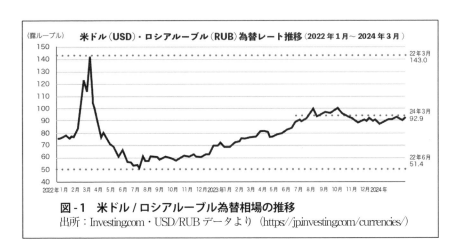

図 - 1　米ドル / ロシアルーブル為替相場の推移
出所：Investing.com・USD/RUB データより（https://jpinvesting.com/currencies/）

　米ドル / ロシアルーブルの為替レートを表す USD/RUB 相場の推移（図 -1）を見ると分かるが、ロシアの法定通貨ルーブルは開戦当時は 1 ドル = 70 ～ 80 ルーブルを保っていたのが、すぐに急落し、3 月 7 日には 1 ドル = 143 ルーブ

ルまで通貨安（最安値）となった。このままルーブルは通貨価値が下落する一方かと思われたが、資源国である利点を活かして、石油・ガスをルーブル決済で輸出した。まず中国、インドが石油などを買い、トルコ、シンガポールもこれを好機と捉えた。また同じ資源国のはずのアラブ首長国連邦（UAE）やサウジアラビアまでがロシア産の石油を輸入して、これを精製して他国に転売する商法を展開するようになった。その結果、同年6月30日には1ドル＝51.45ルーブル（最高値）まで上昇し、その後は徐々に値を戻して、2023年4月には1ドル＝80ルーブル台となった。2024年3月現在では1ドル＝90ルーブル台で安定しており、開戦当時の為替レートとほぼ同じ水準を保っている。

　SWIFT（Society for Worldwide Interbank Financial Telecommunication）は、ベルギーに本部を置く国際銀行間通信協会の名称であり、かつこの協会が提供する決済ネットワークシステムの名称でもある。SWIFT自身が送金・決済口座を提供したり、決済業務を行うわけではなく、「Telecommunication＝電気通信」と名付けられているごとく、国際決済の安全を図る目的で銀行間の金融メッセージを送受信する接続機能を提供している。したがって、このSWIFTがなければ海外送金ができないというわけではないが、安全性を第一優先に考える各国の銀行は、SWIFTに接続されていない銀行への送金をためらうことになる。その結果、SWIFTに接続されていない銀行には、事実上海外送金ができない事態となる。米国をはじめとするG7諸国は、ロシアへの経済封鎖にこのSWIFTの機能を利用した。すなわち、ロシアの銀行をSWIFTのシステムから切り離すことで、事実上、諸外国の企業はロシア企業と取引できなくなった。おそらく、当初の予定では、数ヵ月でロシアは経済的に困窮し、戦争を終結させられるという算段であったろう。ところが、先のルーブル相場の持ち直しを見ても分かるように、ロシアは石油やガスをルーブル建で諸外国に売り、国際取引を継続することに成功した。

　このSWIFTからロシア（の銀行）を排除するという方策は最良の策だったのであろうか？逆に、ロシアがドル離れを起こし、他の地域大国と自国通貨で連携を取った事実は重い。2023年8月に南アフリカのヨハネスブルクで開か

れた BRICS サミットでは、デジタル通貨（CBDC）（CBDC については、後述第 4 節の「ネット化が進展させるキャッシュレス社会とメタバースの登場」にも言及あり。）構想が議論された。これに参加したのはいわゆる BRICS 諸国＝ブラジル、ロシア、インド、中国、南アフリカ他であるが、当該国の通貨が Real（ブラジル）、Rouble（ロシア）、Rupee（インド）、RMB（中国）、Rand（南アフリカ）といずれも「R」で始まる名称なので、彼らが「R5」と呼ぶ新デジタル通貨構想について話し合った。そこでは、米ドルの特権的地位の利用と乱用は、国際通貨システムの正当性を失わせるとの認識の下、米ドル外しの方法が公然と議論されたのである。デジタル通貨ならば、SWIFT を利用しなくても特定国間の銀行（その他の金融機関）で簡単に決済ができると考えてのことであろう。国際決済の通貨ペアで 8 割以上の利用率を誇る米ドルであるから、すぐにドルが凋落することはあり得ないが、デジタル・ユーロやデジタル・ポンドなどのデジタル法定通貨（CBDC）が発行されるのは時間の問題だろうし、法定通貨以外にも仮想通貨の将来性などが取り沙汰される昨今である。彼ら（BRICS 諸国）の議論があながち空論であるとも思えない。長い目で見た場合には、SWIFT を経済封鎖の道具に利用したのは悪手だったように思う。

3．資本主義によって商品化された「労働」

（1）労働・仕事・活動

　近代になって大きな思想的うねりが生じた。19 世紀文明の結果として大転換が起き、一方は自由主義陣営に、他方はマルクス主義陣営に分かれた。マルクスはやがて資本主義が労働者によって覆され、労働者のための社会ができるという発展的経済観を打ち立てた。ところが、「労働が商品化された」と指摘した点は同じだが、カール・ポランニーはマルクス主義を批判する。マルクスの言うように社会は段階的に発展などしないと考えたからだ。ポランニーの著書『経済と自由』によれば、資本主義以前の人々が暮らす社会にも経済活動はあったが、その経済活動は親族や宗教、カリスマといった経済関係以外のものの中に埋め込まれていた。つまり、血縁の紐帯、祖先崇拝、封建的な忠誠心によっ

て社会が構成されていた。しかし、資本主義社会は、これらを市場的な諸関係に置き換えてしまった。19世紀以前の社会では、人々が経済活動をするのは、経済活動自体が目的だったのではなく、飢えに直面するのではないかという恐れから狩りや漁をし、耕作をして収穫するという一個人の欲求からだった。ところが資本主義化された社会では大きな価値変化が起き、市場社会が出現してからは供給・需要・価格が一つのメカニズムとして制度化された。つまり、物質的な財とサービスの生産・配分が市場システムの中に取り込まれてしまったのである。その結果、「労働」と「土地」が、あたかも売買目的の商品であるかのように扱われるようになった。これがポランニーの見立てである。彼は人間の労働や土地を「擬制商品」と呼ぶ。ポランニーはさらに続けて、労働市場の稼働をこのまま放置した場合、その市場メカニズムが人間および環境を徹底的に破壊し、脅威になると警告した。労働は人間の活動であり、本来は商品そのものとは似ても似つかない。労働は生理的、心理的および道徳的存在としての人間の諸機能の一部であり、商品ではない。しかし、現実には「労働力の販売」という事態が起きている。擬制的な商品として売り買いされる都市住民はやがて人間的な面影まで失う時が来ると警告されている。ポランニーはこうして資本主義の放置を危険視し、だからと言ってマルクス主義の胡散臭さも感じ取り、社会民主主義的な（彼の言葉では自由社会主義的な）経済体制に向かうべきだと説いた。

　この「労働」をめぐる議論であるが、人が働く行為を労働だけに絞らず、「労働」・「仕事」・「活動」に分別した論者がある。ハンナ・アレントである。アレントは著書『人間の条件』の中で、古代ギリシア時代の思想にまで立ち返り、ギリシア時代に労働を軽蔑した理由を解き明かしている。つまり、ギリシア人にとって、その人の痕跡も、記念碑も、記憶に値する偉大な作品も、なにも残さないような骨折り仕事を「労働」という言葉で表していたのであり、ポリスにおける市民の生活にとっては無意味な行為に見えたからであると。こうした労働に対し、「仕事」は主に工作人の行為を念頭に置いて考え、工作人は物を作り、無限と言っていいほど多種多様な物を作り出す。この工作人の仕事の結果としてでき上がった物は、日常で使用され、財産ともなり、交換市場に持っ

て行くのも必要な価値を持っていると見なされる。ギリシア時代の数々の彫刻物を想像してみれば、その価値が分かる。アレントはこういう行為を「仕事」と呼んだのである。では、「活動」とは何か？　これが現代人には最も分かりにくい事象のことであるが、アレントはプラトンの言葉を引用しつつ、「言論と活動」という表現を繰り返し使っている。しかも、言論が独りでは意味がないように、この「活動」も独りでは意味がない。つまり、アレントが説く「活動」は、社会の中における自分の役割や他人との関わり合いの中で発揮される行為のこと、今日的な意味合いで言うならば、人付き合いや社会活動を意味する。朝から夕まで会社に行って働くのが当たり前になった今日では想像が難しいが、かつては会社・職場に一日中縛られるような生活ではなく、社会の中で自己の役割を果たす意識が強かったのであろうと想像できる。アレントはこれを労働や仕事と切り離して分別したのである。興味深いことに、アレントもポランニーと同様に著作の中でマルクスを批判している。マルクス主義の持つ技巧的かつ理想主義的な構造に胡散臭さを感じたのであろう。

（2）広がる格差

　フランスの人口学者エマニュエル・トッドは、その著書『我々はどこから来て、今どこにいるのか』において英米型の生活方式とそれによって構成される社会構造の問題点を見抜いた。英米型とはつまり、アングロ＝サクソン民族型のという意味であるが、この両国に特有な社会構造とは、一言で言うと「極度の個人主義型」（つまり、自分の人生をいかに充実させたものにするかという個人の利益・幸福追求型の生き方）を言う。この両国共に、社会構造が知的財産偏重型になっており、イマジネーションや想像力を過度に偏重するので、それに伴う労働や作業を極端に嫌う（バカにする）風潮が蔓延している。したがって、みんなの共同作業でそれを成し遂げることで社会全体が豊かになるのではなく、そのアイデアを提供した個人のみに尊敬と報酬が集まる仕組みになっているので、徐々に社会全体が精神的に貧困化して行くのだと分析した。実際に英米両国のGDPなどは数値的には高いが、産業構造が中抜きされてるので、日常生活での必需品でさえ自国内で生産することができなくなっている。また、

本来はそういう生産事業に携わって生活の糧を得るはずの人々が失業し、誰でもできるようなスキルの必要のない低賃金労働に甘んじる結果となっている。現在、米国で本来はメーカーであるはずの会社でさえも（例えば、Apple 社、NVIDIA 社など）ほとんど自社での製造はしておらず、主に東アジアの会社に外注している。また、米国の GDP のかなりの部分が弁護士費用などに費やされ、実体的な経済活動には費やされていないとも指摘している。これが英国の EU 離脱や米国の分断を招いた。英国民や米国民は日常生活に多大な不満を感じているのだ。トッドは、英米型の社会構造を真似すると、その国は衰退すると警告する。

　米国の国際政治学者サミュエル・ハンチントンは著書『分断されるアメリカ』の中で、次のように述べる。アメリカ人とは何か？　その答えは出身地がどこであれ、移民であれ、民族が何であれ、「アングロ・プロテスタントの文化を受け入れた者」であると。また、今では信じられないことだが、かつての典型的なアメリカ人とは、勤勉さこそが成功の鍵であり、20 世紀の後半、90 年代くらいまでは 9 割以上の者が「自分の勤務する組織を成功させるためならもっと働く」と答えていた。しかも、仕事から離れて過ごす余暇に絶えず疑念を抱き、「非生産的な余暇を過ごすのではなく、この時間をよい仕事と自己改善に費やすべきだ」と考える者が多かった。したがって、移民してきた者たちにも「資本主義の体制にようこそ。政府は君たちが食べていようが、貧しかろうが、金持ちだろうが、責任は負わない。政府は仕事も家も保証してくれない。君たちは豊かで強大な国にやってきたが、母国にいた頃と同じように暮らし続けられるかどうかは、君ら次第だ」と、努力や勤勉さを説いていた。今日では米国および米国人の姿は、こうした価値観と全く異なった存在になってしまった。しかし、ハンチントンに言わせれば、米国は宗教観にしても、ナショナル・アイデンティティにしても、時代と共に変化してきたし、その時々の国内情勢または国際情勢によって揺れ動くのが米国の性質であると説明している。したがって、今後の米国がどうなるかは、世界情勢次第であり、逆に、世界が米国を変えられなければ、米国が世界を変えると締めくくられている。今日のバイデン民主党政権が世界を変えようとして様々な紛争に首を突っ込むのは、ハンチン

トンの予言通りなのだろうか。

　第3章 第10節「トマ・ピケティからの示唆」の項でも触れたが、ピケティの発見した法則は「r＞g」（rは資本収益率、gは経済成長率）であった。この法則をやや突き放して俯瞰的に見れば、「働くよりもお金（マネー）を貯めた方が勝ち」という法則になる。これは思想ではなく、実際の数値を統計的に分析した結果として得られた法則であって、善し／悪しの基準はない。実際に90年代以降、これを最大限実践したのが米国と英国であり、だからこそ、両国は働くことよりも世界中のお金（マネー）を集金して再投資する道を選んだ。また、外形的には世界の工場となって製造業を重んじたように見えた中国も、内実は英米と同じであった。中国の国内で働いていたのは農民工と呼ばれる農村出身の低賃金労働者であり、工場を造るのは外資系企業だった。都市住民はそこで働くのではなく、外資が農民工を使って輸出で稼いだお金を吸い上げ、それを不動産（マンション）に投資することによって豊かになった。不動産投資で稼いだのは住民ばかりではなく、地方政府も不動産ディベロッパーを経由した街作りで稼いだ。すなわち、中国経済の成長と繁栄は、「働く」ことよりも「投資」することで成り立っていた。海外からの集金役＝外資系企業、労働者＝農村出身の農民工、投資家＝政府と都市住民、という構図だ。その結果、これらの国がどうなったか？　英国は移民に苦しんで、国民がさらなる経済成長が維持できるであろうEUへの帰属を拒否し、米国は連邦政府（ワシントン）と国民とが離反して、政府がグローバル化の推進派で、これに反対する国民がアメリカ・ファースト、すなわち自国優先主義を主張する対立へと至った。中国は不動産市場の崩壊と外資の国外脱出を招いている。困惑した北京政府が愛国主義を煽った結果、中国人民には排外的愛国主義の感情が芽生えている。つまり、r＞gは事実ではあっても、お金（マネー）を無闇に増やす政策を第一優先にして実行してしまうと、社会不安が増す結果となり、結局は国民の幸せには繋がらないということを示している。特に、資産の多少の格差は、一度広がると、自然にはなかなか縮まらない。また、お金を集金と投資で得て、それを使って遊んで暮らす習慣が身についてしまうと、その生活習慣はなかなか元には戻らない。英国、米国、中国のいずれも国民の間に激しい経済的格差が広

がった結果、それが価値観の相違にもなり、国民全体の不満と分裂を増幅している。困った政府は国民の目を外国に向けさせるような対外政策を採るが、それがさらに国民を不安に駆り立てるという悪循環に陥っている。

(3) システム化された社会

マックス・ヴェーバーは、著書『プロテスタンティズムの倫理と資本主義の精神』において、興味深い視点を提供している。プロテスタンティズム（Protestantism）とは、キリスト教プロテスタント派の主義・思想のことであるが、ローマ・カトリック派が教会の権威や聖書の分析を聖職者（教皇）に委ねるのに対して、プロテスタント派は原則として教会や教皇に重きを置かない。したがって、聖書の教えにおいても、またキリスト教への理解においても独自の解釈が成り立つ。ある意味、分派行動が可能なのである。このプロテスタント派の姿と古代ユダヤ教の価値観とに類似点があることを見いだした。また、カトリック派はどちらかと言うと他人にお金を貸して利息を取ることを良い行為であると見ていなかったが、逆にプロテスタント派は懸命に働いて得た賃金を他人に貸す場合には高い利息（しかも複利で）を取るべきだと主張した。むしろ働かずに他人からお金を借りて遊ぶような人間を忌み嫌ったのである。そういう意味でも、ユダヤ商人とプロテスタント派の共通点は多い。ユダヤ人は古代からディアスポラ（Diaspora）であったため商人になる他なく、また商売上手が祟って土地を奪われて迫害されることも多かったので、お金（マネー）に執着する以外になかった。その結果、ユダヤ商人＝高い金利を取る者というイメージができ上がった。金利を積極的に取って懸命に稼ぐ、こういう点においてプロテスタント派とユダヤ商人との発想と価値観は共通する。また、この分派行動による特定のリーダーに率いられた一定数の信者による集団行動と資本主義社会における労働集約型生産体制とに類似性があるとも指摘されている。プロテスタント派が多い米国において高度に資本主義が発達し、また集団生産体制が進化していったのは偶然ではない。今日の米国において、企業が収益第一主義であるし、会計学を柱とした経営理論を構築するようになったのも偶然ではない。ヴェーバーが言い

たかったのは、経済が発展した結果として資本主義が発展したのではなく、プロテスタント派の持つ労働や金銭への意欲と集団性が資本主義を発展させたのだ、という論理である。金銭欲だけであれば中国人もイスラム教徒もあったが、中東や中国では資本主義が発達しなかった。彼らには勤労意欲・金利の追求・集団性が揃っていなかった。そう考えてみると、18世紀の産業革命によってまず英国が資本主義化し、20世紀になって米国が資本主義の頂点に立てたのも、両国におけるプロテスタント派の価値観が背景にあった当然の帰結であったのかも知れない。

コラム：ディアスポラ（Diaspora）

ディアスポラという言葉は、ヘブライ語ないしはギリシャ語が語源であると言われている言葉で、元々の意味は「離散」を意味した。現在では、国を持たない民であるとか、遊牧民、移民などの意味でも使われている。国を持たない民という意味では、かつてのユダヤ人（第二次世界大戦後はイスラエルができたが）、アルメニア人、離散したギリシア人を指す言葉であった。現在では、華僑（中国大陸を離れて外国に移り住んだ中国系）、印僑（インド大陸から離れて外国に行ったインド系）なども含む。また、国を持たない民族であるクルド人やロヒンギャなどもこれに当たる。広い意味に解釈して近年の欧州や米国、カナダ、豪州などへの移民を指す場合もあり、アフリカ系、中東系、ヒスパニック系などの母国を離れて移住した者がこれに該当する。しかし、後者の移民はかつてのディアスポラとは異なり、自発的に immigrant（外国からの移民）または emigrant（外国への移民）となることが多いので、意味が異なってくる。今日では多様性社会などとメディアが煽って移民政策を進める国も多いが、多くの事例で移民には問題点が付きまとう。大量に移民した場合には、現地の文化に馴染まず（馴染む気もなく）、現地人と文化的軋轢を引き起こすからである。そうした事態が起きることは、かつてディアスポラとして辛酸を舐めてきたユダヤ人・アルメニア人などが骨身に染みて感じていることである。

4．ネット化が進展させるキャッシュレス社会とメタバースの登場

（1）利用促進およびトレース可能なお金（マネー）
（A）減価する通貨システム（ゲゼル通貨）

　今日では通貨のキャッシュレス化が急速に行われようとしている。ここではデジタル技術の進展が強く後押ししていて、金銭支払いが電子化されることは新しい時代の幕開けのように喧伝されている。ニュース報道ではキャッシュレス化が進んだ社会を先進的な社会と呼び、キャッシュレスではなく、現金やクレジットカードを使っている社会を遅れた社会のように描写する。しかし、キャッシュレスがなぜそれほど有り難がられるのだろうか？　その答えの一つは、これが役に立つからである。つまり、メディアのスポンサーにとってはプラスに働くからである。実は、キャッシュレス化によって最も恩恵を受けるのは、人の行動余剰を読み取って分析しているIT企業である。これは一般にビッグデータ分析とも呼ばれているが、つまり、その人が何に関心を持ち、どういう時にどのような行動を取るか、の分析である。これを金銭面で見ると、その人が何によって（仕事でも個人間のやり取りでも）報酬を得て、それを何に使っているのか（モノでもサービスでも、ゲームや食事でも）が分かるように情報分析で可視化してしまう。後述するショシャナ・ズボフの『監視資本主義』では、今の動きは単なる情報分析に止まらず、いずれその情報を応用して人の行動を左右するように仕向けるはずだという指摘もあるが、それは第5節「人の思想・行動は環境の産物か？」に譲るが、人の行動をトレースすることは企業にとってはビジネスの種になるのだ。もう一つ、キャッシュレス化による恩典が期待できるのは、貯めるよりも消費が増えることが期待できるからだ。つまり、お金（マネー）が物理的な紙幣や硬貨から抽象的で手に取ることのできない数字になるので、ついつい貯めるよりも消費に回すことが予想できる。お金（マネー）を使う実感が薄れるからだ。結果的に財布の紐が緩むのである。かつて、この消費拡大の機能を紙幣に持たせようと考案した人物がいた。シルビオ・ゲゼル（1862～1930年）である。ゲゼルが著書『自然的経済秩序』の中で発表した「自由通貨」は「ゲゼル通貨」とも呼ばれる。ゲゼルの自由通貨は貯めることを前

提としておらず、持っていると減価して行く紙幣、すなわち「減価する貨幣」として知られている。電子マネーによるキャッシュレス化は、現代版ゲゼル通貨とも呼ばれている。ゲゼルの考えた具体的な仕組みは、有効期限１年の高額紙幣（見た目は証書に近い）の表面に少額紙幣から切り取った紙片を貼り付けていって、紙片が一杯になった紙幣を年末に当局（通貨局）で新しい紙幣と交換するという方式である。放っておくと高額紙幣のマス目が埋まらず、交換不能＝減価して行くので、人々はなるべく頻繁に紙幣を流通させようとするし、世の中から利子の概念が消える。このゲゼルの自由通貨は、貨幣を蓄えようとする人々の欲を消す方式として今でも論点として取り上げられることがある。キャッシュレスは流通には秀でるが、貯蓄向きではないと指摘できる。

(B) ステーブル・コインの議論

　仮想通貨（暗号資産）は価格変動が激しく、その価値が安定しないので決済手段としての活用は進みにくい。この仮想通貨の価格安定を目指して設計されたのがステーブル・コイン（stable coin）で、価格を安定させる仕組みの違いにより、理論的には次のタイプに分類される。①法定通貨担保型（米ドルや日本円などの法定通貨を担保とし、法定通貨との交換比率を一定に保つことで価格安定を目指す仕組み）、②暗号資産担保型（ビットコインやイーサリアムなどの時価総額の大きな仮想通貨を担保として、これと価格を連動させた仮想通貨を発行する方式）、③コモディティ担保型（金・Goldや石油などの商品価格に連動して一定の価格に保つように設計された仮想通貨を発行する方式）、④アルゴリズム型（特定の何かに価格を連動させるのではなく、コンピュータプログラムの設計により流通量の増減を調整して価格が大きく上がったり、逆に大きく下がったりしないような仕組みを作って仮想通貨を発行する方式）である。しかし、今日ではステーブル・コインと言う場合には、実際にはほとんど①法定通貨型のタイプの意味で使っている。各国の中央銀行も法定通貨の電子化について調査・研究し、近年中にはデジタル・ユーロやデジタル円が発行される見通しであるので、近い将来には実社会でのキャッシュレスには法定通

貨の電子版（中央銀行デジタル通貨：CBDC）が使用され、メタバースの世界では仮想通貨が使用されるようになることも考えらえる。2023年6月の英ロイターの報道によれば、現在、130カ国が何らかのCBDCプロジェクトを進めており（Reuters「CBDCプロジェクト、現在は130カ国が関与＝米シンクタンク」2023年6月29日）、中国は既に実証実験を済ませ、インドやブラジルが2024年中にはCBDCを発行、欧州中央銀行（ECB）はデジタル・ユーロを2028年に発行する予定、イングランド銀行（BOE）も早ければ2025年にデジタル・ポンドを発行すると伝えられている。日常生活で使われる法定通貨が電子化された場合、人々の意識が変わり、サイバー空間で電子決済を行う抵抗が薄れると予想できる。サイバー空間が進化してメタバースが本格的に実現した場合、大きな金額の支払いや納税はCBDCで行い、日常の細かい支払いやトレースを嫌がるユーザーはステーブルコイン（仮想通貨の中でステーブルコインとして発行されたもの）を使用する可能性も考えられる。ステーブルコインの代表例には、USDコイン（USDC）、ダイ（DAI）、TerraUSD（UST）、ジパングコイン（ZPG）などがある。

（C）通貨の電子化（銀行システムと税務の効率化）

　法定通貨が電子化された場合、その仕組みが大きく変わる可能性があるのが、銀行システムと税務システムである。銀行では現在、猛烈にキャッシュレス化を進めている（例えば、三井住友銀行のOliveアカウントなどが代表例）が、銀行が懸念するのはキャッシュレスのシステム化の方ではなく、顧客との付き合い方であり、銀行業務のあり方である。そもそも銀行は法人融資において既にキャッシュレス化を成し遂げており、かつては銀行に存在した現金の積まれた金庫であるとか現金輸送車の運行などはほとんど過去のものになっている。現金が必要となるのは消費者向けのATMくらいであり、これを廃止しても銀行の業務自体には大きな変化はない。問題は預金者が銀行を利用しなくなり、銀行としての業務遂行がジリ貧になる事態だ。そこで、銀行はキャッシュレス利用の顧客をネット利用ユーザーに変えて日常生活では細かい手数料を自動的に集金する仕組みを確立し、これと並行して個人資産の管理を設計・アド

バイスするコンサルティング業務の遂行によって生き残りをかけようとしている。いわゆるプライベートバンク業務である。法人部門では先に述べたように既にキャッシュレス化しているが、融資業務自体には頭打ちが見られるので、事業承継・M&A、経営者の個人資産管理などを含めた企業経営全般のコンサルティングなどを行って事業領域を広げようとしている。すなわち、過去の銀行の姿である「現金を蓄積して（金庫に入れ）それを貸し出す（現金輸送車で運ぶ）」を脱して、「マネーに関するコンサルティング業」に変化しようとしているのが現在の銀行（Bank）である。今日では銀行はまだ仮想通貨（暗号資産）の交換業など無視している。しかし、2024年3月現在で、暗号資産全体の時価総額は約370兆円に達している。かつて、消費者金融業者が侮蔑的に「サラ金」と呼ばれていた時代には、銀行が消費者金融を運営するなど考えられもしなかったが、2000年頃から与信の強化や個人情報の保護がなされるようになり、2010年前後には大手銀行が消費者金融業を傘下に収めるようになった。（例えば、レイクは新生銀行の傘下に、アコムは三菱UFJ銀行の傘下に、プロミスは三井住友銀行の傘下に入っている。）こうした過去を見ても、キャッシュレス化が浸透し、金融庁が態度を変えれば、銀行が仮想通貨（暗号資産）の交換業に乗り出してきても不思議ではない。

　次に徴税・納税についてであるが、キャッシュレス化と納税の簡素化・合理化とは切り離せない。先にも述べたことく、キャッシュレス化＝利用者のトレースが可能となるので、これほど徴税に便利なシステムはない。トレース（trase）とは、情報の追跡、すなわち人の行動の履歴追跡のことである。トレースと可能を合わせた造語の traceability（追跡可能性）という用語も生まれている。既存の通貨システムでは、日常の細かな金銭のやり取りや現金渡しによる取引は金額の捕捉が難しい。税務当局も日常的に脱税が行われていることは知っているが（これは以前から「トーゴーサンピン」などと揶揄されてきた収入に対する捕捉率であるが、給与所得者は約10割、自営業者は約5割、農林水産業者は約3割しか収入額を申告せず、つまり申告しなくてもそれ以上は捕捉できないので、事実上、収入を低く申告して、その分、税を免れている＝脱税できてしまうことを示している。以前はこれを修正するために所得税を減税して消費

税に切り替えていくという議論もなされたが)、脱税の証拠を挙げる人員も予算も不足している。しかし、お金のやり取りがキャッシュレス化されると、金銭の出入が全て可視化されるので、申告の数字を低く見せようとしても、コンピューター処理により自動的に実収入が算出されてしまう。無理に数字を変更しようとすると、今度は逆にマネーローンダリング（資金洗浄）が疑われるような手法を使わざるを得ず、高いリスクを負うことになる。したがって、通貨のキャッシュレス化は、徴税・納税といった税務システムの面から見ると、人手をかけずに公平な社会を実現できる仕組みと言える。

（2）電子化するお金（マネー）と仮想通貨への期待

　いわゆる「仮想通貨」は、2019年の法改正（改正資金決済法および改正金融商品取引法）で「暗号資産」という表現に改められた。この分野での日本の当局の動きは早く、2016年に改正された資金決済法で、一旦「仮想通貨」と定義された経緯がある。ところが、これが時期尚早で、逆に2017年のビットコインバブルの遠因となったこともあり、2019年の改正資金決済法によって「暗号資産」と定義が改められたわけである。しかし、もともと海外では「仮想」という意味の「virtual currency」の方ではなく、暗号を意味する「crypto」が使われた「cryptocurrency」という表現の方が一般的であった。また、2018年3月に開催された20カ国財務大臣・中央銀行総裁会議（11月開催のG20ブエノスアイレス・サミットの前哨戦に当たる）で「crypto-asset」（暗号資産）という用語が使われたことにより、日本でも「crypto-asset」を意味する「暗号資産」を正式な表現として採用することに決め、資金決済法を改めることになった。

　こうして改正された現在の資金決済法（資金決済に関する法律）には暗号資産に関する細かい規則が盛り込まれ、交換業者の登録、業務、情報の安全管理、宣伝・広告をはじめ、禁止事項、利用者保護、報告書の作成、立入検査、業務改善命令などについても規定する。また、金融商品取引法にも暗号資産に関する規定があり、ここまで規定するなら、「通貨」とは認めなくても、せめて米国のように金融商品の一種と認めて、税制も他の金融資産に準じた扱いで良いと思うが、今のところ、雑所得扱いとなり、確定申告の際には通常の金融商品

なら認められている特定税率の適用などはない。簡単に規定を見てみたい。暗号資産交換業者の登録・申請・業務について、資金決済法は次のように規定する。

2019年改正資金決済法
　第63条の2　暗号資産交換業は、内閣総理大臣の登録を受けた者でなければ、行ってはならない。
　第63条の4　内閣総理大臣は、（途中省略）暗号資産交換業者登録簿に登録しなければならない。
　第63条の5　内閣総理大臣は、登録申請者が（途中省略）重要な事項について虚偽の記載があり、若しくは重要な事実の記載が欠けているときは、その登録を拒否しなければならない。
　第63条の7　暗号資産交換業者は、自己の名義をもって、他人に暗号資産交換業を行わせてはならない。
　第63条の8　暗号資産交換業者は、（途中省略）暗号資産交換業に係る情報の漏えい、滅失又は毀損の防止その他の当該情報の安全管理のために必要な措置を講じなければならない。

　また、暗号資産交換業者の広告と宣伝については、次のように規定する。
　第63条の9の2　暗号資産交換業者は、その行う暗号資産交換業に関して広告をするときは、内閣府令で定めるところにより、次に掲げる事項を表示しなければならない。
　　1号　暗号資産交換業者の商号
　　2号　暗号資産交換業者である旨及びその登録番号
　　3号　暗号資産は本邦通貨又は外国通貨ではないこと。
　　4号　暗号資産の性質であって、利用者の判断に影響を及ぼすこととなる重要なものとして内閣府令で定めるもの

　金融商品取引法では、次のように規定する。

金融商品取引法
　（暗号資産関連業務に関する特則）
　第43条の6　第1項　金融商品取引業者等は、暗号資産関連業務を業として（途中省略）行うときは、内閣府令で定めるところにより、暗号資産の性質に

関する説明をしなければならない。
　第 2 項　金融商品取引業者（途中省略）は、その行う暗号資産関連業務に関して、顧客を相手方とし、（途中省略）契約の締結又はその勧誘をするに際し、暗号資産の性質その他内閣府令で定める事項についてその顧客を誤認させるような表示をしてはならない。

　つまり、日本法では暗号資産（仮想通貨）についての細かい規定があり、交換業者への規制を強めて詐欺的行為が発生しないように見張っている。しかし、他方で、日本の当局はこれを金融商品の一種であるとは認めず、あくまで通常の物品・サービス取引の範疇で処理しようとしている。米国が既にビットコインによる ETF（上場投資信託）組成・公開を認め、2024 年中にはイーサリアムの ETF も認めようとする動きがあるのに比べると動きが遅い。米国では米国証券取引委員会（SEC）がビットコイン ETF の組成を承認し、2024 年 1 月 11 日より公開が開始された。（カナダで 2021 年にビットコイン ETF が承認された例はあるので、世界初ではないが。）ビットコイン価格の推移を示したグラフ（図-2）を見れば分かるが、今回も合わせて過去に大きな上昇トレンドが 3 回ある。1 回目は先の資金決済法の改正に関連して言及した 2017 年であり、この時には日本の若年層の投資家が中心となってビットコイン投資に熱中した。日本円の価格で 1BTC = 200 万円超まで上昇したが、その一年前の価格が 1BTC=40 万円ほどであったのと比較すると、5 倍強もの上昇率であった。次に盛り上がりを見せたのは 2021 年から 2022 年にかけてであり、この時には米国の新興企業（テスラ社）による投資や、取引所の証券市場への上場（米コインベースが NASDAQ 市場に上場）、米 SEC（米国証券取引委員会）によるビットコインの先物 ETF を承認、という事柄があり、6 万 8,999 ドル（当時のドル円レートで換算すると約 780 万円）まで上昇した。その後は取引所 FTX を運営して投資の天才と評されたサム・バンクマン＝フリードによる詐欺事件や、取引所バイナンスを率いたチャンポン・ジャオによるマネーロンダリング事件が発生して仮想通貨投資は一気に下火になった。次の 3 回目は、詐欺事件などの後始末が終わった 2023 年末より米 SEC のゲンスラー委員長がビットコイン現物の ETF 組成・公開を認める発言をしたことで始まり、市場の期待が高まっ

た年明けの2024年1月11日より本格的なビットコイン投資が始まったわけである。現物ETFが認められるようになると、株式や他の投信と同じ基準で投資マネーが入り込んで来るようになる。その期待感からこの1～2ヵ月で100兆円以上もの資金が流れ込んで来た。2024年3月で仮想通貨市場全体の時価総額は370兆円にまで増えた。経済危機の度に法定通貨が増幅した結果、その価値が下がり、逆にネット社会の進展に伴って仮想通貨（暗号資産）は年々、時価総額が上がっている。仮想空間であるメタバース（Metaverse）やオリジナル性を保護する技術（知的財産を保護する技術）であるNFT（Non-Fungible Token）が普及し始めると、電子決済の需要も高まる。メタバースにおける決済方法には未だ未知数の部分もあるが、CBDCと並行する形での仮想通貨（暗号資産）への期待は高まると予想できる。

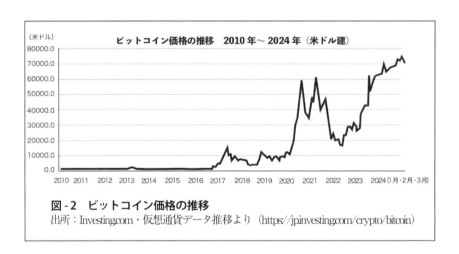

図-2　ビットコイン価格の推移
出所：Investing.com・仮想通貨データ推移より（https://jpinvesting.com/crypto/bitcoin）

5．人の思想・行動は環境の産物か？

　デジタル化された社会の将来像を鋭く描いた著作がある。ショシャナ・ズボフの『監視資本主義』である。その中でズボフは人がIT企業の道具と化していくネット社会の未来を説いた。ネット社会では人の発想がコントロールされ、

やがて個性や自由意思を持てなくなるだろうとも予測した。個性を失くし、集団として統率されていく社会は、これまでは全体主義と呼ばれてきたが、ズボフは全体主義社会とネット社会は外形が似ているだけで、内実は異なることを説明した。全体主義では政治的に集団を管理・統率し、恐怖による支配を試みるのに対し、ネット社会では、一見、個々人は自由な発想を持ち、個性を発揮し、自己実現によって生活を楽しんで行けるように見える。全体主義社会にはジョージ・オーウェル『１９８４』に登場するビッグブラザーが独裁者として君臨するが、ネット社会にはそういう存在はいない。民主的で開かれた社会のように見える。

　ところが、ネット社会の内実は異なる。ビッグブラザーはいないが、代わりにビッグアザー（Big Other）がいる。ただし、その存在は見えないし、ネットを使うユーザーはその存在を感じないで済む。ネット社会では、恐怖の代わりに（無意識に）行動修正がなされ、支配の代わりに（無意識に）コントロールされる。また、政治的熱狂は必要なく、むしろ政治に無関心なために（無意識に）政府に従う。人は集団としては統率されないが、（自然に・無意識に）統計的な人口配分がなされる。また、国家に対する忠誠など必要ないが、（行動が無意識にコントロールされているので）犯罪など犯すはずもなく、より良い暮らしを求めて善良な市民として暮らすのである。すなわち、ズボフの言う「監視」とは、オーウェルの描く全体主義的な監視ではなく、あくまで人の思想を無意識にコントロールするという意味で使われている。そこでは人は「素材」であり、「道具」として扱われる。この着想はかつて、ネット社会の到来が予測される以前の1971年に著されたB.F. スキナーの『自由と尊厳を超えて』（原題は "Beyond Freedom and Dignity"）と類似する。現に、ズボフは何度もスキナーを引用して、人の自由意思の希薄さを説いている。行動心理学の研究者であったスキナーの主張はシンプルで「人は元々が自由意思など持っていない」という考えだ。つまり、人は自分では物事に対してその都度、自由に考えて行動していると思っているが（ここで言う「自由」とは過去の経験に捉われずに、周りの環境に左右されずに、という意味だ）、実際にはこれまでの経験やその時の環境によって（必然的に）行動しているという仮説である。したがっ

て、スキナーによれば、人が行動する原因として掲げる「心」、「気持ち」、「意識」は真の意味では原因とは言えず、その心や気持ち自体が経験と環境の産物だという論理となる。ただし、60年代〜70年代にはこれを実証するための実験方法がなかった。あくまで仮説として発表されただけだ。やや世界が異なるが、先に掲げたアレントは著名なアイヒマン裁判において「悪の凡庸さ」という人の心的構造を見抜いた。これは行政機構に組み込まれた自らは何も考えない行政官が非道な虐殺に平気で加担してしまう心情を表した言葉だ。あるいはミシェル・フーコーの示した現代社会における監視の技術でも同じような心情が見抜かれている。フーコーは監獄（刑事収容施設）の構造・仕組みから援用して、現代の社会の仕組み、すなわち学校や病院・工場なども同じ構造によって人々を監視・矯正する仕組みであることを指摘した。彼らの分析から導き出せる結論は、現代社会に生きる人々は無意識のうちに監視され、行動が規制・矯正されているということ。すなわち、彼らの言動は本人が自発的なものだと思い込んでいるだけで、実際には環境の（学校や職場の）産物として発出されているだけである。そこには思想や自分の考えというものは存在しない。

　かつてはこれらの事象を実験する方法はなかった。哲学的な問いと仮説があっただけだ。しかし、今日のIT企業なら、これを実験することができる。いや既に実験しているかも知れない。ユーザーに対して一定の情報を与えて、その当該ユーザーの行動がどの程度変化するかを観察すればいいからだ。例えば、Amazonで商品を選択する際に、こまめに価格設定を変える、類似商品を提示する/提示しない、他のユーザーの評価を良くする/悪くする、以前購入した商品の関連商品を紹介する、短時間の特売表示をする、限定商品の個数表示をするなどの工夫がされているが、これによりユーザーの「行動余剰」を読み取ることができ、どういう表示に人がどう反応するかを調べることができる。この行動余剰がビジネスのタネになることに最初に気がついたのがGoogleで、それまでは単なる検索エンジンで収入が冴えない会社だったのに、この行動余剰を分析すれば高く売れることに気がついて、ネットCMの利便性として売り込んでからは高収益企業に変身した。しかも、既存メディアのCMと異なり、この行動余剰は広く消費者の行動を示すだけでなく、個人化（individualize：

当該者個人の動きを予測するために使うことが)できる。これを今日では「パーソナライゼーション」(personalization)と呼び、機械による人の深層への侵入を継続的に行い、その個人の行動余剰を常に全て読み取ろうという試みが進められている。もし、読み取った結果をデジタル・アシスタントとして商品化できれば、あなたの(ユーザーの)の好みに合った言葉をかけ、行動してくれる完璧なアシスタント(秘書)ができ上がるはずである。IT企業はやろうと思えば簡単に実験ができるというのは、こういうことである。ズボフが指摘するように、この程度のことは未来予想ではなく既に行われている。すなわち、近未来におけるネット社会においては、人は(自分では)自由に振る舞っている(つもりである)が、それは実際には(そういう言動を採るように)コントロールされているという事態が現実化するということになる。

　ズボフの描く監視資本主義を肯定的に評価しながらも、若干、腑に落ちないところもあると指摘しておきたい。つまり、上記のことはほとんどの一般市民には当てはまりそうにも思うが、全ての人に対して(100%の確率で)これが当てはまるものだろうか？　この答えとしてヴィクトール・フランクルの『夜と霧』を掲げたい。この著書はフランクルがナチスの強制収容所に入れられた実体験を描いたものだが、彼が心理学者であり精神医学の医師でもあったので、もし生きて出所できたなら、その記録を絶対に後世に残さなくてはならないとして収容所内で生命をかけて記録したものだ。フランクルが示したキーワードは「生きる意味」だ。彼は心理療法におけるロゴセラピー(logotherapy)を確立した人物として知られるが、この言葉の元になったギリシア語の「logos」とは、理性・言葉・思想を指す。つまり言語を通じた人の意思表明のことである。強制収容所では明日どころか、今日、今現在の命でさえ数分後には無くなってしまうかも知れないほどの過酷な環境に置かれた。その環境下では、大多数の者は感情を失くし、何も考えない・無感動・無感覚な状態となって命を繋いだ。少数の目ざとい者は支配者に取り入り、仲間を売ったり、仲間に残酷な仕打ちをすることで生き残ろうとする者もいた。しかし、逆に、ごくごく少数の者は、そうした環境に置かれてさえ、自分が飢えで死ぬかも知れないその瞬間でも、他人を思いやり、他人を気遣う精神を維持できた者もあった。フランク

ルが描きたかったのはナチスの非道を告発するということではなく、この厳しい環境に置かれた人間がどういう心理を見せるかであった。フランクル自身が生き延びられたのも、その関心を持ち続けられた（生き延びる意味を見いだした）からであった。つまり、同じ環境に置かれ、同じように生命の危険に晒され、同じように死にそうに飢えた状態に置かれた人間が、異なる精神の有り様を見せたことに彼は強い関心を持った。最後まで生き延びられた者がいたのは、（もちろん多大な幸運があったからだが）使命感を持ち、魂の清さを感じられる精神的自由を保てた者であったというのが彼の観察である。と言うことは、ネット社会の進展に伴う人の生き方は、「生きる意味を見いだす」ということになるだろう。「何も考えない」とは、経験と環境だけで行動するという意味と同

コラム：全体主義（Totalitarianism）

権威主義体制の極端な形を採り、国民は中央政府の統率に従う集団として扱われる。特定の人物や党派によって支配されるので、必然的に独裁体制となる。国民の自由は大きく制限され、日常生活においても可能な限り規制が加えられた形で生活する社会となる。政治学的に言えば、外形的な社会体制が権威主義体制であり、内面的には公的な場でも私生活の面でも定式化・画一化された思想によって統制された振る舞い方・生き方を強いられる体制ということになる。ジョージ・オーウェルが『１９８４』で描いた世界では、独裁者の名前をビッグブラザー（Big Brother）と名付け、このビッグブラザーが国民を監視しているので勝手なことはできないぞと告げる標語「Big Brother is Watching You」が街の至る所に掲げられているのが印象的である。また、全体主義体制の矛盾を示す思想として「二重思考」があり、これは論理的には矛盾した事柄でも政府の言う通りに従う（おかしいと思っても、そう思わせないようにする）ことを強要される典型として描写される。オーウェルの言葉を借りれば「相反し合う二つの意見を同時に持ち、それが矛盾し合うのを承知しながら双方ともに信奉すること」となる。例えば、国民が望む平和を実現するためには敵対国と戦う必要があると結論して、つまり平和とは＝（イコール）戦争のことだ、「平和とは戦争だ」という論理にすり替える。こうすれば、いつでも戦争ができ、しかも、それは争いのためではなく、君たち国民の平和のためなんだよ、という理屈を信じさせることができる。全体主義の指導者として知られるのはムッソリーニやヒトラーをはじめとして、スターリン、毛沢東などの共産主義国のリーダーたちもこれに加わる。

義であるが、人には精神的自由から何かを発見する機会が与えられている。IT企業によって行動余剰を読み取られ、監視されても、精神的自由を失わない生き方があるはずである。これからの哲学的テーマは、ネット技術の進展に（逆らうのではなく、しかし、だからと言って）過度に適合しないようにする精神の持ち方となるだろう。この節に掲げた論点はいずれも、さらに突っ込んだ分析が必要である。本書ではここまでにして、別の機会にこのテーマについては分析したい。

6. おわりに

　ネット社会が進展すると、キャッシュレス化により人の収入と支払いは可視化され、ネット利用によって人の行動は行動余剰として捕捉されるようになることは上述した。しかし、過去の全体主義国家とは異なり、個々人向けに公的にも私的にもサービスがパーソナライズ化されることで本人には至って快適な生活空間が提供されるようになる。人は現実の世界とメタバースの世界とを行き来して、どちらかで最大限の自己実現を図る。こうした世界はもうそこまで来ている。本書ではお金（マネー）について分析してきたが、貨幣の歴史から始まり、社会の変化まで視点を広げてみると、人の行動とお金（マネー）のあり方が表裏一体のごとく結びついていることが分かる。ピケティが資産を持つ者の方が働く者よりも豊かになる度合いが大きいと指摘して世の中は騒然となったが、時間が経つにしたがって、その議論も下火になった。人の関心も長くは続かない。しかし、このピケティの指摘は実は深い意味があって、資産があると、投資したり他人にお金（マネー）を融資したりできるようになるが（しかも、それが利潤を生んで、資産家がより豊かになるのであるが）、投資したり融資すれば、なぜ必ず儲かるのであろうか？　他人にお金を融通すると必ず金利が付くのが当たり前だと現代社会では思われているが、また、それを前提に多くの事業が成り立っているが、これは古代から人がそうして生きてきたのではなく、近代になって、しかも資本主義が発展するようになって普及した考え方であることが分かる。資本を集めて組織化された集団で利潤を上げる、そ

れをまた投資して自己増殖する。機会があれば他人に貸して高い金利を取って稼ぐ。決済は複式簿記によって行い、資金の流れが一目瞭然で分かるようにする。

　こうした発想を内在的に持つプロテスタント（宗教）が資本主義を発展させた。これを指摘したのはマックス・ヴェーバーである。また、ピケティの分析を逆から俯瞰して見ると、「現代では働く価値が下がっている」と見ることもできるが、この「働く」について分析したのがハンナ・アレントである。アレントは「労働」・「仕事」・「活動」が異なることを説いた。労働とはポランニーやマルクスの指摘するごとく、まさに他人に「商品」として扱われるようになることであるが、例えば、日本の江戸時代においては他人に使われるとは、丁稚奉公やお寺の小僧のように、未だ一人前には役に立たないから、一人前に働けるよう「教える」という意味合いで捉えられていた。逆に、江戸時代の職人などは働きもしないのに駄賃を受け取ることを嫌がり、多めに給金を渡そうとしたら突き返されたという逸話は少なくない。彼らの働き方はアレント流に言えば「労働」ではなく、「仕事」（本人の意思によって何らかの報酬を受け取るために自分の意思で動くこと。その結果が形として残る）を意味している。また、アレントの分類による「活動」は、現代では社会活動を行うとか、江戸時代の例で掲げれば、武士が道場に通うなどの行動に当たる。アレントはこうした人間の営みを鋭く指摘していたのだ。フランス革命により世の中は平等が当たり前の時代になり、人には差がないという思想が普及した。また、産業革命により労働者が商品として扱われて、その代わりに給料を得て生活するという社会スタイルが当たり前のこととなった。その結果、今日の学校教育の目的は「社会的地位」を得るため（人は皆平等であるから、努力して学校の成績を上げた者が、社会的地位の高い職種に就職できる）であり、「所得・年収」を上げるために働く（社会的地位が高ければそれだけ高給になるのが当たり前）というシステムができ上がった。ポランニーが指摘するように、近代に入って、人は「商品」として扱われるようになった。しかし、これが加速し、ネット社会では人は情報を提供する「道具」として扱われ始めている。これを指摘したのはズボフである。彼らの著作を読むと、当たり前だと思っていた既成事実が実は当た

り前ではなく、わずか200〜300年の間にできた新しい発想や常識の下に成り立っていることが分かる。しかも、それがさらに加速している。

　第1章で言及したようにお金（マネー）であるかどうかの定義は、①支払いとしての用途、②価値を計る尺度、③蓄蔵に適するか、④交換手段として、のいずれかの機能をもつことであるが、これからの時代は、その機能が分散して、法定通貨であるCBDCが②の機能を担い、不動産や金（Gold）などの資産および株式が③の機能、①および④の機能を預金通貨や各種電子マネー（イーサリアムを中核とした仮想通貨およびそこから派生したトークンなど）が担うようになると予想する。ネット社会の進展により経済や通貨、電子マネーが今よりも抽象化して行くことが予想できる。働いて賃金を得る、現在ではこの当たり前のことが心理的には希薄化して行くだろう。人の行動そのものが情報やその道具として扱われることが当たり前になる。メタバースの世界では国境は初めから無いだろう。つまり、世界が単に便利になるだけでなく、既成概念が打ち壊されて行くのだ。「人が考える」という行為自体が特別のことになるかも知れない。考えなくても、便利な環境が代わりにやってくれるし、パーソナライズして（その個人にカスタマイズされた世界で）快適に過ごさせてくれるからだ。昨今の生成AIツールであるオープンAIのChatGPTやマイクロソフトのCopilot、アドビのFireflyなどのブームがそれを予見している。

　近年、生成AI（Generative AI）の進展が著しい。生成AIとは、既存の情報の中から、定義付けおよび関連付けされたデータ（情報）の必要な特徴を抜き出し、新たに文章・絵・音などを作り出すプログラムのことを指す。「生成」の原語である「generative」とは、何かを生み出すという意味の形容詞で、語源の動詞「genarate」は出産する・子孫をもうけるという人類や種族に関係する言葉として使われてきた。この生成AIの誕生は今後の自動化社会の象徴である。ただし、多くの者が勘違いしている点があり、「自動化社会」を人が関与しない、無機質なプログラムと機械だけが作り出す社会のイメージで捉えている者が多い。しかし、AIの実態を知れば、この「自動化社会」には多くの人手が必要となることが分かる。確かに、コアとなるエンジン部分に当たるAIモデルは自動で動くようにプログラムされるが、これを利用するAIツー

ルの側面で見ると、常に人によるモニタリング（監視）とトレーニング・微調整が必要なシステムであることが分かる。つまり、AI による自動化社会を動かすには人手がかかるのだ。「自動化」とはこれまで人が行っていた日常のルーチンワークをプログラム化された AI が代替するという意味であって、AI 自体の稼働は人が日々手を加えながら（トレーニングや学習させながら）、情報の刷新をして行かないといけない。実際の例を見てみよう。Google の生成 AI ツールである Gemini に本章の中心命題である金融の将来性と人間関係への影響について聞くとする。Gemini のプロンプト入力（生成 AI では、質問や指示をテキストで与えることを「プロンプト入力する」と言う）で「メタバースが発展した際のマネーの形はどうなっているでしょうか？ 特に、金融の 3 業種である銀行業や証券業、保険業がどのように変化しているのかが分かるように表示してください。また、その際の人間関係にはどのような影響を与えるのかも含めて表示してください。」と指示すると、次のような回答が示された。（プロンプトで「短めに」や「詳細に」と指示できるが、今回は詳細な説明を求めたので、実際に表示された回答は長文である。下記にその一部を抜粋して示すと。）

Gemini の回答：

【はじめに】
メタバースが発展していく中で、マネーの形、そしてそれに伴う銀行業や証券業、保険業、さらには人間関係はどのように変化していくのか。現時点では明確な答えは出ていないが、いくつかの可能性と考察を紹介する。まず、クレジットカードや電子マネーなど、現実世界で使用されている法定通貨をそのままメタバース内で利用する方法が考えられる。これは利便性が高い一方、メタバース独自の経済システムとの整合性が問われることになる。次に、メタバース内でのみ利用可能な仮想通貨で、これはメタバース経済の活性化に貢献する可能性が高い。また、独自性や希少性を保証されたデジタル資産である NFT も、メタバース内におけるマネーとして利用される可能性が高い。アート作品や不動産、キャラクター・アイテムの取引など、さまざまなものが NFT として所有・売買されることが考えられる。

【マネーの形】
・多様化：現実世界の法定通貨に加え、メタバース内でのみ利用可能な仮想通貨や、特定のサービス内で使用できるトークンなど、様々な種類のマネーが使われるようになる可能性がある。
・流動化：仮想通貨やトークンは、現実世界の通貨と容易に交換できるようになり、メタバース内外の経済活動で広く利用されるようになる。
・非中央化：銀行などの金融機関を介さずに、個人間で直接マネーのやり取りができるようになる可能性がある。

【銀行業の変化】
・メタバース銀行や支店：メタバース内に特化した金融サービスを提供する新たな金融機関が登場する。
・アバターローン：アバターの衣装やアクセサリーなどのバーチャルアイテムを購入するための融資サービスが登場する。
・NFT 担保融資：NFT を担保とした融資サービスが登場する。
・資産運用：メタバース内の仮想資産やトークンを使った資産運用サービスを提供する銀行が現れる。

【証券業の変化】
・メタバース IPO：メタバース上の企業が、メタバース内で IPO を行うようになる。
・バーチャル証券：メタバース内の企業の株式や債券などのバーチャル証券が取引されるようになる。
・NFT 取引：NFT の売買を支援する証券会社が現れる。
・ゲーム内アイテム投資：ゲーム内アイテムを投資対象とした商品やサービスが登場する。

【保険業の変化】
・メタバース保険：メタバース空間における仮想資産やアバターなどを対象とした保

険商品が登場する。
・ウェアラブルデバイスを活用した保険：ウェアラブルデバイスで収集した健康データに基づいて保険料を算定したり、健康増進プログラムを提供したりするサービスが現れる。
・メタバース型クラウドファンディング保険：メタバース空間におけるプロジェクトやイベントに対して資金調達を行ったり、そのプロジェクトの実施に合わせた保険商品が提供されるようになる。

【人間関係への影響】
マネーの形や金融システムの変化は、人間関係にも様々な影響を与える可能性があり、その一例を挙げると、次のようになる。
・経済格差の拡大：メタバース空間における希少性の高いアイテムや不動産を所有することで、現実世界とは比較にならないほどの富を築ける可能性がある。成功と現実世界の経済状況が乖離し、新たな経済格差が生じる。
・新たなコミュニティ形成：メタバース空間における共通の経済活動を通じて新たなコミュニティが形成される。
・倫理的な問題：メタバース空間における金融活動は、現実世界とは異なる倫理的な問題を孕む可能性がある。例えば、マネーロンダリングや金融詐欺などの犯罪行為が容易になり、また、倫理的に問題のある商品・サービスが開発・取引される頻度が格段に高くなる。
・その他の分野への影響：マネーの形や金融システムが変化することで、さまざまな側面に影響を与える可能性がある。例えば、教育、エンターテイメント、行政サービスなどの分野で変革を促す可能性が生じる。

【まとめ】
メタバースが発展すると、マネーの流れが多様化し、銀行業や証券業にも多大な変革を促す結果となる。それに伴い、人間社会全体への影響も強く現れる。肯定的な人間関係への影響として、物理的な制約が低くなり、アバターを使うなどして他人とより深いコミュニケーションを取る機会が増える。また、障がいを持つ人や、社会的に孤

立している人々に対して、新たな交流やサポートの場を提供することができるようになることが挙げられる。しかし、逆に否定的な影響としては、メタバースの世界にのめり込み過ぎて、現実世界での人間関係を疎かにする者が現れたり、メタバース空間の特徴から虚偽情報や誹謗中傷が拡散しやすい環境となることが挙げられる。また、メタバースを積極的に活用できる人と活用できない人との間で、新たな格差が生じる可能性がある。つまり、メタバースの発展とこの空間におけるマネーの変化は、人間関係にさまざまな可能性をもたらす一方で、新たな課題も生み出す。今後の動向を注視し、適切な対策を講じていくことが重要だ。

　Googleの開発したGeminiは生成AIの一種であり、文章や画像を生成することができる。現状でも既に上記のようなテキストレベルの回答を返すことが可能となっており、これを元にしたプレゼン資料くらいは生成できる。今後はこれの修正や学習が進み、より精緻な回答を返すだけでなく、本格的なビジネス分析資料や専門分野のプレゼン用スライドの作成が簡単にできるようになるだろう。しかし、Geminiは0(ゼロ)から文章やイラストを生成するのではない。日々、人の手によって生み出される文章や見解を元に、気の利いた資料にまとめているだけである。しかも、AIは放っておくと(学習内容をトレーニングし、微調整を加えないと)、不良品の山を築くことになる。例えば、キャッシュレス化が進むほどお金の流れは自動化され、AIの稼働する余地は増えるが、逆にこれのハッキングや詐欺・横領などの技術的な違法行為も進化することになる。したがって、AIが通常業務を問題なくこなしているかどうかをモニタリング(これを「AIへの監視」と呼ぶ)し、日々、微調整する(これを「AIにフィードバックを与える」と呼ぶ)ことが必要になる。また、金融理論には新たな発見や見解が日々加えられているが、古い見解やデータのままAIツールを放っておくと、ある日を境に大きな損失を出し続けてしまうリスク(これを「ハルシネーション」と呼ぶ)も考えられる。表示されるデータに不当に個人情報が掲載されていないか、あるいは倫理上問題となる事項が表示されていないか、機密情報を暴露する結果となっていないかなどをチェックするのも人の仕事になる。これらはAIには不得意な分野であり、常に人の監視と調整を必要とし

コラム：ブロックチェーンと NFT

ブロックチェーン（blockchain）とは仮想通貨ビットコインが生み出される基礎となった技術である。それまでの電子取引には中央で取引を指揮・記録するサーバーが必要であったが、この方式だとサーバーへのハッキングが欠陥となって、安全性の確保に課題が残っていた。ビットコインが革新的とされたのは、このサーバー方式を改め、ネット上に分散する複数のコンピュータに電子記録（台帳）をつけさせて互いの電子記録に整合性があることを常に確認し合う方式を採用したことである。これにより、電子取引の記録を詐欺的に偽情報によって書き換えることが難しくなった。ブロックチェーン上にある電子記録を同時に全て書き換えることは物理的に不可能ではないが現実的には難しい。取引記録であるデータ「ブロック」を暗号化した上で過去から現在まで「チェーン」で結びつけて、システム全体で安全性を担保するよう設計されている。この電子記録をつける行為を「マイニング（採掘）」と呼び、記録をつける共同作業に参加した者には報酬が与えられる仕組みとなっている。この初期型ブロックチェーンを汎用型に改変したのがイーサリアムの技術で、範囲を仮想通貨に限らず任意の業務（銀行・保険業や行政の業務など帳簿記録を必要とする業務）の記録でも利用できるようにした。これを「スマート・コントラクト（smart contract）」と呼び、例えば、各国の法定通貨をデジタル化する際に必要となる仕組みでもある。このスマート・コントラクトをさらに拡張して、帳簿ではなく、デジタルアートやデジタルミュージックの記録に利用できるようにしたのが NFT（Non-Fugible Token）である。NFT を使えば、それがコピーではなく唯一無二であることの証明ができる。この NFT の仕組みがメタバース空間の創造物＝不動産・ファッション・音楽・映像・デザインなどと関連して語られることが多いのは、こうした性質による。つまり、デジタル通貨が「真正か否か」（偽造でなければよい）を証明すればいいのに比較して、ゴッホのひまわりの絵などのような著作物は複製品でない「唯一無二」の証明が必要となる。また、価値が同じならルノワールの絵と代替して良いわけでもない。この唯一無二・非代替性の性質によって（すなわち NFT によって）本物の所有であることを証明できる。メタバース空間でさまざまなデジタル資産を所有し、それを取引するためには必要不可欠な技術なのだ。現在でも OpenSea のような NFT デジタルデータの取引市場は存在するし、そこで使用されるイーサリアムやその派生アルトコインの取引市場として MetaMask ウォレットも存在する。ブロックチェーンや NFT などの基本技術は既にできているので、あとはコンピュータの処理速度が量子コンピューティング技術などによって飛躍的に増し、ネットの回線速度が 6G 以上の高速になれば、本格的なメタバース時代が到来すると予想する。

ている。読み取るデータを最新のもので学習するようにツールをトレーニングし、問題のある表現（文章でも絵でも動画でも）になっていないかと微調整する必要があるのだ。これからのネット社会・AI自動化社会では、一方で人手を省力化する部分も多いが、他方で一定のスキルを持つ人材がAI稼働の各所で必要になる。確実に言えることは、先のGeminiが示した回答のように、その人のスキルと使い方によって「人間関係が変化する」ということだろう。技術革新によって人の幸せ度は増すのか？あるいは、逆に不幸になるのか？あるいは、何をもって人の幸福度を測るのか？これが今後のテーマになるだろう。

参考文献・注釈

第 1 章　参考文献

- カール・ポランニー『経済の文明史』筑摩書房（2003 年）
- カビール・セガール『貨幣の「新」世界史』（第 3 版）早川書房（2017 年）
- フェリックス・マーティン『Money 21 世紀の貨幣論』東洋経済新報社（2014 年）
- ロバーツ＝カイナストン『イングランド銀行の 300 年』東洋経済（1996 年）
- 田中隆之『アメリカ連邦準備制度（FRS）の金融制度』きんざい（2014 年）
- ブルナー＝カー『金融恐慌 1907』東洋経済新報社（2016 年）
- ジョン・メイナード・ケインズ『雇用、利子、お金の一般理論』講談社（2019 年）
- スティグリッツ＝グリーンワルド『新しい金融論　信用と情報の経済学』東京大学出版会（2003 年）
- ポール・クルーグマン『世界大不況からの脱出』早川書房（2009 年）
- 城山三郎『男子の本懐』新潮社（2002 年）
- 高橋義夫『覚悟の経済政策』ダイヤモンド社（1999 年）
- 鈴木正俊『昭和恐慌史に学ぶ』講談社（1999 年）
- 松元崇『大恐慌を駆け抜けた男　高橋是清』中央公論（2009 年）
- 塩田潮『金融崩壊　―昭和経済恐慌からのメッセージ』日本経済新聞社（1998 年）
- 伊牟田敏充『昭和金融恐慌の構造』経済産業調査会（2002 年）
- 原田泰＝佐藤綾野『昭和恐慌と金融政策』日本評論社（2012 年）
- 岩田規久男『昭和恐慌の研究』東洋経済新報社（2014 年）
- 福田慎一『「失われた 20 年」を超えて』NTT 出版（2015 年）
- 岩田規久男『なぜデフレを放置してはいけないか』PHP 新書（2019 年）
- 岩田規久男『資本主義経済の未来』夕日書房（2021 年）
- 植田和男「流動性の罠と金融政策」日本銀行特別講演（2001 年 9 月 29 日講演）の報告書（2001 年）
- 清滝信宏「貨幣と信用の理論」日本銀行金融研究所・金融研究 12 巻 4 号（1993 年）
- 小川賢治「通貨の発行をめぐる主権国家と国際銀行家集団の闘い ― Ellen Hodgson Brown『負債の網』に即して ―」京都先端科学大学・研究紀要 48 号 71 頁（2022 年）（https://kyotogakuen.repo.nii.ac.jp/records/1493）
- 益田郁夫「英国大不況下と世界的デフレについて〜現在の日本へのインプリケーション〜」日本総合研究所 Business & Economic Review 2003 年 07 月号（https://www.jri.co.jp/MediaLibrary/file/pdf/company/release/2003/0625.pdf）
- D. Indiviglio, *"Bernanke to Ron Paul: Gold Isn't Money"*, The Atlantic, July 14, 2011,（https://www.theatlantic.com/business/archive/2011/07/bernanke-to-ron-paul-gold-isnt-money/241903）
- CNBC Video, *"Bernanke addresses key housing, gold, & bank issues"*, Jul 18 2013 （https://www.cnbc.com/video/2013/07/18/bernanke-addresses-key-housing-

gold-bank-issues.html）

第 2 章　注釈

（1）例えば、日本経済新聞社が読者を中心に投資の薦めを解説するコラムを開いている。そこでは、「投資」と「投機」は異なると解説する。北沢千秋「投資と投機、ギャンブルはどう違う」NIKKEI STYLE マネー研究所 2014 年 9 月 5 日号（http://style.nikkei.com/article/DGXLMSFK04008_U4A900C1000000?channel=DF280120166594&style=1）。

（2）エドワード・チャンセラー『バブルの歴史』日経 BP 社（2000 年）10 頁。

（3）チャンセラー・前掲（2）11 頁。元々、英語の speculate とは、「漠然と思索する」あるいは「推測をする」という意味であり、speculation は、推測、憶測、（漠然とした）思索を意味する用語であった。

（4）「資本主義（capitalism）」という用語を最初に使用したのはマルクス（Karl Heinrich Marx）である。K.H. マルクス『資本論（1）』岩波書店（1995 年）。

（5）オランダと英国が競って東インド会社を作り、欧州との海上航路を整備した。

（6）コロンブス（Cristoforo Colombo）による新大陸発見は 1492 年であるが、当初は原住民からの略奪とこれの虐殺が主で、商取引と呼ぶことができる類のものではなかった。その後は虐殺と欧州から持ち込まれた疫病の蔓延で原住民の人口が激減し、欧州人の入植とアフリカ大陸からの奴隷の輸入によってやっと現地開発が進められた。

（7）チャンセラー・前掲注（2）12 頁。

（8）クルシウス（Carolus Clusius）は 1526 年フランス生まれであり、医学を学んだが医者にはならず、薬草などの研究に傾斜した。オーストリアやドイツで高山植物の研究などを行っていたが、1593 年にオランダ・ライデン大学に教授として招かれ、欧州初の公営植物園の設立に携わった。その際に、詳細な植栽記録を付けて植物学者として重要な役割を果たした。このクルシウスが熱心に行ったのがチューリップの品種改良であり、これがオランダにおけるチューリップ人気の基礎となった。しかし、人気の結果、クルシウスの植物園からしばしばチューリップの盗難が起きたため、クルシウス本人はチューリップの栽培を止めてしまったと言われている。

（9）白いチューリップの花に赤い斑入りラインが出るセンペル・アウグストゥス（Semper Augustus）などが有名。当時はこれは希少な突然変異であると考えられていたが、その後の研究で、この現象はアブラムシによって媒介されるウイルスに罹患したモザイク病によるものだと判明した。

（10）今日では当該事件を「チューリップ・バブル事件」と呼んでいるが、事件当時は「バブル（Bubble）」という用語は使われていない。当時は、「Tulip Mania」

または「Tulipomania」と呼ばれた。日本語に翻訳すれば、「チューリップ狂時代」または「チューリップ狂事件」となる。当該事件については下記の文献を参照。チャンセラー・前掲注(2) 37-58 頁、ジョン・K・ガルブレイス『バブルの物語』ダイヤモンド社 (1991 年) 47-65 頁、板谷敏彦『金融の世界史：バブルと戦争と株式市場』新潮社 (2013 年) 99-102 頁。

(11)「Treaty of Utrecht, 1713」のこと。スペイン継承戦争の講和条約であり、フランスは英国、プロイセン、ポルトガル、オランダ等と講和条約を結んで戦争を終結させた。

(12) スペイン政府が英国南海会社と結んだ契約では、年間 4,800 人の奴隷と船 1 隻分の商品を新大陸に供給する内容となっていた。

(13) Bubble Act 1720, 6 Geo. 1, c. 18.

(14) これが「South Sea Bubble（南海泡沫事件）」と呼ばれる事件であり、金融危機を発生させる原因としての経済的熱狂を「Bubble（バブル）」と呼んだ最初の事件である。南海泡沫事件については多くの論者が解説しているが、特に、小林章夫『おどる民だます国－英国南海泡沫事件顛末記』千倉書房 (2008 年) に詳しい。また、チャンセラー・前掲注(2) 109-61 頁のほか、ガルブレイス・前掲注(10) 67-78 頁、板谷・前掲注(10) 112-29 頁も参照。

(15) ウォルポール（Robert Walpole）は、その働きから歴史的に英国の最初の「首相」の役割を果たした人物であると言われている。それまでは閣議は国王が主宰していたが、南海泡沫事件以後はウォルポールが閣議を主宰して与党および議会全体を統制したことが掲げられる。

(16) 南海泡沫事件が発生した教訓の一つとして、一般投資家から資金調達するには株式会社の帳簿・会計を公正に評価するための制度が必要不可欠であると認識されるようになり、会計監査制度が誕生した。

(17) これを狭義には「ミシシッピ計画（The Mississippi Scheme）」と呼ぶ。

(18) 当時はまだ欧州では紙幣が通貨として流通しておらず、ローの発案した当該手形が事実上のフランス紙幣として流通した最初の例だとも指摘される。

(19) ミシシッピ計画を舞台にした事件は「The Mississippi Bubble」あるいは単に「Mississippi Company」と呼ばれる。当該事件については次の文献を参照。C.P. キンドルバーガー＝R.Z. アリバー『熱狂、恐慌、崩壊－金融危機の歴史（原著第 6 版）』日本経済新聞出版社 (2014 年) 248-56 頁、板谷・前掲注(10)112-23 頁、チャンセラー・前掲注(2) 105-109 頁。

(20) 1929 年以降の世界恐慌への道筋は、ジョン・K・ガルブレイス『大暴落 1929』日経 BP 社 (2008 年) およびミルトン・フリードマン＝アンナ・シュウォーツ『大収縮注(2)1929-1933』日経 BP 社 (2009 年) に詳細に検討されている。

(21) 高関税政策はスムート・ホーリー法（Smoot-Hawley Tariff Act: Tariff Act of 1930, Pub.L. 71-361）によって具体化された。しかし、スムート・ホーリー法案自体はニューヨーク株式市場の大暴落に合わせて提出されたものではなく、1920年代を通じた米国での保護主義的な動きの一環であったと指摘されている。大暴落後に当該法案は米国連邦議会での駆け引きの結果として可決されたので、注目されるようになった。

(22) Joseph Patrick Kennedy,Sr. は本人の活躍だけでなく、息子のジョン・F. ケネディを米国第35代大統領にしたこと、および大統領候補として選挙中に暗殺されたロバート・ケネディの父親として有名である。

(23) Jesse Lauriston Livermore は、空売りや株価操縦を得意としていた。暗黒の木曜日当日には空売りを行い、翌日にはウォール街銀行団の株価買い支えの情報を得て株式の買い戻しを行ったと言われている。しかし、暗黒の火曜日までには密かに持ち株を売り抜けており、内部情報を得ての変化自在な投資手法は今では違法な行為であるが、当時はまだ違法とはされていなかった。ただし、リバモアが最も得意としたのは、株価チャートの上下動を読み解く独自の数式を使っての正当な売買ではあったが。リチャード・スミッテン『世紀の相場師ジェシー・リバモア』角川書店（2001年）参照。

(24) J. ケネディ等の株式売買のほとんどが、今日なら刑務所行き必至の内部情報に基づいて行われていたと説明されている。ロナルド・ケスラー『汝の父の罪』（1996年）76頁。同書には暗黒の木曜日および暗黒の火曜日について興味深い記述がある。「大暴落の大方の責任は、市場になんら規制がなかったことにある。セールスマンは騙されやすい大衆にめちゃくちゃな売り込み方をし、ジョー（J. ケネディ）がこしらえたような株式買い占め連合がまともな投資家を騙した。新聞記者やコラムニストはしばしばカネをもらって株を売ろうとする会社のさくらをつとめた。」同書108頁。

(25) ケスラー・前掲注（24）108-109頁を参照。

(26) ブラックマンデー事件が発生した経緯は、藤井建司『金融リスク管理を変えた10大事件』きんざい（2013年）9-21頁に詳しい。板谷・前掲注（10）227-33頁、チャンセラー・前掲注（2）421-27頁も参照。

(27) 暴落の歴史的事件として知られる1929年の Black Thursday においても下落率は12.8%であったので、一日の下落率が22.62%という数字の大きさが分かる。

(28) 現在ではコンピュータによる自動売買システムが取り入れられているが、これが原因で起きる「フラッシュ・クラッシュ（Flash Crash）」事件（2010年）がある。この事件では、米国ダウ平均株価が数分間で1,000ドル近くも下落し、市場を混乱させた。藤井・前掲注（26）231-50頁。

(29) 例えばタイは、以前は年平均経済成長率が9%であったのに対し、96年には

じめて貿易赤字となった。

(30) 韓国ではIMFによる大々的な改革案が示され、財閥の合併や外国資本による株式の取得などが進んだ。

(31) 1989年に東西ドイツが統合し、旧東ドイツ地区への投資が活発化したために、英国からは資本流出が起きていた。EUでは統一通貨ユーロ導入を念頭に置いた財政政策として財政健全化政策、すなわち緊縮財政が採られていたためにEU加盟国である英国でも経済が悪化していた。経済減速による理論上の英ポンドの価値と実際の為替レートの間に乖離が生じて起きたのがポンド危機である。

(32) Salomon Brothers は1910年に設立された米国の投資銀行の一つであったが、現在は米国商業銀行大手のシティに買収されブランド名「Salomon」は使用されず休止状態に置かれている。

(33) Black-Scholes equation。オプション価格の価格付けについての方程式であり、金融工学における先駆的な役割を果たした理論方程式である。

(34) LTCMの破綻については、藤井・前掲注（26）87-116頁、または、ロジャー・ローウェンスタイン『天才たちの誤算―ドキュメントLTCM破綻』日本経済新聞社（2001年）に詳しい。

(35) 同時期に米国陸軍の依頼によってペンシルバニア大学で開発されたコンピュータには、1946年に稼働したENIAC（Electronic Numerical Integrator and Computer）と1951年から稼働を始めたEDVAC（Electronic Discrete Variable Automatic Computer）がある。これらは弾道計算を主な任務としていたため、軍事機密とされ、広く知られることがなかった。ところが、研究に部分的に関わっていたノイマンがコンピュータの構成理論をまとめた論文「First Draft of a Report on the EDVAC」（1945年）は機密扱いではなく、広く関係者に読まれたために、後に「ノイマン型（von Neumann architecture）」コンピュータという名称が広まったことが知られている。また、ノイマンに強い影響を与え、コンピュータの行う計算の原理的な基本動作を提示したのは英国人のアラン・チューリング（Alan M. Turing）である。チューリングはその能力と業績において極めて優れた人物であるが、数奇な運命のためにその業績が高く評価されたのは死後になってからである。例えば、B. ジャック・コープランド『チューリング』エヌティティ出版（2013年）。ノイマンの業績については、プリンストン大学高等研究所・IAS「Electronic Computer Project」（https://www.ias.edu/electronic-computer-project）を参照。

(36) IBMの創業が最も古く1911年、HPが1939年、アマゾンやGoogleは新しく前者が1994年、後者が1998年である。

(37) マーストリヒト収斂基準第126条によって規定され、今日のECB（欧州中央銀行）もこれを踏襲している。"Article 126 sets out the excessive deficit procedure… 1.

the ratio of the planned or actual government deficit… as 3% of GDP, 2. the ratio of government debt… as 60% of GDP…" ECB の「Convergence criteria」(https://www.ecb.europa.eu/ecb/orga/escb/html/convergence-criteria.en.html) を参照。

(38) ユーロの底堅さについては唐鎌大輔『欧州リスク―日本化・円化・日銀化』東洋経済新報社（2014 年）を参照。

(39) EMS（European Monetary System）は 1979 年に発案され、ユーロ導入の 1999 年まで維持された。欧州内における事実上の固定相場制度（ERM: Exchange Rate Mechanism）を採用しており、通貨変動を年率で± 2.25%に抑えるよう規定されていた。

(40) ギリシャ危機については、伊藤元重「ユーロ危機の行方」NIRA 総合研究開発機構政策レビュー No.54（2011 年）(http://www.nira.or.jp/president/review/entry/n110927_588.html) を参照。統一通貨ユーロ導入の問題点については、白井早由里「EU の通貨統合と金融・財政政策の規律」慶應義塾大学 SFC ディスカッションペーパー 2009 年（http://gakkai.sfc.keio.ac.jp/dp_pdf/09-01.pdf）を参照。

(41) EFSF（European Financial Stability Facility）は財政危機に陥ったユーロ圏の国に対する財政支援を行うための時限的な事業体である。ルクセンブルクに本部を置き、必要に応じてユーロ加盟国から資金調達する仕組みになっていた。これを常設化したのが 2012 年に設立した ESM（European Stability Mechanism）である。EFSF と ESM については矢澤朋子「欧州安定メカニズム（ESM）」大和総研経済の広場 2013 年（http://www.dir.co.jp/research/report/place/intro-europe/20130815_007557.pdf）を参照。

(42) Robert Alexander Mundell は最適通貨圏理論およびマンデルフレミングモデルを確立した。

(43) ガルブレイス・前掲注 (10) 76-78 頁。

(44) ティモシー・F・ガイトナー『ガイトナー回顧録』日本経済新聞出版社（2015 年）483 頁以下。

第 3 章 I 注釈

(1) バーゼル銀行監督委員会は 1974 年の設立時は G10 で構成されており、当該国は米国、英国、ドイツ、フランス、日本、イタリア、カナダ、オランダ、ベルギー、スウェーデンであったが、後にこれにスイスが加わり、11 カ国が中心国となった。

(2) オペレーショナル・リスクとは、内部プロセス・人・システムが不適切であることもしくは機能しないこと、または外生的事象が生起することから生じる損失にかかるリスク（三井住友フィナンシャルグループ「リスク管理への取り組み」http://www.smfg.co.jp/responsibility/group/risk/operational.html。）のことである。

具体的には、事務リスク、システムリスクのほか、法務リスク、人的リスク、有形資産リスクなどであり、(1)内部の不正、(2)外部からの不正、(3)労務慣行および職場の安全、(4)顧客、商品および取引慣行、(5)有形資産に対する損傷、(6)事業活動の中断およびシステム障害、(7)文等の執行、送達およびプロセスの管理を網羅する（http://www.smfg.co.jp/responsibility/group/risk/operational.html）。

（3）ボルカー・ルールの基本理念は、金融システムの安定を図るために、預金を通じて資金調達を行う商業銀行は、顧客のためになる場合を除き、投機的投資の実施が制限されるべきというものである。具体的な業務規制としては、商業銀行に対して、自己勘定取引、および、ヘッジファンドやプライベートエクイティファンドへの出資を禁止することを提唱している。小田圭一郎「ボルカールールの解釈について‐銀行業務規制の転換‐」日経研月報 2010 年 5 月号 www.jeri.or.jp/membership/pdf/research/research_1005_01.pdf。

（4）ドッド・フランク法の正式名称は「ドッド＝フランク・ウォール街改革および消費者保護法」（Pub.L.111-203）であり、2010 年 7 月に成立した米国の連邦金融規制改革法である。(*See* Sweet et al., *"Dodd-Frank Act Becomes Law", The Harvard Law School Forum on Corporate Governance and Financial regulation*, July 21, 2010 http://blogs.law.harvard.edu/corpgov/2010/07/21/dodd-frank-act-becomes-law/.)

（5）リスク・アセット（risk asset）とは、リスクの総量すなわち融資の貸倒れや所有する債券のデフォルトの総計のことで、資産の種類ごとに一律のリスクウェイトを乗じて計算することになっている。例えば、国債は政府が発効するので 0 ％、企業向け融資は 100 ％、住宅ローンは 50 ％ というように一律のリスク率を乗じて計算する。

（6）みずほ証券バーゼルⅢ研究会「バーゼルⅢによる新国際金融規制」中央経済社（2013 年）1-2 頁。

（7）「グラム・リーチ・ブライリー法（Gramm-Leach-Bliley Act）」は通称であり、正式には「金融サービス近代化法（Financial Services Modernization Act of 1999）」である。同法の成立により、グラス・スティーガル法（Banking Act of 1933）で規定されていた銀行、証券、保険の垣根が撤廃され、相互参入の法的枠組みが整った。野々口秀樹・武田洋子「米国における金融制度改革法の概要」日本銀行調査月報 2000 年 1 月号 https://www.boj.or.jp/research/brp/ron_2000/ron0001a.htm/ を参照。

（8）前掲注（6）3 頁。

（9）前掲注（6）3-4 頁。

（10）G-SIFIs は、「グローバル上重要な金融機関（Global Systemically Important

Financial Institutions)」のことであり、G-SIBs28 行が先行して特定されたが、いずれ全世界 73 機関のサンプルから 5 つの指標カテゴリーで評価される仕組みが検討されている。(1) 法域を越える活動（Cross-jurisdictional activity）、(2) 規模（Size）、(3) 相互連関性（Interconnectedness）、(4) 代替可能性（Substitutability/financial institution infrastructure）、(5) 複雑性（Complexity）、である。G-SIFIs を構成する内容については次の文献を参照。氷見野良三「バーゼル III の実施及び G-SIFI に関する新たな枠組みについて」財務省財務総合政策研究所「国際的な資金フローに関する研究会」（2012 年）第 8 回会合（www.mof.go.jp/pri/research/conference/zk093/zk093_16.pdf）。

(11) G-SIBs は、「グローバルなシステム上重要な銀行（Global Systemically Important Banks）」のことであり、2013 年 5 月までに全世界で次の 28 銀行グループが特定された。その内訳は日本の 3 大メガバンクの三菱東京 UFJ、三井住友、みずほのほか、米国のバンク・オブ・アメリカ、JP モルガンチェース、モルガン・スタンレー、シティ、ニューヨークメロン銀行、バークレイズ、ステートストリート、ウェルズ・ファーゴ、ゴールドマン・サックス、英国の HSBC、スタンダード・チャータード、ロイヤルバンク・オブ・スコットランド、ドイツのドイツ銀行、フランスの BNP パリバ、ソシエテ・ジェネラル、クレディ・アグリコル、BPCE、スウェーデンのノルデア、スイスの UBS、クレディ・スイス、スペインの BBVA、サンタンデール、イタリアのウニクレーディト、オランダの ING、中国の中国銀行である。G-SIBs の特定は G-SIFIs の特定と同じ指標カテゴリーで評価されるが、その検討内容については次の文献を参照。小立敬「グローバルなシステム上重要な銀行（G-SIBs）の評価手法および資本サーチャージ」野村資本市場クォータリー 2011 Summer（www.nicmr.com/nicmr/report/repo/2011/2011sum05.pdf）。

(12) 前掲注（6）111 頁。

(13) 同上。

(14) 「100 年に一度の信用崩壊（once in a century credit tsunami）」と語ったのは元 FRB 議長を務めたアラン・グリーンスパンである。（The Telegraph, "Greenspan admits mistakes in 'once in a century credit tsunami'", http://www.telegraph.co.uk/finance/financialcrisis/3248774/Greenspan-admits-mistakes-in-once-in-a-century-credit-tsunami.html.）

(15) 最も深刻な危機に陥ったのはアイスランドである。金融危機発生前までは高金利政策などによって非居住者の資金を積極的に受け入れ、対内直接投資に占める金融の割合が約 37％、持株会社によるものが 35％にまで達していた。そのおかげで高い GDP 成長率（2001 年から 2007 年までの年間実質成長率は 4.7%）を遂げ、一人当たり GDP が世界第 3 位にまで浮上した。しかし、世界的金融危機の発生を

受け、2008年10月には国内3大銀行のグリトニル銀行、ランズバンキ銀行、カウプシング銀行がいずれも経営破綻し、アイスランド政府によって国有化された。銀行国有化に伴い、国内口座は全額保護の対象としたが、他の欧州諸国を中心とした非居住者の預金口座を凍結するなどして国際問題を生じさせた。アイスランド問題については、藤田大輔「アイスランド経済の動向と今後の課題」公益財団法人国際通貨研究所 NewsletterNo.20, 2012（www.iima.or.jp/Docs/newsletter/2012/NLNo_20_j.pdf）を参照。

(16) 金融安定理事会（FSB: Financial Stability Board）の前身の金融安定化フォーラム（FSF: Financial Stability Forum）は、アジア通貨危機（1997年）およびロシア通貨危機（1998年）の経験を踏まえて1999年のG7サミットで設立が決定された組織である。FSFの目的はG7諸国に対して世界金融の問題点をすばやく予測して提言することにあった。活動はG7の財務省、中央銀行、金融当局者が情報交換する方式を採っており、事務局はBISが務めている。FSFは2008年に発生した世界金融危機で重要な役割を果たし、サミットの中心がG7からG20に移行するに伴って2009年にFSBへと発展した。今日ではBCBSとG20との強い連携を取る役割を演じながら、国際金融秩序に関する地位を高めている。

(17) 前掲注（6）6頁。

(18) バーゼルⅡでも「Tier 1」と「Tier 2」の区分はあったが、Tier 1に含められる資産の内容が比較的緩く、しかも各4％以上を満たしていればよかった。バーゼルⅢの「普通株等Tier 1」、「その他Tier 1」、「Tier 2」の区分内容は複雑なので、詳しくは前掲注（6）73-92頁を参照。

(19)「流動性カバレッジ比率」と「安定調達比率」の概要については、前掲注（6）195-212頁を参照。

(20) Banking Act of 1933, Pub.L. 73-66. 一般に「Glass Steagall Act（グラス・スティーガル法）」と呼ぶ場合にはこの1933年銀行法のことを指すが、米国には1932年から「Glass-Steagall Act」という名の法律が既に存在していた。ただし、これは1933年銀行法とは内容が異なり、連邦準備制度（Federal Reserve System）が商業手形と同様に国債その他の割引ができるようにし、そのための紙幣（Federal Reserve Bank Notes）を発行することができると規定する法律であった。当時は金本位制を採っており、紙幣は正貨とは見なされなかったからである。

(21) 米国における金融自由化の歩みは、前掲注（7）2頁以下に詳しい。

(22) Financial Services Modernization Act of 1999, Pub.L. 106-102.

第3章Ⅱ　注釈

(1) ウィリアム L. シルバー『伝説のFRB議長ボルカー』ダイヤモンド社（2014年）

222 頁。以下、「シルバー」と引用する。
(2) Caren Bohan「米の新金融規制案、ボルカー氏の影響力復活を鮮明に」ロイターの記事 (http://jp.reuters.com/article/financialCrisis/idJPJAPAN-13498520100125) を参照。なお、ボルカー・ルールとドッド＝フランク法との関係、およびバーゼルⅢとの関連性については、次の文献に詳しい。中空麻奈・川崎聖敬『グローバル金融規制の潮流』きんざい (2013 年)、特に 115-149 頁を参照。
(3) シルバー・26 頁。
(4) シルバー・21 頁。
(5) シルバー・32 頁。
(6) シルバー・33 頁。
(7) シルバー・81 頁。
(8) シルバー・85 頁。
(9) シルバー・91 頁。
(10) シルバー・99-100 頁。
(11) 外国為替の固定相場制を続けるには中央銀行間の協調が必要となる。逆に協調ができなければ、固定相場制は崩れる。これはトリレンマの知見として知られる問題点であり、いずれの国も通貨の変動相場制に移行せざるを得ない時期が訪れることになる。 シルバー・96-97 頁を参照。
(12) ミルトン・フリードマン＝アンナ・シュウォーツ『大収縮 1929-1933』日経 BP 社 (2009 年) 184 頁では、金本位制および固定相場制が異なる国々の物価や所得の影響を伝播させ、30 年代に恐慌時の収縮を拡大させたことを指摘している。ボルカーが固定相場制に固執したままインフレ抑制を行おうとしたことに無理があったと考えられる。日本やドイツがインフレを抑制して世界経済を主導できるように変動相場制に移行することは必然であったと言える。
(13) シルバー・220 頁。
(14) シルバー・241 頁。
(15) シルバー・242 頁。
(16) FRB が目指すべき金融政策の目標は時代により変化があるが、1978 年に成立したハンフリー＝ホーキンス法 (1978 年完全雇用・均衡成長法：Full Employment and Balanced Growth Act of 1978) により失業とインフレについて数値を掲げて目標を達成するように求められるようになった。同法は 2000 年に失効したが、その精神は現在の政策でも看過できない基本的な指針となっている。FRB の政策については、小野亮「FRB の使命と課題 －デフレ・リスクとその対応および出口戦略－」みずほ総研論集 2011 年Ⅰ号 (2011 年) (http://www.mizuho-ri.co.jp/publication/research/pdf/argument/mron1103-1.pdf) に詳しい。

(17) シルバー・403 頁。
(18) シルバー・403 頁。
(19) フランクリン・アレン＝グレン・ヤーゴ『金融は人類に何をもたらしたか』東洋経済新報社（2014 年）14-15 頁は金融イノベーションの積極的有効性を説く。以下、「アレン＝ヤーゴ」と引用する。
(20) アレン＝ヤーゴ・314-324 頁に教訓１〜６として掲げられている項目を参照。
(21) 大坂堂島の米会所の成り立ちについて詳しいのは、島実蔵『大坂堂島米会所物語』時事通信社（1994 年）であり、これの補足として、日本ユニコム株式会社のサイト内「島実蔵が描く大阪堂島米会所物語」（http://www.unicom.co.jp/commodity/sp/）も参照。また、米会所の成り立ちだけでなく、米市場を柱とした江戸時代の経済の変遷を数値的な分析を含めて詳述した秀作として、宮本又郎『近世日本の市場経済ー大坂米市場分析』有斐閣（1988 年）および高槻泰郎『近世米市場の形成と展開ー幕府司法と堂島米会所の発展ー』名古屋大学出版会（2012 年）がある。以下、「島（時事通信）」、「島（ユニコム）」、「宮本」、「高槻」と引用する。
(22) 島（時事通信）・8-9 頁。
(23) 宮本・351 頁。
(24) 大坂米市場で取引されていたのは実物の米ではなく、１枚あたり 10 石の米との兌換を約束した「米手形」であった。
(25) 高槻・215 頁。
(26) 高槻・35-36 頁。
(27) 高槻・37-39 頁。
(28) 高槻・54 頁。
(29) 高槻・204 頁。
(30) 高槻・211 頁。
(31) 高槻・202 頁。
(32) 高槻・12-13 頁。
(33) 高槻・134 頁。
(34) 高槻・240 頁。
(35) 高槻・217-231 頁。
(36) 高槻・283-284 頁。
(37) １年が３期制となっており、第一期が１月８日〜４月 27 日、第二期が５月７日〜 10 月８日、第三期が 10 月 17 日〜 12 月 23 日となっていた。満期日はそれぞれ最終日の翌日、すなわち第一期は４月 28 日、第二期は 10 月９日、第三期は 12 月 24 日となっていた。高槻・80 頁を参照。
(38) 高槻・109-111 頁。

(39) 島（時事通信）・195 頁。
(40) 宮本・380 頁。
(41) 高槻・311-312 頁。
(42) 宮本・380 頁。
(43) 宮本・2 頁。
(44) 宮本・3 頁。宮本は米価の短期変動を年内変動、月内変動、季節変動の 3 つの側面から分析し、変動の振幅を想像以上に緩やかなものに抑えていたことを指摘している。この分析については、宮本・265-311 頁を参照。
(45) CBOT の設立は 19 世紀中の 1848 年とされている。2007 年に CBOT はシカゴ・マーカンタイル取引所（CME: Chicago Mercantile Exchange）の子会社となった。
(46) 島（時事通信）・242 頁。
(47) CBOT は欧米で最も歴史の古い近代的取引所であるが、大坂堂島米会所よりも 120 年も後にできた市場であり、しかも堂島と瓜二つの仕組みであったことが指摘されている。島（ユニコム）・http://www.unicom.co.jp/commodity/sp/imamukashi.html#top を参照。
(48) シルバー・416 頁では、商業銀行の経営者が一貫して行ってきたのは収益性の拡大であり、近年はこれがより巧妙になり、技術的には数学を駆使してリスクを分散させ、法的には特別資産運用会社たる SIV（Structured Investment Vehicle）を設立して合法的に大規模な投機を行える態勢を採ってきたことに問題があると指摘している。

第 3 章 Ⅲ　注釈

（1）ミルトン・フリードマン『資本主義と自由』日経 BP 社（2008 年）85-87 頁。以下、「フリードマン」と引用する。
（2）フリードマン・372-373 頁。
（3）フリードマン・24 頁。
（4）フリードマン・138 頁。
（5）フリードマン・95 頁。
（6）フリードマン・96 頁。
（7）フリードマン・97 頁。
（8）フリードマン・92 頁。
（9）フリードマン・157 頁。
（10）フリードマン・164 頁。
（11）フリードマン・122 頁。
（12）フリードマン・126-127 頁。

(13) フリードマン・138 頁。
(14) フリードリヒ・A・ハイエク『隷従への道』(改訂版)東京創元社 (2008 年) の「アメリカ版への序言」(xv-xvi 頁) 中で述べた言葉。以下、「ハイエク」と引用する。
(15) ハイエク・58 頁。
(16) ハイエク・104 頁。
(17) ハイエク・107-108 頁。
(18) ハイエク・303-302 頁。
(19) トマ・ピケティ『21 世紀の資本』みすず書房 (2014 年) 527-535 頁。以下、「ピケティ」と引用する。
(20) ピケティ・528 頁。
(21) ピケティ・530 頁。
(22) ピケティ・531-532 頁。
(23) 天津大爆発事故はこれが生じた原因を当局により隠蔽され、詳細は全く分からないのが実際のところである。
(24) 「Black Monday」とは、1987 年 10 月 19 日(月曜日)に NY ダウ市場株価が 508 ドルも下落した米国株式市場の史上最大規模の株価暴落のことであるが、2015 年 8 月 24 日(月曜日)に中国の株式・通貨・港湾事故を端緒とする経済不安を原因として世界的金融不安が発生したため、1987 年の上記事件を連想させたこの中国発金融危機を 'China' Black Monday と呼ぶようになった。
(25) 中国発の金融危機については多くの論稿がある。問題点全般を把握するには、武者陵司「中国金融政策、元安が引き起こす矛盾」日経 2015 年 8 月 30 日 (http://www.nikkei.com/money/column/moneyblog.aspx?g=DGXMZO9102834027082015000000) を参照。中国の外貨準備については、Peter Thal Larsen「中国の外貨準備減少が心配な本当の理由」REUTERS ロイター 2015 年 9 月 9 日 (http://jp.reuters.com/article/2015/09/09/china-reserve-decline-idJPKCN0R80LZ20150909) および永井洋一「中国に疑心暗鬼の市場　経常黒字で外貨準備減の怪」日経 2015 年 9 月 1 日 (http://www.nikkei.com/markets/features/26.aspx?g=DGXLASFL01HIJ_01092015000000) を参照。中国の金融改革については、露口洋介「中国為替制度改革の論点(上)」日経 2015 年 9 月 17 日(http://www.nikkei.com/paper/article/?ng=DGKKZO91798440W5A910C1KE8000) を参照。
(26) R.Lian=D.Stanway「中国中鋼の債務不履行、政府はジレンマに直面」REUTERS ロイター 2015 年 10 月 23 日 (http://jp.reuters.com/article/2015/10/23/china-default-idJPKCN0SH11P20151023?pageNumber=3)。
(27) 同上。

（28）ボルカー・ルールの中心は銀行の自己勘定取引の禁止にある。ウィリアム L. シルバー『伝説の FRB 議長ボルカー』（2014 年）428-429 頁を参照。しかし、この試みは米国の金融界から鋭い批判を受け、あるいは実際に何度も潰されそうになり、やっと今日では実現することになったことが指摘されている。*See* Austan Goolsbee, *"The Volker Way: Lessons From the Last Great Hero of Modern Finance"*, Foreign Affairs Report, Vol.92 No.1(2013) pp.166-71. 実際にボルカー・ルールによる自己勘定取引規制が始動されたことを報じたのは、太田康夫「ボルカー・ルール始動へ（2）自己勘定取引を禁止」日経 2015 年 5 月 26 日（http://www.nikkei.com/article/DGKKZO87246990V20C15A5KE8000/?n_cid=SPTMG002）である。

第 3 章 Ⅳ　注釈

（1）ティモシー・F・ガイトナー『ガイトナー回顧録』日本経済新聞出版社（2015 年）483-84 頁。

（2）Banking Act of 1933, Pub.L. 73-66. 拙稿「国際金融規制と米国金融改革法（1）」（2014 年）98-99 頁。

（3）ガイトナー・前掲注（1）486 頁。リーマンショックが発生した 2008 年当時にどのような問題が発生して、何を最優先事項として対処しなければいけなかったのかということについては次の文献に詳しい。ヘンリー・ポールソン『ポールソン回顧録』日本経済新聞出版社（2010 年）、ベン・バーナンキ『危機と決断（上）』角川書店（2015 年）。

（4）ガイトナー・前掲注（1）488 頁。

（5）ガイトナー・前掲注（1）491 頁。

（6）ガイトナー・前掲注（1）491-92 頁。

（7）ガイトナー・前掲注（1）496 頁を参照。

（8）国際決済銀行（BIS）が 2010 年に策定した「Basel Ⅲ」のこと。拙稿・前掲注（2）96-98 頁。

（9）Paul Adolph Volker, Jr.、ボルカーの人物像については、拙稿「国際金融規制と米国金融改革法（2）」（2015 年）81-85 頁。

（10）FDIC とは連邦預金保険公社（Federal Deposit Insurance Corporation）のことであり、大恐慌時代の 1933 年に設立された。主な業務は民間銀行が破綻した場合に、預金者一人当たり各銀行毎に 10 万ドルを補償することである。

（11）ガイトナー・前掲注（1）513 頁。ポールソン（Henry Merritt Paulson：2008 年リーマンショック発生時の米国財務長官）は、危機の原因は適切な金融規制が後手に回ったことにあると述懐している。「アメリカ資本主義は、利益追求型の市場原理と、それを公共のために活かすうえで必要な一連の規制や法律とをう

まく調和させることにより、歴史を紡いできた。近年は、複雑さとわかりくさが増す一方の金融商品が市場に溢れ、金融がグローバル化するなど、市場でイノベーションが足早に進む反面、規制がそれに追いつけず、悲惨な結果を引き起こした。」ヘンリー・ポールソン『ポールソン回顧録』日本経済新聞出版社 (2010 年) 550 頁。

(12) その経緯についてはガイトナー・前掲注 (1) 513-16 頁に詳しい。

(13) 正式には「ドッド・フランク・ウォール街改革および消費者保護法」(Dodd-Frank Wall Street Reform and Consumer Protection Act, Pub.L.111-203) であり、2010 年 7 月に成立した米国の連邦金融規制改革法である。

(14) ゴールドマン・サックス・グループは自己勘定取引部門を外部資金を調達して運用するヘッジファンドの形態に転換した。ブルームバーグ 2010 年 8 月 6 日版「ゴールドマン、自己勘定事業をファンドに転換へ」(https://www.bloomberg.co.jp/news/articles/2010-08-05/L6OIR807SXKZ01)。他、JP モルガン・チェースは自己勘定部門を閉鎖していた。ロイター 2010 年 9 月 1 日版「JP モルガン、自己勘定取引部門を閉鎖へ」(http://jp.reuters.com/article/idJPJAPAN-17033520100901)。

(15) Rating Firm または Credit Rating Agency のこと。後者の日本語への翻訳としては「格付け機関」が当てられるが、両者は厳密に使い分けがされているわけではない。本書では、一般的な用語としての「格付け会社」を使うことにする。格付け会社の業務については例えば下記の文献に詳しい。島義夫『格付け会社』ライフ社 (1998 年)、仁科剛平『格付け会社「ムーディーズ」その実力と正体—なぜ、日本企業の命運を左右するのか』祥伝社 (1998 年)。

(16) 淵田康之「サブプライム問題の教訓」野村資本市場研究所研究レポート 2007 年秋号 (http://www.nicmr.com/nicmr/report/repo/2007/2007aut01.pdf) 11-12 頁参照。楢浩一「サブプライム・ローン問題と格付け」ニッセイ基礎研究所コラム 2007 年 9 月 (http://www.nli-research.co.jp/report/detail/id=37239?site=nli) を参照。

(17) 高橋洋一「格付け会社のデタラメな実態：不正疑惑で調査、破綻寸前企業に高格付け、市場で影響力小」Business Journal 2015 年 2 月 (http://biz-journal.jp/2015/02/post_8908.html) を参照。

(18) 2006 年格付け機関改革法 (Credit Rating Agency Reform Act of 2006, Pub.L.109-291) は、1934 年証券取引法の一部を改正した法律である。

(19) *See* Sec.3 (a), Pub.L. 109-291.

(20) Moody's Investors Service, Inc.

(21) Standard & Poor's Financial Services LLC

(22) Fitch Ratings Ltd.

(23) *Id.*

(24) 格付け機関改革法については、小立敬「米国における格付け機関改革法の成立」

野村資本市場研究所研究レポート 2007 年冬号（http://www.nicmr.com/nicmr/report/repo/2007/2007win08.pdf）に詳しい。特に、95-96 頁を参照。

(25) 2010 年投資者保護・証券改革法は、ドッド・フランク法の第 9 章 901 条ないし 991 条を指す。

(26) 中東情勢の不安から発生した石油価格の高騰を「石油ショック」または「オイルショック」と呼ぶ。70 年代から 80 年代初頭にかけて 2 度発生し、第 1 次石油ショックは中東戦争を発端に 1973 年〜 1975 年に生じ、第 2 次石油ショックはイラン革命を原因として 1979 年〜 1983 年に生じた。

(27) 一般財団法人不動産適正取引推進機構・文書資料・大蔵省「土地関連融資」関連通達（1990 年 3 月 27 日版）（http://www2.retio.or.jp/30th/02_chikababuru/index_chikababuru.html）を参照。

(28) 早急に住専への不良債権処理を行えば 6,800 億円程度で済んだものを、処理が遅れたために、最終的な不良債権の総額は 200 兆円に膨らんだと指摘されている。

(29) 20 年デフレの原因については、例えば次の報告書に詳しい。金榮・深尾・牧野「『失われた 20 年』の構造的原因」独立行政法人経済産業研究所 Policy Discussion Paper Series 10-P-004（2010 年）（http://www.rieti.go.jp/jp/publications/pdp/10p004.pdf）。バブル崩壊後の対処について経済学者の福田は次のように指摘する。すなわち、「バブル崩壊後の日本経済では、経営再建の見込みが乏しい問題企業をいち早く市場から退出させる一方、過剰債務を抱えてはいるが潜在的には有望な企業をいち早く再生させることで、不良債権問題を早期に解決することが必要であった。しかし、そのためには、新しい時代に即した法的整理（企業倒産）のルール作りと同時に、私的整理においても債権放棄がスムーズに行われるような仕組み（スキーム）作りとその速やかな実行が必要であった。従来型の仕組みが制度疲労を起こしているなかで、そのような新しいルールと仕組み作りが結果的に後手に回ってしまったことが、日本経済の長期低迷の大きな要因となったといえる。」福田慎一『「失われた 20 年」を超えて』NTT 出版（2015 年）96 頁。

(30) 日銀は「消費者物価の前年比上昇率 2％の物価安定の目標を、2 年程度の期間を念頭に行う」と発表している。日本銀行公表資料 2013 年 4 月 4 日版「量的・質的金融緩和の導入について」（https://www.boj.or.jp/announcements/release_2013/k130404a.pdf）1 頁。

(31) 同上。

(32) 日銀はマネタリーベースを年間 80 兆円に相当するペースで増加し、ETF を従来の 3 倍増の年間約 3 兆円相当額に増加、J-REIT を 3 倍増の年間約 900 億円相当額に増加すると発表した。日本銀行公表資料 2014 年 10 月 31 日版「量的・質的金融緩和の拡大」（https://www.boj.or.jp/announcements/release_2014/k141031a.

pdf）1 頁。

(33) 日銀は「2％の物価安定の目標をできるだけ早期に実現するため、マイナス金利付き量的・質的金融緩和を導入することを決定した。」と発表し、金融機関が保有する日銀当座預金にマイナス 0.1％ の金利を導入した。日本銀行公表資料 2016 年 1 月 29 日版「マイナス金利付き量的・質的金融緩和の導入」（https://www.boj.or.jp/announcements/release_2016/k160129a.pdf）1 頁を参照。

(34) 日本銀行公表資料 2016 年 9 月 21 日版「金融緩和の総括的な検証と長短金利操作付き量的・質的金融緩和」（https://www.boj.or.jp/announcements/release_2016/k160921c.pdf）8-9 頁では、これまでの量を中心とした金融緩和から金利（長期金利）を中心とした金融緩和へと枠組みを変更すると表明している。

(35) 消費に対して課される間接税の一種であり、直接税である個人所得税等よりも公平性が高いと言われている。日本型の消費税は付加価値税に該当し、例えば、物品の流通においては、メーカー、卸売業者、小売業者、消費者のいずれにも税が課されている。

(36) 日本の当局である旧大蔵省（現財務省）は日本経済の不調が消費増税と構造改革を主原因としていると知っていたとの証言がある。高橋洋一『日本はこの先どうなるのか』幻冬舎（2016 年）63 頁以下。

(37) 高橋・同上 59-62 頁。

(38) 田中秀臣「アベノミクスを取り戻せ！ 経済の常識を知らぬプロが多すぎる」iRONNA2016 年 8 月 8 日版（http://ironna.jp/article/3791?p=1）参照。

(39) 同上。デフレからの脱却方法については諸説あるが、金融政策では日本のデフレは解決できず、人口減少や低成長の時代に入ったことが原因の脱却困難な状態であると主張する説と、大胆な金融緩和策を進めればデフレは脱却できるという説が有力である。前者の説については、吉川洋『デフレーション』日本経済新聞出版社（2013 年）、伊藤元重「日本経済は五右衛門風呂状態—マイナス金利でデフレ脱却へ投資拡大急げ」産経ニュース 2016 年 2 月 3 日版（http://www.sankei.com/column/news/160203/clm1602030008-n1.html）、伊藤元重「これから創造的破壊が起きる—アベノミクスと働き方変革の因果関係とは？」2015 年 10 月 2 日ワークスタイル変革 Day2015 講演（http://businessnetwork.jp/Detail/tabid/65/artid/4185/Default.aspx）、福田慎一「QQE『後戻りできない』政策にも」ロイター 2015 年 4 月 14 日インタビュー（http://jp.reuters.com/article/interview-qqe-japan-idJPKBN0N503V20150414）、松村嘉浩『なぜ今、私たちは未来をこれほど不安に感じるのか？ 数千年に一度の経済と歴史の話』ダイヤモンド社（2015 年）を参照。後者の説については、岩田規久男『日本銀行 デフレの番人』日本経済新聞出版社（2012 年）、山本幸三『日銀につぶされた日本経済』ファーストプレス（2010 年）、

高橋洋一『数字・データ・統計的に正しい日本の針路』講談社（2016 年）、岩田・浜田・原田（編）『リフレが日本経済を復活させる』中央経済社（2013 年）を参照。
(40) 高橋・前掲注（36）56-66 頁。
(41) 毎日新聞 2016 年 8 月 2 日版「経済対策 28 兆円　閣議決定、財政支出は 7.5 兆円」(http://mainichi.jp/articles/20160803/k00/00m/020/131000c)。
(42) See T.F. Geithner, "Reducing Systemic Risk in a Dynamic Financial System", Remarks at The Economic Club of New York, June 9, 2008（https://www.newyorkfed.org/newsevents/speeches/2008/tfg080609.html）.
(43) ミルトン・フリードマン『資本主義と自由』日経 BP 社（2008 年）92 頁。
(44) 福田・前掲注（29）の特に 45-57 頁、69-75 頁および 231-59 頁を参照。

第 3 章 V　注釈

（1）Bitcoin は 2009 年に Satoshi Nakamoto が創始したとされている。See Alec Liu, "Who Is Satoshi Nakamoto, the Creator of Bitcoin?", Motherboard 2013, (https://motherboard.vice.com/en_us/article/3dd9zn/who-is-satoshi-nakamoto-the-creator-of-bitcoin). ビットコインの将来性と危険性については、K. セガール『貨幣の「新」世界史』（第 3 版）早川書房（2017 年）244-49 頁を参照。
（2）仮想通貨の投資方法「仮想通貨（ビットコイン等）の種類と特徴、選び方について」(2017 年)(http://bitcoin-newstart.com/bitcoin-altcoin)。また、日経新聞「みずほ、『Ｊコイン』創設表明　他銀とも連携目指す」日経 2017 年 9 月 20 日（https://www.nikkei.com/article/DGXLASGC20H04_Q7A920C1EAF000/）も参照。
（3）改正資金決済法の施行に合わせて金融庁も仮想通貨についてのパンフレットを公布している。金融庁利用者保護パンフレット「仮想通貨に関する新しい制度が始まります。」2017 年 4 月 3 日 (http://www.fsa.go.jp/common/about/20170403.pdf) を参照。
（4）日経新聞「仮想通貨利益は『雑所得』損益通算不可、国税が見解」日経 2017 年 9 月 12 日(https://www.nikkei.com/article/DGXLZO21007330R10C17A9EE8000/)。
（5）日経新聞「米投資家バフェット氏『ビットコイン、通貨でない』」日経 2014 年 3 月 4 日 (https://www.nikkei.com/article/DGXNASGM04014_U4A300C1EB2000/)。
（6）日経新聞「敵か味方か『ビットコインは詐欺』ＪＰモルガンの深謀」日経 2017 年 9 月 13 日(https://www.nikkei.com/article/DGXLASDZ13H7K_T10C17A9000000/)。
（7）日経新聞「中国の仮想通貨取引所、10 月末全面閉鎖へ」日経 2017 年 9 月 16 日 (https://www.nikkei.com/article/DGXLZO21221870W7A910C1FF8000/?uda=DGXZZO0242484019022010000007)。

（8）日本銀行・決済機構局「モバイル決済の現状と課題」（http://www.boj.or.jp/research/brp/psr/data/psrb170620a.pdf）（2017年）6頁。

（9）ビットコインの主要技術であるブロックチェーンについては次の文献を参照。See Satoshi Nakamoto, *"Bitcoin: A Peer-to-Peer Electronic Cash System"*, https://bitcoin.org/bitcoin.pdf, 2008.

（10）日経新聞「証券界も仮想通貨技術応用　ＳＢＩや大和」日経2017年9月14日（https://www.nikkei.com/article/DGXLASGD13H5Q_T10C17A9EE9000/）。

（11）金融庁は「未公開株購入の勧誘にご注意！～一般投資家への意喚起～」（2017年）（http://www.fsa.go.jp/ordinary/mikoukai/）として投資家に対する意を促している。これに対応して、日本証券業協会は「株や社債をかたった投資詐欺にご注意ください！」（2017年）（http://www.jsda.or.jp/sonaeru/inv_alerts/toushisagi/index.html）として、未公開株の取引を投資詐欺の事例と位置付けている。

（12）金融商品取引法 第29条の4の2 第10項「…省略…第一種少額電子募集取扱業務とは、電子募集取扱業務…途中省略…の募集の取扱い又は私募の取扱いであつて、当該有価証券の発行価額の総額及び当該有価証券を取得する者が払い込む額が少額であるものとして政令で定める要件を満たすものに限る。…以下、省略…」、同法 第29条の4の3 第4項「…省略…第二種少額電子募集取扱業務…省略…」とし、当該登録を行った事業者に一定の小額の資金（各人50万円以下）を調達することを認めた。

（13）日経新聞「ビットコイン狂騒曲（5）規制か、育成か」日経2017年9月23日（https://www.nikkei.com/article/DGKKZO21463290S7A920C1EA1000/）。

（14）例えば、関口慶太「性善説には頼れぬICO」日経ヴェリタス2017年9月17日版（2017年）46頁を参照。

（15）See Jeff J. Roberts, *"SEC Warns Scammers Are Using ICOs to Pump and Dump"*, FORTUNE Aug 29, 2017（http://fortune.com/2017/08/29/sec-blockchain-ico-scam/）.

（16）ブランクファインはツイッター（現 X（エックス））で次のように述べ、ビットコインの将来性について必ずしも否定的に捉えているわけではないことを明らかにした。"Still thinking about #Bitcoin. No conclusion - not endorsing/rejecting. Know that folks also were skeptical when paper money displaced gold." ただし、まだ変動率が極めて大きいことから正式に扱うには時期尚早であることにも言及している。D. Campbell, *"Blankfein Says It's Too Soon for a Bitcoin Strategy"*, Bloomberg Technology, 2017（https://www.bloomberg.com/news/articles/2017-11-30/blankfein-says-too-soon-for-bitcoin-strategy-as-volatility-jumps）も参照。

（17）トランプ政権の経済政策に批判的な文献として、産経ニュース「経済政策

で壁　力量不足浮き彫りに　オバマケア改廃失敗、国境税見送り…」産経 2017 年 7 月 29 日（http://www.sankei.com/economy/news/170729/ecn1707290017-n1.html）、Tom Buerkle「コラム：期待しぼむトランプ経済政策の「処方箋」」REUTERS 2017 年 7 月 25 日（https://jp.reuters.com/article/column-us-economy-trump-idJPKBN1AA0A1）、安井明彦「大荒れトランプ政権、経済政策の命運を握る 2 人のキーパーソン」Newsweek 日本版 2017 年 2 月 17 日（http://www.newsweekjapan.jp/stories/world/2017/02/post-7002.php）。*See also* BBC NEWS, "Paris climate deal: Trump pulls US out of 2015 accord", 1 June 2017（http://www.bbc.com/news/world-us-canada-40127326）．

(18)　構造的失業率とは、理論的にこれ以上は下がらない失業率のことであり、失業と欠員が等しいときには労働力需給は均衡しているとみることができるので、これを構造的失業率として数値的に推計できる。米国の構造的失業率は 4.0％前後と予測されている。

(19)　*See* Andy Kiersz, *"Here's how investors and workers are doing after 200 days of President Donald Trump"*, BUSINESS INSIDER, Aug. 7, 2017（http://www.businessinsider.com/trump-200-days-impact-on-markets-and-economy-2017-8/#stocks-have-risen-steadily-since-trumps-inauguration-with-the-benchmark-dow-jones-industrial-average-recently-hitting-the-22000-mark-for-the-first-time-1）．

(20)　安達誠司「実は意外とまとも!?「トランプ大統領」の経済政策構想をよむ」現代ビジネス 2016 年 9 月 22 日（http://gendai.ismedia.jp/articles/-/49775）。

(21)　日経新聞「トランプ氏、金融規制緩和を表明」日経 2017 年 2 月 4 日（https://www.nikkei.com/article/DGKKASGM03H83_T00C17A2MM8000/?n_cid=SPTMG002）。

(22)　Dodd-Frank Wall Street Reform and Consumer Protection Act, Pub.L.111-203.

(23)　日経新聞「トランプ氏、融資増を優先　金融規制緩和の大統領令」日経 2017 年 2 月 5 日（https://www.nikkei.com/article/DGKKZO12548210U7A200C1NN1000/?n_cid=SPTMG002）。

(24)　日経新聞「専門店の強み、ネットが侵食　米トイザラス破産申請」日経 2017 年 9 月 19 日（https://www.nikkei.com/article/DGXLZO21301940Z10C17A9TI1000/）。

(25)　日経新聞「スマホ時代、トイザラス離れ」日経 2017 年 9 月 8 日（https://www.nikkei.com/article/DGKKZO20916420Y7A900C1ENJ000/）。

(26)　日経新聞「三菱東京ＵＦＪ銀、米国の仮想通貨取引所大手に出資」日経 2016 年 7 月 8 日（https://www.nikkei.com/article/DGXMZO04608920Y6A700C1000000/）。米国紙ウォール・ストリート・ジャーナルは見出しで「三菱 UFJ 銀行がビットコイン・ベンチャーに出資」と題して報じた。*See* The Wall Street Journal,

"Mitsubishi UFJ Financial to Invest in Bitcoin Venture Coinbase", Jul 7, 2016 (https://www.wsj.com/articles/mitsubishi-ufj-financial-to-invest-in-bitcoin-venture-coinbase-1467910803).

(27) 同上。

(28) 同上。

(29) 日本においても江戸時代には米を価値尺度の基準にし、実際の流通には金、銀、銅を用いるという機能分散型の貨幣制度を採っていた。現在では「通貨の単位及び貨幣の発行等に関する法律」によって通貨・貨幣の発行について規定しており、第2条 第3項「通貨とは、貨幣及び…途中省略…日本銀行が発行する銀行券をいう」、第4条 第1項「貨幣の製造及び発行の権能は、政府に属する」と規定されている。経済学上では「通貨（Currency）」と「貨幣（Money）」という用語は厳密には区別されていないが、日本では同法により、貨幣が政府発行の500円、100円、50円、10円、5円、1円といった6種類硬貨のことであり、通貨はこれら硬貨と日本銀行券とを合わせたものであるとの用語の使い分けがされている。

(30) K. ポランスキー『経済の文明史』筑摩書房（2003年）39-40頁。

(31) 日本の通貨は日銀法により紙幣を日本銀行が発行しているので、直接のシニュレッジは日本銀行に生じる。しかし、これは間接的には日本政府の収益として還元されるので、国家としての収益とみなすことができる。通貨発行についての詳細は次の文献に詳しい。安念＝岩原＝神田他「『中央銀行と通貨発行を巡る法制度についての研究会』報告書」金融研究2004.8（2004年）（https://www.imes.boj.or.jp/japanese/kinyu/2004/kk23-h-1.pdf）。

(32) K. セガール『貨幣の「新」世界史』早川書房（2016年）はお金・通貨の歴史を解き明かした力作である。以下、「セガール」と引用する。

(33) セガール・137頁。

(34) 第二次世界大戦後の金融秩序であるブレトンウッズ体制下にあった1963年にケネディ大統領が金本位制に基づかない政府紙幣を発行しようと大統領令に署名したことがある。しかし、ケネディ自身が半年後に暗殺されたため実施が見送られ、実際には発行されなかった。

(35) セガール・182頁。

(36) 例えば、中国ではアリババ社（阿里巴巴集団）の電子マネー・サービスであるAlipay（支付宝）が並行して提供しているネット上の信用スコア「芝麻信用」がある。芝麻信用はネット利用の履歴に応じて個人の評判を数値化してユーザーに提供する。数値が高い場合には、当該ユーザーは各種サービスを優先して受けられたり、金銭的な優遇が受けられる特典がある。すなわち、ネット社会においてはネット上の「評価」や「評判」が信用力となり、金銭的価値を持つことを象

徴的に表すサービス・メニューがこの「芝麻信用」だと言える。
（37）セガール・266 頁。

第 4 章 I　注釈

（1）ウェストファリア条約（Treaty of Westphalia）、1648 年に締結された終戦講和条約であるミュンスター講和条約とオスナブリュック講和条約の総称として、両講和会議の開かれた地域の名前を採ってウェストファリア条約と呼ぶ。
（2）2019 会計年度（2018 年 10 月 -2019 年 9 月）で 7,170 億ドル。
（3）例えば、日本のいわゆる「思いやり予算」がある。正確には、日本の防衛省予算に含まれる「在日米軍駐留経費負担」のことであり、日本国内に駐留する米軍の駐留経費の一部負担をしているものである。年間 2,000 億円前後が日本国から支払われている。
（4）中国では表面的な数字には表れていない隠れた国防費があるとも指摘されるが、これを含めて 2 倍の金額だとしても、まだ米国の半分である。
（5）ヘンリー・キッシンジャー（Henry A. Kissinger）は、ドイツ生まれのユダヤ人であったが、ドイツにおけるナチスの台頭を嫌って米国に亡命して帰化した。主にニクソン政権で国家安全保障問題担当大統領補佐官や国務長官を務めた。
（6）Balance of Power、勢力均衡理論。19 世紀に英国で発達した安全保障理論で、英国はいずれの国とも同盟を結ばず、その代わりに特定国が台頭しようとする動きを、その他の諸国に協力することで勢力の均衡をもたらして抑制できるという考え方。
（7）中国の足跡と今後の展開予想については、E. ルトワック『中国 4.0』文藝春秋（2016 年）や M. ピルズベリー『China 2049』日経 BP（2015 年）を参照。中国の軍事大国化と米国との衝突可能性の分析については P. ナバロ『米中もし戦わば』文藝春秋（2016 年）がある。
（8）2018 年 10 月 4 日に米国ハドソン研究所にて行われた副大統領の M. ペンスによる演説。今後、トランプ政権は中国に対抗して様々な措置を取ることを宣言した。事実上の対中国への宣戦布告と言われている。See Mike Pence, "Vice President Mike Pence's Remarks on the Administration's Policy Toward China", Hudson Institute October 4 Event, 2018 (https://www.hudson.org/events/1610-vice-president-mike-pence-s-remarks-on-the-administration-s-policy-towards-china102018).
（9）See K.M.Campbell & E.Ratner, "The China Reckoning, How Beijing Defied American Expectations", Foreign Affairs Sept./Oct. 2019 (https://www.foreignaffairs.com/articles/china/2018-02-13/china-reckoning).

（10）国防権限法 2019 は、故ジョン・マケインが 2018 年に提出した法案が法制化されたもので、正式には「H.R.5515 John S. McCain National Defense Authorization Act for Fiscal Year 2019」である（https://www.congress.gov/bill/115th-congress/house-bill/5515/text）。米国国防権限法 2019 の概要（http://www.cistec.or.jp/service/uschina/5-ndaa2019_gaiyou.pdf）を参照。また、次の文献で同法が日本の貿易に与える影響が詳しく分析されている。小野亮「FIRRMA・ECRA の成立と変容する米国の対中観 ―米中の狭間に立つ日本への示唆」みずほリポート（2018年）（https://www.mizuho-ri.co.jp/publication/research/pdf/report/report18-1128.pdf）、鳥毛拓馬「米国対内投資規制の改正」大和総研リポート（2018 年）（https://www.dir.co.jp/report/research/law-research/securities/20180817_020264.pdf）。また、渡邉徹夜『中国大崩壊入門』徳間書店（2019 年）はコンパクトにまとまっており、示唆に富む。

（11）41 USC 3901.

（12）このうち、ファーウェイと ZTE は主にスマホやルーターを製造する通信機器メーカー、ハイテラは主に無線機や通信中継装置メーカー、ハイクビジョンとダーファは主に監視カメラやその録画機器の製造・運用メーカーである。

（13）対米投資委員会（CFIUS）は 1975 年にフォード政権の下で設立された機関であり、財務長官を議長とし、国務省、国防総省、商務省などの関係省庁にまたがる委員会組織である。司法長官や国家情報長官もこれに加わっている。CFIUS の任務は、米国企業や米国の事業への外国企業の直接投資が、米国の安全保障にいかなる影響を及ぼすかを審査することにある。

（14）CISTEC（一般社団法人安全保障貿易情報センター）（http://www.cistec.or.jp/index.html）は 1989 年に日本で設立された機関で、国際的な平和及び安全の維持・確保に寄与することを目指し、日本における産・官・学の活動と調和した合理的な輸出管理を行う為に設立された組織である。安全保障に関する調査・分析や産業界の意見集約などを行っている。

（15）CISTEC は事務局名で次の 7 点を列挙している。
　（ⅰ）「支配を及ぼす投資」だけでなく、一定の「支配を及ぼさない投資」も、審査対象になる。
　（ⅱ）グリーンフィールド投資（不動産の取得・借受）も、審査対象になる。
　（ⅲ）従来、事前届出義務はなかったが、外国政府の影響下にある一定の投資が、事前届出義務の対象となる。
　（ⅳ）「特別懸念国」の関与について、新たな考慮要素となる。
　（ⅴ）審査対象となる「米国と取引のある非米国企業」については、従来「米国に子会社・支店を有する」ことが要件だったが、その要件がなくなる。

(vi) 審査対象となる「重大技術」の中に、輸出管理改革法（ECRA）の対象の「エマージング技術／基盤的技術」がそのまま含まれる。

(vii) 審査の強化、実効性担保のための措置が講じられている。

CISTEC事務局「米国の投資リスク審査現代化法（FIRRMA）について」（2019年）（http://www.cistec.or.jp/service/uschina/13-cj1907-firrma.pdf））を参照。

(16) 米国輸出管理改革法（ECRA）は輸出管理改定（Export Control Reform: Sec. 1741-1768）と反ボイコット法（Anti-Boycott Act of 2018: Sec. 1771-1774）の二部構成となっているが、本書のテーマに関連する前半の輸出管理改定の基本的な構造は、CISTEC事務局「米国輸出管理改革法（ECRA）に関する基本的QA」（2019年）（http://www.cistec.or.jp/service/uschina/3-ecra_qa.pdf）に解説がある。

(17) ECRA Sec.1758（NDAA2019 Sec. 1758）。

(18) 米商務省のパブリックコメント。*See* https://www.govinfo.gov/content/pkg/FR-2018-11-19/pdf/2018-25221.pdf. 先端技術の内容については次の文献に詳しい。田上「米国輸出管理改革法の新基本技術（Emerging and Foundational Technologies）新規制及びCISTECパブコメの概要」（2019年）（http://www.cistec.or.jp/service/uschina/2-0-cistec_pubcomme.pdf）。

(19) 例としては、(i) 携帯品の電池（Mobile electric power）、(ii) モデリングやシミュレーションの技術（Modeling and simulation）、(iii) 位置情報や刻々と変化する周りの状況に合わせて的確な情報に基づいての行動を可視化する技術（Total asset visibility）、(iv) ドローンや自動運転車などを使い的確な場所や時間の特定により利用物を輸送する技術（Distribution-based Logistics）が掲げられている。

(20) 3Dプリンターの技術が例として挙げられている。

(21) 人間の脳とコンピュータを繋ぎ、手を使わずに頭で考えた通りにコンピュータを操作したり、逆にコンピュータからの信号を人間の脳に送り込んで、人に擬似的に映像を見せるといった技術が念頭にある。

(22) 顔認証や声紋認証が例示されている。

(23) 再輸出の規制とは、一旦米国から輸出された貨物が、さらに輸出先から第三国向けに再輸出される場合、米国からの直接輸出が規制されていれば、再輸出においても同等の規制を受けることを指す。違反すると当該顧客には罰金、禁錮、取引禁止顧客 (Denied Persons) として指定などの懲罰が科せられる。米国が他国からの輸出に米国法を適用するという仕組みになるので、法理論的には「域外適用」として外国政府から批判されそうなものだが、実務上は当該顧客による米国との取引ができなくなることの弊害が大きいので、当該外国顧客に対して事実上の強制力を持つことになる。

(24) ZTEのリスト掲載理由については「米国のEntity List,、Denied Persons List

(DPL)、及び Specially Designated National (SDN) List の概要比較表」（http://www.cistec.or.jp/service/uschina/01_besshi3.pdf）を参照。ファーウェイをリスト掲載にしたことについては米国の官報である Federal Register（https://www.bis.doc.gov/index.php/documents/regulations-docs/2394-huawei-and-affiliates-entity-list-rule/file）を参照。

(25) 外国為替及び外国貿易法の一部を改正する法律（http://www.cistec.or.jp/export/express/170524_gaitame/3-20170524_2.pdf）。

(26) 対内直接投資等に関する命令第三条第一項及び第四条第三項の規定に基づき財務大臣及び事業所管大臣が定める業種を別表に掲げる業種に該当する業種（https://www.meti.go.jp/press/2017/07/20170714002/20170714002-7.pdf）。

(27) 経済産業省「近年、サイバーセキュリティーの確保の重要性が高まっていることなどを踏まえ、安全保障上重要な技術の流出や、我が国の防衛生産・技術基盤の棄損など、我が国の安全保障に重大な影響を及ぼす事態を生じることを適切にする観点から、集積回路製造業等を追加する等、所要の措置を講じる …」（https://www.meti.go.jp/press2019/05/20190527002/20190527002.html）。

(28) 日経新聞「北村氏、内閣特別顧問に　国家安全保障局長と兼ねる」日本経済新聞 2019 年 9 月 13 日（https://r.nikkei.com/article/DGXMZO49818640T10C19A9EA3000?s=4）。

(29) 前掲注（8）を参照。

(30) 今日では米中戦争を「新冷戦」と呼ぶのが一般化した。例えば、柚谷「『中国製造 2025』と米中『新冷戦』」米中経済研究会レポート No.8（2018 年）（http://www.iips.org/research/trumpipep_8.pdf）。他方で、ジョセフ・ナイ（クリントン政権で国防次官補などを務めた）は米中戦争を冷戦と呼ぶには内容が複雑過ぎて間違いであると主張していることも目に値する。日経新聞「ナイ氏「米中冷戦は誤り」日経・CSIS シンポ」日本経済新聞 2018 年 10 月 26 日（https://r.nikkei.com/article/DGXMZO36958850W8A021C1FF3000?s=5）を参照。

(31) グリーンランドの現状については例えば、ニューズウィーク「トランプはなぜ極寒のグリーンランドが欲しいのか」Newsweek 2019 年 8 月 19 日（https://www.newsweekjapan.jp/stories/world/2019/08/post-12792.php）、ロイター「米大統領の「買収提案」で注目、グリーンランドが狙う実利」Reuters 2019 年 8 月 28 日（https://jp.reuters.com/article/trump-greenland-idJPKCN1VI0M8）、産経新聞「世界最大の島グリーンランドに中国が接近…一帯一路は北極へ」産経新聞 2018 年 5 月 1 日（https://www.sankei.com/west/news/180501/wst1805010001-n1.html）、ニューズウィーク「グリーンランドの地下資源と北極圏の軍事拠点を狙う中国」Newsweek 2018 年 9 月 11 日（https://www.newsweekjapan.jp/stories/

world/2018/09/post-10938.php）に詳しい。

（32）マルクス＝レーニン主義による共産主義国も、当初は政府や資本家からの自由を目指す労働者＝市民平等を目標に掲げ革命・成立したものであり、ソ連を中心とするいわゆる東側諸国が独裁国家化していったのは思想的に意図されていたものではない。この現実に欧州における東側共産主義国は 1989-91 年までには壊滅した。

（33）時期尚早と言われながらも中国が 2001 年に WTO 加盟を認められたのは、社会主義中国も経済的に発展して、やがて民主主義国になると信じられて来たからである。

（34）H.R.2500, 116th Congress, National Defense Authorization Act for Fiscal Year 2020 (https://www.congress.gov/bill/116th-congress/house-bill/2500).

（35）https://www.ntt.co.jp/news2019/1906/190619a.html

（36）https://www.mhi.co.jp/technology/review/abstractj-52-3-25.html

（37）https://www.kankyo-business.jp/column/021967.php

（38）規制をかけ過ぎると自国産業の技術革新が阻害される恐れがあるジレンマについては、次のコメントを参照。See A. Schwarber, *"Research Stakeholders Urge Caution in Creating Export Controls for 'Emerging Technologies'"*, FYI Bulletin 22 Jan. 2019(https://www.aip.org/fyi/2019/research-stakeholders-urge-caution-creating-export-controls- %E2%80%98emerging-technologies%E2%80%99).

第 4 章 Ⅱ 　注釈

（1）日本の独占禁止法は正式には「私的独占の禁止及び公正取引の確保に関する法律」であり、GHQ の要請によって昭和 22 年（1947 年）に立法された競争法の一種である。戦後日本に独占禁止法ができた経緯は、例えば、西村＝泉水「原始独占禁止法の制定過程と現行法への示唆」競争政策研究センター共同研究（2006 年）(https://www.jftc.go.jp/cprc/reports/index_files/cr-0206.pdf) を参照。

（2）本書で言う「中産階級」は東部有名大学やカリフォルニア州・スタンフォード大学ではない地方の大学を卒業した大卒のいわゆるホワイトカラーを念頭に置き、「労働者階級」は大学を出ていない高卒のいわゆるブルーカラーを念頭に置いている。いずれの層も所得格差や職種・地位などについて不満を持っているが、報道される際には、その映像の分かりやすさもあってブルーカラーの映像が使われる例が多い。しかし、実際には政府に対する強い不信感を感じているのは中産階級の方が強いとも言われている。欧米における政治不信の動きについては、例えば次の調査報告書、Ronald F. Inglehart and Pippa Norris, *"Trump, Brexit, and the Rise of Populism: Economic Have-Nots and Cultural Backlash"*, HKS Working Paper No. RWP16-026, 2016, https://www.hks.harvard.edu/publications/trump-brexit-and-rise-

populism-economic-have-nots-and-cultural-backlash を参照。
（3）OECD Data, "*Gross domestic product (GDP), US: 1980-2020*", https://data.oecd.org/gdp/gross-domestic-product-gdp.htm.
（4）OECD Data, "*Gross domestic product (GDP), Japan: 1980-2020*", https://data.oecd.org/gdp/gross-domestic-product-gdp.htm.
（5）essential work とは、人が社会生活を営む上で必要な職種である小売業の店員、バスやタクシー、電車のような公共交通機関の運転士などの従業員、行政職員、医療従事者、介護福祉士、保育士、郵便配達員、トラック運転手、ゴミ収集員などが行なっている社会生活を維持するのに必要不可欠な労働のこと。
（6）拙稿「米国の安全保障関連法 ―通商と投資を中心に―」倉敷芸術科学大学紀要第 25 号（2020 年）43-55 頁（https://kusa.repo.nii.ac.jp/?action=pages_view_main&active_action=repository_view_main_item_detail&item_id=634&item_no=1&page_id=13&block_id=21）を参照。
（7）Google LLC（持ち株会社は Alphabet Inc.）、Amazon.com, Inc.、Facebook, Inc.、Apple Inc. を総称して GAFA と呼ぶ。これに Microsoft Corporation を加えて GAFAM と呼ぶこともある。また、GAFA に Netflix, Inc. を加えて FAANG、ここから Apple を外して NVIDIA Corporation を加えて FANNG と表記する場合もある。ここに登場する 7 社がインターネットのプラットフォームを押さえる大手企業であり、米連邦議会や米政府が問題企業であるとして視する企業群である。（＊ 2021 年 10 月 28 日に、Facebook, Inc. は社名を Meta Platforms, Inc. に変更した。ただし、Meta が運用する SNS の「Facebook」や「Instagram」などのサービス名はそのまま変更なく継続すると発表された。）
（8）プラットフォーム・ビジネスとは会社相互間あるいは事業者と消費者を結ぶ仲介業を営むビジネス形態のことで、非常に広い概念を持つが、近年のビジネス環境では急速に用いられつつあるビジネス形態の一つである。実務上の利点は、自社で労働力などの人材を抱え込むよりも、必要に応じて必要なスキルを持つ者に外、すなわちアウトソースする方が双方の時間や費用の削減・効率化につながるという点と、プラットフォーム提供者は、仲介したサービスに関するビジネス上のリスク、法的リスク、社会的リスクや人材確保や生産手段確保のコストを、他のプラットフォームの需要側・供給側に受け持たせることで、自社のリスクやコストを増加させずに市場における急成長や寡占化が可能になっている。代表的な例は GAFA であるが、近年では Uber や Airbnb がこの形態を利用して急成長している。プラットフォーム・ビジネスについては、例えば次の文献を参照。山崎＝樋口＝飯田＝北澤「諸外国のプラットフォームビジネス調査 ―アメリカ、イギリス、ドイツ、フランス―」海外労働情報 19-07（2019 年）（https://www.jil.go.jp/foreign/report/2019/

pdf/19-07.pdf)、杉本和行「デジタル・プラットフォーム企業による市場支配と競争政策（上）」日経 BizGate（2019 年）(https://bizgate.nikkei.co.jp/article/DGXMZO5191181007112019000000?channel=DF100620195116)・「同名（下）」日経 BizGate（2019 年）(https://bizgate.nikkei.co.jp/article/DGXMZO5212562013112019000000)。

(9) 西部邁によれば、自由主義と民主主義は自然には結びつかない思想であるが、現代社会ではこの両者の緊張を微妙にコントロールすることで社会の均衡を保つようにしている。西部邁『大衆への反逆』文藝春秋（2014 年）13-15 頁を参照。

(10) 西部・同上 354 頁。

(11) 民主主義の変遷については、ポズナー＝ワイル『ラディカル・マーケット：脱私有財産の世紀』東洋経済新報社（2019 年）loc. 2389 以下（e-book = Kindle）を参照。原書は、Eric A. Posner and E Glen Weyl, *Radical Markets: Uprooting Capitalism and Democracy for a Just Society*, Princeton Univ. Press, 2019。

(12) 多数決を基本原則とする民主主義には多くの批判も寄せられている。ポズナー＝ワイル・同上 loc. 2643 以下（e-book=Kindle）を参照。

(13) 現在の民主主義では有権者がその結果をどれくらい選考しているのかの深度が分からない。これを解決するための一考として「二次投票（Quadratic Voting）」(*See* Posner and Weyl, "Quadratic Voting" in *Radical Markets'*, 104.) という手法が提案されている。これは投票権の貯金（クレジット）ができる制度であり、これを使えば場合によっては少数者の意見が通るようになる。ポズナー＝ワイル・前掲注（11）loc. 2490 および loc. 2821（e-book=Kindle）を参照。

(14) 米国の反トラスト法の運用について理解するには、植村幸也『米国反トラスト法実務講座』公正取引協会（2017 年）および渡邊肇『米国反トラスト法執行の実務と対策（第 2 版）』商事法務（2015 年）を参照。

(15) シャーマン法は 1890 年に制定された反トラスト法の基礎となる連邦法であり、シャーマン法は取引制限（restraint of trade）や独占化（monopolization）といった反トラスト規制の基本規則を定めている。「シャーマン法」と通称されるのは、当該法の成立を主導した上院議員でありかつ財務長官や国務長官も務めた John Sherman の名前に由来する。クレイトン法は 1914 年にシャーマン法を補完するために制定された法律であり、後にロビンソン・パットマン法（Robinson-Patman Act）やハート・スコット・ロディノ法（Hart-Scott-Rodino Act）による修正を受け、価格制限（discrimination in price）、排他的取引（exclusive dealing agreement）、抱き合わせ販売（tying arrangement）、企業結合（merger and acquisition）などシャーマン法が具体化していなかった反トラスト規制を規定している。また、日本の独禁法にはない米国特有の制度として、反トラスト法上の違反を理由に民間人が提訴することのできる「私訴」が認められているが、この私訴の権利はクレ

イトン法に定められている。「any person who shall be injured in his business or property by reason of anything forbidden in the antitrust laws may sue therefor in any district court of the United States…and shall recover threefold the damages by him sustained（反トラスト法において禁止されている事項により事業または財産に侵害を受けた者は、その被った損害の3倍額の賠償を求めることができる）」15 USC §15。FTC 法は米国連邦取引委員会（FTC: Federal Trade Commission）を設立し、かつ通商に悪影響を及ぼす欺瞞的行為を取り締まるためにクレイトン法と同じく 1914 年に制定された法律である。FTC 法も後に修正を受け、不公正な競争方法（unfair methods of competition）および不公正または欺瞞的な行為・慣行（unfair or deceptive acts or practices）の禁止は同法によって規定されている。反トラスト法の運用は、この FTC と DOJ（司法省の反トラスト局：The United States Department of Justice, Antitrust Division）によって行われている。上記は連邦法であるが、米国は各州に独自の法体系があり、反トラスト行為を規制する法律が各州にもある。

(16) legislation.gov.uk, 'Statute of Monopolies', https://www.legislation.gov.uk/aep/Ja1/21/3/contents.

(17) 1775 〜 1783 年に起きたアメリカ独立戦争であるが、事の発端は英国王の認可によるお茶の独占販売権（東インド会社のみがお茶を売買できる）を巡るものであったことはよく知られている。ボストン茶会事件（Boston Tea Party：1773 年）は英国政府のやり方に不満を抱く植民地急進派が、マサチューセッツ州ボストン港に停泊する東インド会社の船舶から積荷の茶箱を海に投げ捨てた事件である。

(18) シカゴ学派とハーバード学派の論争については次の文献に詳しい。柳川隆「産業組織論の分析枠組：新産業組織論と構造 - 行動 - 成果パラダイム」神戸大学経済学研究年報（2001 年）125-142 頁（http://www.lib.kobe-u.ac.jp/repository/00074104.pdf）。

(19) Robert H. Bork, *'The Antitrust Paradox: A Policy at War With Itself'*, Bork Publishing, 2021. このボークの著書は米国で反トラスト法を学ぶ者の必読書とされているものであり、初版は 1978 年に出版された。

(20) Isaac Ehrlich and Richard A. Posner, *"An Economic Analysis of Legal Rulemaking"*, The Journal of Legal Studies, Vol.3, No.1, 1974, https://www.journals.uchicago.edu/doi/pdf/10.1086/467515.

(21) *Id.* at 262, 264-265.

(22) *Id.* at 265, 272.

(23) *Id.* at 274.

(24) *Id.* at 276.

(25) 諸説あるが、ゲーム理論の基礎を確立したと言われる著書が、Osker Morgenstern and John von Neumann, *'Theory of Games and Economic Behavior'*, Princeton Univ. Press (1944) である。これは邦訳されて『ゲームの理論と経済行動（1〜3巻）』筑摩書房 (2009年) として出版されている。またゲーム理論を実用化のレベルまで引き上げたのが、ゲーム理論中興の祖と呼ばれるジョン・ナッシュである。ナッシュにはゲーム理論に関する論文が複数あるが、初期のものとしては、John F. Nash Jr., *"Equilibrium points in n-person games"*, Pnas, Vol. 36, 1950, 48-49, https://www.pnas.org/content/pnas/36/1/48.full.pdf がある。

(26) ポスト・シカゴ学派については、Michael S. Jacobs, *"An Essay on the Normative Foundations of Antitrust Economics"*, 74 N.C. L. Rev. 219, 1995, https://scholarship.law.unc.edu/cgi/viewcontent.cgi?article=3637&context=nclr を参照。この論文は本文よりも脚注の方が長く、約2/3は脚注でできている。本文が簡潔にまとまっている上に丁寧に資料分析を行っているので、資料的価値は高い。また、泉田＝船越＝高橋「新たな市場構造指標と競争状況の関係に関する経済分析調査」公正取引委員会競争政策研究センター共同研究報告書（2004年）（https://www.jftc.go.jp/cprc/reports/index_files/cr0304.pdf）は計量経済学の観点から日本の寡占市場における企業行動を分析したものである。

(27) Jacobs, *supra* note 26, at 222-223.

(28) *Id*. at 237.

(29) *Id*. at 243.

(30) *Id*. at 243-244.

(31) Hearings of U.S. House Committee On The Judiciary, *"Online Platforms and Market Power, Part 1: The Free and Diverse Press"*, Subcommittee on Antitrust, Commercial, and Administrative Law, Jun. 11, 2019, https://judiciary.house.gov/calendar/eventsingle.aspx?EventID=2260.

(32) Hearings of U.S. House Committee On The Judiciary, *"Online Platforms and Market Power, Part 6: Examining the Dominance of Amazon, Apple, Facebook, and Google"*, Subcommittee on Antitrust, Commercial, and Administrative Law, Ju. 29, 2020, https://judiciary.house.gov/calendar/eventsingle.aspx?EventID=3113.

(33) Hearings of U.S. House Committee On The Judiciary, *"Proposals to Strengthen the Antitrust Laws and Restore Competition Online"*, Subcommittee on Antitrust, Commercial, and Administrative Law, Oct. 1, 2020, https://judiciary.house.gov/calendar/eventsingle.aspx?EventID=3367.

(34) Majority Staff Report and Recommendations, *"Investigation of Competition in Digital Markets"*, Subcommittee on Antitrust, Commercial, and Administrative

Law of the Committee on the Judiciary, U.S. House of Representatives, 2020, https://judiciary.house.gov/uploadedfiles/competition_in_digital_markets.pdf?utm_campaign=4493-519.

(35) *Id.* at 39.

(36) *Ibid.*

(37) *Ibid.*

(38) Tim Wu, *'The Curse of Bigness',* Atlantic Books, 2020. 本書の邦訳版は、ティム・ウー『巨大企業の呪い』朝日新聞出版（2021年）。

(39) Cecillia Kang, *"A Leading Critic of Big Tech will Join the White House"*, The New York Times, Mar. 5, 2021, https://www.nytimes.com/2021/03/05/technology/tim-wu-white-house.html.

(40) Susan Heavey and Nandita Bose, *"Biden adds Big Tech critic Tim Wu to his economic staff"*, Reuters, Mar. 6, 2021, https://jp.reuters.com/article/usa-biden-staff-idINKCN2AY04B.

(41) 日本経済新聞「バイデン氏、ウー氏を特別補佐官に　IT規制強化の布石か」日経Web版2021年3月6日（https://www.nikkei.com/article/DGXZQOGN05EBP0V00C21A3000000/）。

(42) Wu, *supra* note 38, at 1-6, 51-52.

(43) Statute of Monopolies, Section1: all Monopolies,… heretofore made or granted, or hereafter to be made or granted, to any Person or Persons… or Corporate whatsoever,… are altogether contrary to the Laws of this Realm, and so are and shall be utterly void and of none Effect, and in no wise to be put in Use or Execution.（過去に付与されたものであれ、または今後付与されるであろう、個人または法人に対する全ての独占権は、本領域の法律に完全に反しており、したがって、まったく無効であり、何の効果もなく、いかなる意味においても使用または実行されることはないものとする。）*See* legislation.gov.uk, 'Statute of Monopolies 1623', https://www.legislation.gov.uk/aep/Ja1/21/3/contents. 英国の専売条例は、特許法が初めて成文化されたことで知られるが、同時に独占権を禁じて英国の経済を封建主義から資本主義に移行させたことでも知られる法律である。成立年が1624年のため、慣習的に1624年法と記すのが通常であるが、審議が開始された年を採って1623年法と記す場合もある。

(44) Wu, *supra* note 38, at 52-56.

(45) *Id.* at 58-59.

(46) *Id.* at 59-67.

(47) *Id.* at 83-85, 97-102.

(48)「The Road to Serfdom」(隷従への道) は 1944 年にフリードリヒ・ハイエク (Friedrich August von Hayek) によって書かれた歴史的名著の題名であり、共産主義を批判して、統制計画経済を容認すれば、やがて国民生活全体を隷従させることに繋がるだろうと警告する内容である。

(49) Wu, *supra* note 38, at 136-142.

(50) Lina Khan, *"Amazon's Antitrust Paradox"*, Yale Law Journal, Vol.126, 2017, 564-907, https://www.yalelawjournal.org/note/amazons-antitrust-paradox. カーン氏がこの論文を「Amazon's Antitrust Paradox」と銘打ったのは、彼女が批判の対象としているシカゴ学派の流れを汲む裁判官 Robert H. Bork の著名な書籍名が「The Antitrust Paradox (A Policy at War With Itself)」であったことと関係がある。ボークは著書の中で、反トラスト法のパラドックス（相反した内容を包含する）を説いた。すなわち、反トラスト法は特定の企業活動を抑える一方で、他方では消費者の生活水準を向上させなければいけないという矛盾した（パラドックスの関係にある）役割を負っている。しかし、判例では時には消費者の不利益となり、時には消費者の利益となるような矛盾した判例も多くある。そこで、反トラスト法の理論と訴訟を一致させ、反トラスト法の達成すべき目標は「消費者福祉」のための処方箋であると位置付ける。これを実現するためには、「価格」設定に注目して市場における企業活動の効率化を促進しているか否かを判断するべきであり、これが促進されていれば消費者利益に資すると判断できるという考え方である。前掲注 (19) を参照。

(51) Federal Trade Commission, *'In re Motion to Recuse Chair Lina M. Kahn, Recusal Petition by Amazon.com, Inc.',* https://s.wsj.net/public/resources/documents/AMZN%20petition%20re%20Khan.pdf.

(52) Kahn, *supra* note 50, at 712.

(53) *Id.* at 754.

(54) *Id.* at 746-747.

(55) *Id.* at 742.

(56) *Id.* at 739-742.

(57) *Id.* at 745.

(58) *Id.* at 791-792.

(59) Amazon Prime、毎月一定額の会費を支払うことで、個別の配送料を無料にしたり、一定の音楽・映画を無料で楽しめるなどの特典を提供する会員制サービスのこと。

(60) The fact that Amazon has been willing to forego profits for growth undercuts a central premise of contemporary predatory pricing doctrine, which assumes that predation is irrational precisely because firms prioritize profits over growth. In this

way, Amazon's strategy has enabled it to use predatory pricing tactics without triggering the scrutiny of predatory pricing laws. *See* Kahn, *supra* note 50, at 753.

(61) *Id*. at 802-805.

(62) Jonathan B. Baker, *'The Antitrust Paradigm'*, Harvard Univ. Press, 2019.

(63) John N. Drobak, *'Rethinking Market Regulation: Helping Labor by Overcoming Economic Myths'*, Oxford Univ. Press, 2021.

(64) ポズナーとワイルについては前掲注（11）を参照。

(65) Shoshana Zuboff, *'The Age of Surveillance Capitalism'*, Public Affairs, 2019. 邦訳版は、ショシャナ・ズボフ『監視資本主義』東洋経済（2021 年）。

(66) Rebecca Henderson, *'Reimagining Capitalism in a World on Fire'*, Public Affairs, 2020. 邦訳版はレベッカ・ヘンダーソン『資本主義の再構築：公正で持続可能な世界をどう実現するか』日経 BP（2020 年）。

(67) Baker, *supra* note 62, at 3.

(68) *Id*. at 32-35.

(69) Drobak, *supra* note 63, at 30-32.

(70) *Id*. at 50-51.

(71) *Id*. at 52.

(72) ポズナー＝ワイル・前掲注（11）loc. 4798 (ebook=Kindle) を参照。

(73) Drobak, *supra* note 63, at 43.

(74) *Id*. at 52.

(75) *Id*. at 84-85.

(76) *Id*. at 89.

(77) *Ibid*.

(78) *Id*. at 90.

(79) *Id*. at 89.

(80) *Id*. at 118-120.

(81) *Id*. at 117-118.

(82) Id. at 115-117.

(83) Id. at 3-4.

(84) これはポズナーとワイルが、インフレと経済減速が同時に進行するスタグフレーション（stagflation）から援用した造語である。stagnation（停滞）＋ equality（平等）＝ stagnequality。ポズナー＝ワイル・前掲注(11)loc. 760 (ebook=Kindle) を参照。

(85) 同上。

(86) ポズナー＝ワイル・同上 loc.996 (ebook=Kindle)。

(87) ポズナー＝ワイル・同上 loc.4831 (ebook=Kindle) 参照。買収・合併の実例として、

グーグルによるウェイズ（マッピングのスタートアップ企業）やディープ・マインド（人工知能開発大手）の買収、フェイスブックによるインスタグラム（写真 SNS）やワッツアップ（メッセンジャー・アプリ大手）の買収、マイクロソフトによるスカイプ（インターネット電話）とリンクトイン（ビジネス特化型の SNS）の買収が掲げられている。いずれも反トラスト法違反は問われず合併が認められた。

(88) ズボフ・前掲注（65）592 頁。

(89) Pippa Norris, *"Is Western Democracy Backsliding? Diagnosing the Risks"*, Harvard Kennedy School, HKS Working Paper No. RWP17-012, 2017, https://www.hks.harvard.edu/publications/western-democracy-backsliding-diagnosing-risks.

(90) *Id.* at 2.

(91) populism、日本では「ポピュリズム」は大衆迎合主義あるいは衆愚政治という意味に捉えられることが多いが、本来の意味は、多数派の支持の下に一般大衆の利益や権利を守るため、既存の体制やエリート知識人などに反旗を翻す政治姿勢のことである。

(92) *Id.* at 11.

(93) ズボフ・前掲注（65）404 頁、488-490 頁。例えば、ズボフは「わたしたちの大半がこの新しい力について猛々しく語る時に、念頭にあるのは、オーウェルの小説『1984 年』に登場する「ビッグ・ブラザー」である。もっと一般的に言えば、誰もが「全体主義」というレンズを通して今日の脅威を見ているのだ。グーグル、フェイスブック、および、より広い分野における商業監視は、しばしば「デジタル全体主義」として描かれる。」と記している。しかし、ズボフによれば、このテック企業による監視は既存の全体主義とは異なり、新種の「道具主義（instrumentarianism）」であると理解しないと現実社会を見誤るとも指摘する。([M]ost of us speak out courageously against this new power, invariably we look to Orwell's Big Brother and more generally the specter of totalitarianism as the lens through which to interpret today's threat. Google, Facebook, and the larger field of commercial surveillance are frequently depicted as 'digital totalitarianism.' I admire those who have stood against the incursions of commercial surveillance, but I also suggest that the equation of instrumentarian power with totalitarianism impedes our understanding as well as our ability to resist, neutralize, and ultimately vanquish its potency.) *See* Zuboff, '*The Age of Surveillance Capitalism*', *supra* note 65, at 352. この指摘についてはもっと掘り下げて検討する必要がある。

(94) ヘンダーソン・前掲注（66）loc. 2180（e-book=Kindle）。

(95) ヘンダーソン・同上 loc. 2235-2296（e-book=Kindle）。

(96) オルテガ・イ・ガセット『大衆の反逆』筑摩書房（1995 年）145-147 頁。

（97）西部・前掲注（9）38頁、344頁。本書はオルテガの『大衆の反逆』をヒントに、西部が独自の大衆理論をテーマとして著した。

（98）例えば、政治学者フランシス・フクヤマの著した『歴史の終わり』（原題は「The End of History and the Last Man」）は世界的ベストセラーとなった。当時は民主主義・自由主義が社会主義・共産主義に打ち勝ち、社会制度の発展は完成されたと信じられた。フランシス・フクヤマ『歴史の終わり（上）・（下）』三笠書房（1992年）。

第5章　注釈

（1）GDPギャップは内閣府と日銀とが異なる計算式を使って推計している。内閣府は、現実のGDPから潜在GDPを引き算する方法を採るのに対し、日銀は生産設備の稼働率や失業率・労働参加率などから試算しているので、出てくる数値も違ってくる。

（2）かつて日銀は通貨供給量のことをマネーサプライと呼んでいたが、2008年からはマネーストックと呼ぶようになった。日銀のHPにはこの呼称変更についての説明がある。マネーストックに統計名称を変更した理由は、「2008年に見直しが行われた際、海外で一般に使われている統計名称を踏まえて変更しました。海外でも、当初はMoney supply（通貨供給量）という統計名称が使われていましたが、経済全体に流通している通貨量は、金融機関の与信行動と企業や家計などの通貨需要の相互作用によって決まるとの認識から、次第に、Money stock（通貨残高）、Monetary aggregates（通貨集計量）といった統計名称で呼ばれるようになりました」と記載されている。日銀・統計に関する解説・マネーストック統計のFAQ（https://www.boj.or.jp/statistics/outline/exp/faqms.htm）。

（3）日銀「マネーストック統計の解説」2023年6月（https://www.boj.or.jp/statistics/outline/exp/data/exms01.pdf）。

（4）安倍政権は財政政策を積極的に活用していたとの印象があるが、実態を見ると緊縮財政であった。斎藤太郎「アベノミクスは積極財政か？」ニッセイ基礎研究所コラム（https://www.nli-research.co.jp/report/detail/id=63058?site=nli）を参照。

（5）安倍政権下のコロナ対策補正予算については、梅原英治「巨額のコロナ対策資金はどのように調達されたか～国債の追加大量発行と国庫の資金繰りの解明～」阪経大論集・第72巻第3号（2021年）（https://www.jstage.jst.go.jp/article/keidaironshu/72/3/72_127/_pdf）に詳しい。

（6）財務省・これからの日本のために財政を考える「日本の借金の状況」（https://www.mof.go.jp/zaisei/financial-situation/financial-situation-01.html）。

（7）前掲注（4）・斉藤154頁。

（8）矢野康治「財務次官、モノ申す「このままでは国家財政は破綻する」文藝春秋 2021 年 11 月号（https://bunshun.jp/bungeishunju/articles/h2818）。

（9）同上・矢野「ワニのくちは塞がなければならない」（https://bunshun.jp/bungeishunju/articles/h2818）。

(10) IMF の指向する金融政策については、IMF, *"Monetary Policy and Central Banking"*（https://www.imf.org/en/About/Factsheets/Sheets/2023/monetary-policy-and-central-banking）を参照。

(11) A. Peralta-Alva & P. Mishra, *"How to Tackle Soaring Public Debt"*（邦訳「公的債務の急増に対処する方法」）, 2023 IMF Blog（https://www.imf.org/en/Blogs/Articles/2023/04/10/how-to-tackle-soaring-public-debt）。

(12) IMF, IMF DATA, Access to Macroeconomic & Financial Data, Public Sector Balance Sheet (PSBS).

(13) 特殊法人の名称や管轄省庁については、総務省の所管府別特殊法人一覧（令和 5 年 4 月）（https://www.soumu.go.jp/main_content/000876791.pdf）を参照。

第 6 章　参考文献

・ベン・バーナンキ『大恐慌論』日本経済新聞出版社（2013 年）
・カール・ポランニー『経済と自由』筑摩書房（2015 年）
・レイブラント＝テラン『教養としての決済』東洋経済新報社（2022 年）
・天羽＝増田（編・著）『NFT の教科書』朝日新聞出版（2021 年）
・マックス・ヴェーバー『プロテスタンティズムの倫理と資本主義の精神』岩波書店（2022 年）
・ハンナ・アレント『人間の条件』筑摩書房（2021 年）
・シルビオ・ゲゼル『自然的経済秩序Ⅲ』アルテ（2019 年）
・ジョン・メイナード・ケインズ（山形浩生訳）『雇用、利子、お金の一般理論』講談社（2019 年）
・フェリックス・マーティン『Money 21 世紀の貨幣論』東洋経済新報社（2014 年）
・トマ・ピケティ『21 世紀の資本』みすず書房（2014 年）
・エマニュエル・トッド『我々はどこから来て、今どこにいるのか(上)(下)』文藝春秋（2022 年）
・エマニュエル・トッド『大分断』PHP 新書（2020 年）
・エマニュエル・トッド『第三次世界大戦はもう始まっている』文春新書（2022 年）
・アレクシス・ド・トクヴィル『アメリカにおけるデモクラシーについて』中央公論新社（2019 年）

- サミュエル・ハンチントン『分断されるアメリカ』集英社（2017 年）
- 宇野重規『トクヴィル・平等と不平等の理論家』講談社（2019 年）
- ショシャナ・ズボフ『監視資本主義』東洋経済（2021 年）
- B. F. スキナー『自由と尊厳を超えて』春風社（2013 年）
- ジョージ・オーウェル『一九八四年』早川書房（2009 年）
- ハンナ・アーレント『エルサレムのアイヒマン（新版）』みすず書房（2017 年）
- ミシェル・フーコー『監獄の誕生』新潮社（2020 年）
- ヴィクトール・E. フランクル『夜と霧』みすず書房（2022 年）
- 諸富祥彦『知の教科書フランクル』講談社（2021 年）
- 中野剛志『富国と強兵』東洋経済新報社（2019 年）
- 中野剛志『変異する資本主義』ダイヤモンド社（2021 年）

あとがき

　まえがきでも触れたウィリアム・フォン・ヒッペルの『われわれはなぜ嘘つきで自信過剰でお人好しなのか』は、副題も付き「進化心理学で読み解く、人類の驚くべき戦略」となっている。ところが原書での英題はこれとかなり印象が異なる。原書の題目は"The Social Leap"で、副題が" The New Evolutionary Science of Who We Are, Where We Come from, and What Makes Us Happy"である。つまり、原書の題目を直訳すれば「社会的跳躍：私たちは何者で、どこから来たのか、そして何が私たちを幸福にするのか、についての新たな進化科学」となる。この原題の方が内容を的確に表しているが、邦訳版を出版する際に、そのままでは一般読者向けには売れにくいと思ったのか、日本語の題名を、先に示したような言葉に書き換えてしまったようだ。この本はなかなか手を付けにくい内容で、最初に手に取った時には、それほど期待せずに読んでみた。表現も論文調なので細かい定義や注釈も付いていてスイスイとは読み辛い。ところが、読み進むにしたがって、驚くべきことが書かれていることが分かった。ベストセラーになったユヴァル・ノア・ハラリの『サピエンス全史』（河出書房新社）でも触れられていることだが、ヒト（ホモ・サピエンス）は集団を作ることによって生き延びてきた。サピエンス全史では、この「集団性」がヒトの強みであると強調されていた。ここまでは世間でも広く知られていることだ。ところが、ヒッペルの研究によると、逆にこの集団性こそが、ヒトの独創性を阻害してきた要因だと分析されている。古代からの埋葬されたヒトの頭蓋骨を調査してみると、頭・顔面の右側を殴打されて死亡したケースが多く、これは事故や病気で亡くなったのではなく、仲間に寝込みを襲われて撲殺されたケースが多いからだろうという研究結果だ。法も社会制度もなかった古代においては、身を守るのは自分の力と仲間からの信頼しかないが、仲間に撲殺される例が多いという事実は、仲間の輪を乱す、または集団の掟に背くような行為を行う者を容赦なく始末してきたホモ・サ

ピエンスの性質を示している。すなわち、集団から疎まれ阻害されると死が待っていたのだ。ヒトの頭脳は容量的には大きいが、現代でもその能力の大部分を他人とうまく付き合うことに割いてしまうのは、こうした経緯による。ヒッペルの分析によれば、こうした本能がヒトの脳に埋め込まれているので、集団から逸脱することを極端に嫌う現代人の性質が出来上がったということだ。仲間と連携する、仲間と同じように考えるという現代人のクセは、ホモ・サピエンスが生き延びる過程で身につけてきた護身術とも言うべき振る舞い方だったのだ。なぜ、世の中では実態のない通貨・お金が流通し通用するようになるのか。教科書的には「信用」が確立するからだという説明になるだろうが、その信用を突き詰めて行くと、それは「他人が受け取ってくれるから」という意識・無意識に行き着くのではないだろうか。お金が流通する背景に、「他人が受け取るかどうか」、すなわち「信用があるかどうか」という意識が強く働いている。これが逆回転すると、信用が毀損され金融パニックが起きる。ある種の熱狂と、その反動としてのパニックが周期的に発生する原因はこういうところにあるのかも知れない。ただし、この点についてはまだ単なる推論に過ぎないので、別の機会を設けて分析してみようと考えている。

　なぜ近代になって急激に技術革新が進むようになったのか、という一つの答えもここに読み取れる。つまり、法制度や社会制度が充実してくるようになって、いわゆる「変わり者」が撲殺・抹殺されなくなったからだ（社会的に抹殺されることは現代でもあるが、昔のように生命までは取られないという意味だ）。と言うことは、学校でいくら「イノベーションが大切だ」と騒いでみても、集団教育を方針とする現代の学校制度では「変わり者」を育てることは難しい。実は、現代の学校教育は「集団性」と「独創性」という本来は矛盾する目標を掲げて営まれていたのだ。これでは弊害も出てくるはずだ。例えば、産業革命発祥の国で独創性を重んじる個人主義の国、英国だが、第二次世界大戦の際に敵国ドイツの暗号「エニグマ（Enigma）」を解読した人物がいた。アラン・チューリング（Alan Turing）である。チューリングは後のコンピュータの作成の可能性を示したチューリングマシン（計算モデル）を定式化し、また偏微分方程式によって生物の形態形成にはパターンが

あることを示したチューリング・パターンを発見した天才である。ところが、この天才数学者は、おそらくASD（自閉症スペクトラム症候群）でもあったろうとも言われるほどの奇行で知られ、また積極的な同性愛者であることも知られていたので、親しい人間関係がほとんど営めなかった。戦中に暗号の解読という軍事機密に関する職務に従事したために、その存在自体も秘匿され、当時はほとんど無名の存在であった。同性愛が原因で警察に逮捕され、薬物療法を強制された挙句に、職務を剥奪された。最期は自殺（41歳）であった。個人主義で独創性を重んじる英国でさえ、チューリングのような人物には生きにくい世界だったのだ。歴史的にもこのチューリングのような独創的な人物は少なからずいるが、法制度や社会制度が充実した現代社会でさえ、やはりまだ生きにくいのだろう。しかし、チューリングは古代のように撲殺されなかったからこそ、歴史に残るような大仕事を行うことができたとも言える。かろうじて殺されはしなかったが、存命中には名誉は得られなかった。死亡した後には名誉回復され、エリザベス女王や英国貴族院も同性愛で告発したことを謝罪した。死後にではあるがチューリングの名誉回復が行われたという事実が現代の技術革新時代を象徴している。この300年間に人類は産業革命と資本主義の生成・発展を経験してきた。その理由を突き詰めて行くと、既成事実を叩き壊すイノベーションを実現する「変わり者」が生き抜ける時代になったからだろう。

　本書の執筆中には筆者の頭の中に常にこうした考えがあった。人と経済、人とお金、人と社会、いずれの関係においても、人の作り出した技術と人に備わっている本能とのせめぎ合いがある。この社会はどういう原理で動いているのだろう？　また、人はお金とどう付き合ってきたのだろう？　本書でそれに対する一定の解釈を示せたように思う。

　東洋哲学書の一つである「老子」第5章に象徴的な言葉がある。
「一体、天地という存在は、仁徳を持たぬ無慈悲なもので、万物を藁人形のように取り扱う。同じように、聖人という理想的な統治者も、仁徳を持たぬ無慈悲なもので、人々を藁人形のように取り扱うのだ。天と地の間は、あたかも鞴（ふいご）のようなものではないだろうか。その中は虚無であるけれども、

その働きは無尽蔵で、動くにつれて次から次へと万物が生み出されてくる。」（池田知久『老子』（講談社）の訳文による。）

　その意味は、天地が万物を取り仕切るが、その中に仁があってないような虚無である。この世を統治する者も仁があってないような虚無である。ところが、その虚無と虚無とが相互作用で動くにつれて万物を生み出す。虚無でなさそうで虚無である。つまり、この世に絶対的なものはなく、そこに実体や秩序があるようでも確固たるものはなく、全てが相対的に決まる、という意味だ。これはまさに今日の世界を象徴するような言葉だ。ネット社会が進展し、メタバースや電子マネー、CBDCなどが広く使われるようになると、社会のあり方も変化するだろう。モノやサービスの価値基準となる通貨が変動する限り、金融危機も定期的に起きるだろう。サイバー空間が大きくなり、絶対的なモノはないが、全くの虚無でもない世界が現出しつつある。全ては相互関係で成り立つ。金融危機の発生は予測できないが、統計的にはある程度一定の間隔でやって来る。ヒトの意識・無意識が一定の波長をもって相互的に金融危機や経済危機を発生させているからだ。今後、AIがさらに発達し、社会におけるネットの力が増大するだろう。ネットの世界とはまさにバーチャルな世界だ。われわれはそういう来るべき社会に備えなければならない。

　　　　　　　　　　　　　　　　　令和6年春　　　河野　正英

「著者紹介」

河野正英（こうの まさひで）

1962 年生まれ。青山学院大学法学部卒業、同大学院法学研究科博士後期課程中退。専門は国際経済法。吉備国際大学助教授（准教授）を経て、現在、倉敷芸術科学大学危機管理学部教授、同大学院人間文化研究科教授。学部の講義では「経済法」および「国際取引法」他を担当。大学院の研究・演習では「国際取引法演習」他を担当。著書に『商取引法講義（初版）』（大学教育出版、2012 年）、改訂版（2016 年）を経て『商取引法講義（新版）』（大学教育出版、2021 年）がある。

現代社会と金融の未来
― デジタル社会における情報と信用 ―

2024 年 8 月 25 日　初版第 1 刷発行

■著　者 ― 河野正英
■発行者 ― 佐藤　守
■発行所 ― 株式会社大学教育出版
　　　　　〒700 － 0953　岡山市南区西市 855 － 4
　　　　　電話（086）244 － 1268（代）FAX（086）246 － 0294
■ＤＴＰ ― 宮﨑　博（Pneuma Ltd）
■印刷製本 ― モリモト印刷（株）

© Masahide Kono 2024　Printed in Japan
検印省略　　落丁・乱丁本はお取り替えいたします。
本書のコピー・スキャン・デジタル化等の無断複製は著作権法上での例外を除き禁じられています。本書を代行業者等の第三者に依頼してスキャンやデジタル化することは、たとえ個人や家庭内での利用でも著作権法違反です。
ISBN978 － 4 － 86692 － 309 － 3